KB160959

일본인의 한국, 한국인에 대한 인식

일본인의 한국, 한국인에 대한 인식

한일문화교류기금

경인문화사

| 책을 내면서 |

이 책은 한일문화교류기금의 2020년 한일국제학술회의 '日本人의 韓國, 韓國人에 대한 認識'에서 발표된 내용을 단행본으로 엮은 것이다.

최근의 한일 관계는 1965년 한일국교가 재개된 이후, 최악의 상황이다. 그 이유는 여러 가지가 있겠지만 직접적인 원인이 된 것은 징용과 관련된 대법원의 배상판결이었다. 물론 그것은 일본의 식민지지배로부터 비롯된 것이고 역사를 되돌릴 수 없는 이상, 한일양국은 어떻게든 외교적으로 이 문제를 해결해야 한다.

우리가 늘 하는 이야기지만 현재와 미래는 과거가 있기 때문에 존재한다. 그래서 과거를 알아야 미래를 볼 수 있다. 역사에 관심을 갖는 이유도 여기에 있다.

이번 학술회의는 과거 한일관계에 나타난 양국인의 상호인식에 초점을 맞추어 살펴보기로 했다. 올해는 '日本人의 韓國, 韓國人에 대한 認識'을 알아보고, 내년에는 '韓國人의 日本, 日本人에 대한 認識'을 다루기로 했다.

학술대회는 한성주 강원대교수의 사회로 3개 세션을 시대순으로 나누어 진행했다. 제1세션 '고·중세 일본인의 한국, 한국인 인식'에서는 연민수 전 동북아재단 연구위원이 '神功皇后의 삼한정벌론', 이세연 교원대 교수가 '중세 일본의 신국사상과 한반도'를 주제로 발표했다. 이에 대해 關根英行 가천대 교수와 이재범 경기대 명예교수가 약정토론을 했다. 제2세션 '근세 일본인의 한국, 한국인 인식'에서는 전호수 군사편찬연구소 연구위원이 '히데요시정권의 조선인식과 入貢交涉, 田阪正則 선문대교수가 '雨森芳洲의 성신론'을 주제로 발표했고, 김문자 상명대교수와 허지은 서강대 연구교수가 약정토론을 했다. 제3세션 '현대 일본인의 한국, 한국인 인식'에서는 김웅기 한림대 연구교수가 '일본사회는 혐한과 배외주의르 어디까지 용납하는가?',

신각수 전주일대사가 '일본인의 한국, 한국인식의 개선방안'에 대해 주제발표를 하고, 緒方義廣 홍익대교수와 김동명 국민대교수가 약정토론을 했다. 그리고 종합토론을 통해 고대부터 현대에까지 일본인의 한국, 한국인에 대한 인식이 어떻게 형성되고 변화 내지 전개되어 가는가를 질의 응답식으로 토론을 했다.

물론 이 자리에서 일본인의 한국인식의 전모가 다 드러났다고 말할 수는 없다. 그러나 발표자와 토론자들은 고대부터 현대에 이르기까지 마치 의사가 진단을 위해 환자의 온몸을 스캐닝을 하듯이 각 시대를 들여다보았고, 나름대로 처방을 내렸다. 참가자들의 진단과 처방도 여러 가지였다. 그러나 일치하는 것은 과거의 역사를 돌이킬 수 없지만 한일관계의 문제점을 정확히 진단하고 미래를 위한 처방이 필요하다는 데는 모두 공감했다. 그리고 과거의 짐을 후손들에게 대물림해서는 안 된다고 했다. 나아가 한일 관계를 평화적으로 유지해가기 위해서는 외교적으로 관계를 잘 관리해가야 한다는 점을 강조했다. 그리고 한가지 예로 신숙주와 아메노모리호슈의 通信과 誠信을 언급했다.

아무쪼록 이 글들이 한일관계와 상호이해를 위해 지혜를 모으는 밑거름이 되었으면 좋겠다.

끝으로 학술대회를 위해 수고해주신 한일문화교류기금의 김수웅국장, 문진옥님, 종합토론 녹취와 정리에 수고해 준 신태훈, 박정환님에게 감사한다.

2020년 3월

한일문화교류기금 이사 손승철

| 개회사 |

두 나라 국민간의 상호이해를 위하여

코로나 사태에도 불구하고 오늘 '한일합동국제학술회의'에 참석하신 여러분께 한일문화교류기금을 대표하여 깊은 감사의 인사를 드립니다. 저는 최근에 기금 이사장직을 맡게 되었지만 우리 재단의 회장이신 이상우 전 이사장님께서 당분간 재단의 일상 업무를 계속 맡아 주고 계십니다. 이 기회를 빌어 이상우 회장님의 노고에 감사를 드립니다.

여러분께서 잘 아시는 바와 같이 우리 '한일문화교류기금'은 1984년 2월, 양국 간 역사교과서 문제로 인한 갈등을 해소하기 위한 방안으로 양국 정상 간의 합의에 의해 비영리 공익재단 법인으로 설립되었습니다. 그 동안 우리 재단은 한일 양국 구민간의 인적교류와 문화 교류사업을 증진하고 이를 통해 두 나라 국민간의 상호이해와 신뢰를 깊이 하기위해 노력하여 왔습니다.

오늘 개최하는 한일합동 국제학술회의는 재단의 대표적인 사업의 해이며 올해로 34회가 되고 있습니다. 올해 학술회의의 주제는 '한국인의 한국 및 한국인에 대한 인식'으로 정했습니다. 그리고 내년에 개최되는 학술회의에서는 반대로 '한국인의 일본 및 일본인에 대한 인식'을 주제로 다루어 볼 생각입니다. 이와 같이 양국 국민의 상호 인식을 역사적이고 종합적으로 비교 검토하여 봄으로서, 두 나라와 국민간의 갈등해소 방안을 모색하고 나아가 바람직한 상호협력 방안을 도출하기 위한 학술회의라고 할 수 있습니다.

지금 한일 양국은 지난 1965년 국교수립이후 가장 어려운 상황을 맞고 있다고 생각합니다. 중국의 부상으로 동북아시아에 있어서 가장 어려운 상황을 맞고 있다고 생각합니다. 중국의 부상으로 동북아시아에 있어서 지정학적 세력균형의 변화가 크게 느껴지는 상황에서, 한일양국의 정치, 사회, 경제, 문화 및 안보 등 모든 분야에서 긴밀한 협력이 그 어느 때보다 필요하지만, 현실은 그와 정반대 방향으로 가는 것 같아 매우 걱정입니다. 오늘 우리들의 학술적인 접근 노력이 한일간 역사문제에 기인한 갈등 해소에 조금이라도 도움이 되기를 간절히 바라는 마음입니다.

오늘 회의 진행은 강원대 한성주 교수가 맡아 주실 것입니다. 그리고 종합 토론은 한일문화교류기금의 학술이사 손승철교수가 수고하여 주십니다. 다시 한번 오늘 이 자리에 와주신 여러분들, 특히 발제 및 토론을 위해 오신 일본 측 참석자 여러분께 심심한 감사의 말씀을 드립니다.

2020년 11월 6일

(재) 韓日文化交流基金

理事長 柳明桓

| 차 례 |

책을 내면서 · 4
개회사 · 6

제 1 Session 고·중세 일본의 한국, 한국인 인식

神功皇后의 三韓征伐論 _ 延敏洙 ······ 13
「토론문」 _ 세키네 히데유키(関根英行) ······ 35

중세 일본의 신국사상과 한반도 _ 이세연 ······ 41
「토론문」 _ 이재범 ······ 61

제 2 Session 近世 일본의 한국, 한국인 인식

히데요시정권의 朝鮮認識과 入貢交涉 _ 전호수 ······ 65
「토론문」 _ 김문자 ······ 108

雨森芳洲의 誠信論 _ 다사카 마사노리 ······ 113
「토론문」 _ 허지은 ······ 137

제 3 Session 현대 일본의 한국, 한국인 인식

일본사회는 혐한과 배외주의를 어디까지 용납하는가? _ 김웅기 … 143
「토론문」 _ 오가타 요시히로(緒方義広) …… 172

일본인의 한국, 한국인식의 개선 방안 _ 신각수 …… 177
「토론문」 _ 김동명 …… 202

종합토론

종합토론 녹취록 …… 207

제 1 Session

고·중세 일본의 한국, 한국인 인식

神功皇后의 三韓征伐論

延敏洙 | 전 동북아역사재단 연구위원

Ⅰ. 머리말

신공황후 삼한정벌론은 고대일본의 대한인식을 단적으로 보여주는 대표적인 사례이다. 『日本書紀』신공황후 섭정전기에 따르면 그녀는 仲哀天皇 황후의 신분에 있으면서 잉태한 몸으로 삼한(한반도제국)을 정벌했다는 전설적인 인물이다. 고대에 형성된 이 설화는 역사적 실체로서 간주되어 일본 지배층의 대한인식의 형성에 커다란 영향을 미치고 있다.

일본 정사에 등장하는 이 설화는 창작된 이야기지만 현실의 장에서 실제의 상황으로 전화되어 일본고대 지배층의 정신세계를 규제하고 있다. 게다가 이 설화에 나타난 신공황후의 대외적 이미지는 역사적으로 계승, 발전되어 일본근대 대외침략정책의 역사적 인물로서 영웅적 인물로 추앙받고 신앙화되어 갔다. 일본역사에서 한 인물이 전시대를 관통하면서 일본인의 대한인식을 형성하고 정치적으로 활용된 사례는 보기 어렵다.

본고에서는 신공황후의 한반도제국에 대한 복속담이 어떠한 역사적 배경과 맥락에서 형성되었는지 그 역사적 의미를 추구해 보고자 한다.

Ⅱ. 신공황후 삼한정벌론의 생성

神功紀는 신공황후라는 여성을 천황의 반열에 올려놓은 기록이다. 『일본서기』에 천황이 아니면서 유일하게 독립된 卷으로 편재되어 있다. 게다가 천황과 같은 지위가 부여되어 있고 그녀의 신성성과 위대성이 강조되고 있다. 신공기 전체를 통람해 보면 거의 한반도제국과의 관련되어 있다. 이는 『일본서기』의 기타 천황기에서는 찾아볼 수 없는 신공기 특유의 현상이다. 더욱이 한반도제국을 신공황후의 神力으로 복속시키는 이야기는 『일본서기』전체에서 신공기의 성격을 말해주고 있다. 즉 신공기는 고대일본의 대외관계 기사의 출발점이면서 한반도제국에 대한 군사적 복속담을 싣고있다. 신공기 기사는 전체적으로 보아 『일본서기』편자의 대외관념 속에서 구상, 편집되었다고 하는 의심할 여지가 없다[1].

신공황후 삼한정벌설화의 내용상의 특징을 분석해 보면 첫째, 정벌의 근거는 神勅에 있다[2]. 즉 최초의 정벌대상인 熊襲을 포기하고 신라로 바꾼 것은 바로 신의 계시이다. 웅습은 8세기 일본의 율령국가에서 이종족으로 간주하던 九州南部에 거주하던 隼人이었다. 이 종족이 문헌상에 등장하는 것은 『일본서기』天武11년(682) 7월조에 보이는 조공기사이다. 大和政權에 복속된 후에도 대항하였고 養老4년(720)에 중앙정부에 반기를 들어 대규모 군사적 행동을 일으켰는데 이듬해 제압당한 후에는 일본고대국가의 지방행정조직에 편입되었다. 바로 신공기에 등장하는 웅습 이야기는 4세기의 사실이 아니고 8세기초 상황을 근거로 하여 만들어졌다는 것은 명확하다. 『일본서기』에 신라왕의 발언을 통해 일본을 神國으로 표현하고 무력충돌이 없이 신라왕 스스로 복속했다는 점을 강조한 것도 이러한 신칙과 인과관계가 있

---

1) 延敏洙, 「日本書紀 神功紀의 史料批判」, 『日本學』15, 1996, 同 『고대한일관계사』, 혜안, 1998 참조

2) 『日本書紀』神功皇后 攝政前紀(仲哀天皇9年 冬12月條)

다고 보여진다.

두번째는 신라의 복속과 함께 고구려, 백제도 함께 복속하여 이른바 內官家가 되었다는 이른바 삼한복속설화이다. 후대에 전승화되는 이 설화의 기원은 여기에 있으며 이는 고대일본이 고구려, 백제, 신라라는 삼국과 활발한 접촉을 가진 7세기 이후의 경험에 기초한다. 7세기는 삼국 상호간의 영토적 전쟁이 만성화 되었고 이러한 와중에서 對倭 군사외교가 활발히 전개되고 있었다. 왜왕권도 여기에 연동해서 백제편에 선 한반도의 군사분쟁에 휘말리게 되고 참담한 패전을 경험한다. 백제에 대한 부흥군의 파견, 백제를 멸망시킨 신라에 대한 증오심, 강국으로 인식되던 고구려의 對倭 사절의 파견 등 한반도 삼국에 대한 복합적 경험과 인식이 있고, 패망한 백제, 고구려 왕족들의 왜국에로의 이주와 왜왕권의 지배질서의 편입이라는 현실적 상황이 삼한 즉 삼국복속론의 바탕을 이룬다고 할 수 있다.

세번째는 財寶國이라는 신라에 대한 관념이다. 이것은 적어도 신라에 대한 공적인 접촉을 통해 얻은 인식의 산물로서 신라문물을 직접적으로 접한 기억의 전승으로 생각된다. 신라고분에서 출토된 현란한 금은세공품이 말해주듯이 고대일본인의 기억 속에는 신라가 「금은의 나라」, 「재보의 나라」로 인식되었음에 틀림없다. 네번째는 신공황후가 신라정벌을 마친 후 태어난 응신천황에 대한 신앙관이다. 후에 무사들의 신앙이 된 응신을 祭神으로 하는 八幡神의 존재는 신공황후의 胎中에서 신라정벌을 했다는 점에 근거한다. 신공황후에 대한 신앙관이 응신천황과 중첩되어 나오는 것도 이와 관련이 있다.

신공황후의 삼한정벌설화에서 나타난 일본이 神國이라는 관념은 싸우지 않고 항복했다는 복속담은 신라국왕의 발언을 통해 구상화되어 있다. 즉 일본만이 신국이고 신라 등 기타 외국과는 차별화된 자국우월의식이 이 설화의 배경을 이루고 있다[3]. 이후의 일본 신국사상은 여기에서 기원을 두고

3) 田村圓澄, 「神國史像の系譜」, 日本佛教思想史硏究』, 平樂寺書店, 1959, p.310

있으며 대외의식을 매개로 하여 대외적 긴장이 높아짐에 따라 더욱 강렬하게 표출되어 간다.

신공황후에 의한 삼한정벌설화는 고대일본의 한반도지배의 기원으로서 『일본서기』에 그대로 투영되었고, 여기에 기초하여 후속 기사들이 연결고리를 맺으면서 이어진다. 동 계체기 6년조에 임나4현을 백제에 할양했다는 기사가 나온다. 이때 할양의 칙사로서 명받은 物部大連은 백제사에게 이를 전하게 위해 나서자 그의 부인의 발언으로 다음과 같이 기록되어 있다.

> 「住吉大神이 처음으로 해외의 금은의 나라인 고구려, 백제, 신라, 임나 등을 胎中의 응신천황에게 주셨다. 그래서 신공황후는 大臣 武内宿禰와 함께 나라마다 官家를 두어 해외의 蕃屛으로 삼아 그 유래가 오래되었다. 그것을 나누어 타국에 준다면 원래의 영역과 달라진다. 그리하면 후세까지 사람들에게 비난받는 일이 될 것이다」[4].

여기에 나오는 住吉大神은 원래 해상의 안전을 수호하는 신으로서 低筒男命, 中筒男命, 表筒男命 등 3神을 가리키는데 후에 신공황후의 삼한정벌에 신칙이 작용했다는 설화가 가미되고 여기에 신공황후가 합사되어 住吉信仰으로 발전한다. 위 기록은 6세기전반 고대일본이 임나지배를 전제로 한 국토할양기사이다. 고구려·백제·신라의 3국명을 거론하고 있어 신공황후의 삼한정벌설화가 상기되고 있음을 알 수 있다. 이후 『일본서기』에는 한반도 삼국을 가리키는 삼한 조공사절의 내용이 저견되어 있듯이 한반도제국에 대한 지배, 조공의 기원이 신공황후 때의 일로서 자리매김되어 있다.

『일본서기』지통기 3년(689)조에는 신라사 급찬 金道那가 천무천황의 弔喪使로 왔을 때, 신라사의 발언이라는 형식을 통해 「日本遠皇祖代」로부터 신라가 조공을 끊이지 않은 봉사의 국이었음을 밝히고 있다. 「日本遠皇祖

4) 『日本書紀』繼體紀6年 冬12月條

代」란 바로 신공황후를 가리킨다. 이것은 신공황후섭정전기에 배의 키가 바르지 않게(不乾船梅), 신라왕은 항상 80척의 調로서 일본에 조공한다(新羅王常以八十船之調, 貢于日本國)라고 하는 신공황후의 신라정벌담에 연원을 두고 있다.

신공황후의 신라정벌설화가 탄생하게 된 시기는 일본율령국가의 태동기에 해당하는 7세기후반 天武朝(673-686), 持統朝(690-697)가 중요한 기점으로 추정된다. 이 시기에 군주호로서의 '天皇', 국호로서의 '日本'의 명칭이 사용되기 시작하였고, 淨御原令의 시행, 庚寅年籍의 작성, 藤原京의 조영 등 國制의 정비에 박차를 가하여 천황제 율령국가의 기초를 마련하였다. 일본국의 생성과 천황통치의 정당성, 유구성을 유래를 밝힌『일본서기』편찬이 시작된 것도 천무조 때의 일이다. 게다가 천황가의 황조신에 해당하는 천조대신을 제신으로 하는 '伊勢大神宮'의 명칭이 持統 다음의 文武 3년(699)에 처음으로 나타나는 것도 유의된다[5]. 이세신궁 성립의 전제조건으로 대외적인 측면에서 일본은 신라와의 새로운 질서, 즉 종주국=일본, 부용국=신라라는 정치적 상하 관계를 설정하는 일과 관련되어 있다[6]. 이세신궁은 천황가의 조상신인 천조대신을 모시는 신궁으로 황통의 정신적인 구심점이자 정통성을 표상하고 있다.

당시 동아시아 정세를 보면 일본과 우호적이었던 백제, 고구려가 멸망하고 적대세력이었던 신라가 한반도의 주역으로 등장하게 된다. 일본고대국가의 당면과제는 내정의 정비를 통한 국가의 안정이었다. 그리고 새로운 지배 이데올로기로서 천황제 율령국가를 탄생시켰으며 그 근저에는 중화사상의 이념이 강하게 반영되어 있다. 그 이념을 구현하는 대상으로 신라가 의식되고 있었다. 신라에 대한 적시관과 함께 신라를 극복의 대상, 나아가 복속의 대상으로 삼아 현실과 미래의 기대상을 과거에 투영시켜 신라복속담

5) 『日本書紀』文武紀3年 8月 乙丑條
6) 田村圓澄,『古代日本の國家と佛教』, 吉川弘文館, 1999, pp.244~245.

을 만들어냈다[7]. 대보령에 규정된 新羅=蕃國의 등식을 현실의 장에서 실현하는 일이 천황제 율령국가의 이념이자 목표였다. 율령법에 규정한 신라=번국의 법적 근거는 이른바 신공황후의 삼한정벌론이다. 외교의례의 장에서 오고간 일본측과 신라사절의 발언 중에 신라조공의 연원은 신공황후의 삼한정벌에 있고 이것이 현실관계를 규제하는 근거가 되고 있다.

Ⅲ. 고대 천황제국가의 성립과 신공황후 설화의 역사화

大寶律令의 편찬과 『일본서기』의 편찬에 의해 법적, 역사적으로 한반도 제국을 일본의 번국이라는 관념이 고정화되었다. 이러한 논리는 8세기 나라시대의 외교의 장에서 신라에 대해 노골화된다. 慶雲 3년(703)의 신라왕 앞으로의 조서 중에, 배를 줄지어 지성으로 오랜동안 조공의 예를 행했다고 하는 내용도 신공황후의 전설이 투영되어 있다[8]. 和銅 2년(709)에 右大臣 藤原不比等은 신라사에 대해 「新羅國使, 自古入朝」라고 발언한다[9]. 「自古入朝」의 시기가 신공기를 가리키고 있음은 말할 것도 없다. 천황의 조서의 형식이 아닌 귀족의 구술이란 점에서 당시 일본 귀족층 내에 보편적으로 인식되고 있었던 신라관을 보여주고 있다[10].

경덕왕 11년(752)에 파견된 신라사 金泰廉의 발언에, 「신라국은 遠朝로부터 매년 끊이질않고 선박을 줄지어 일본에 조공해 왔다[11]」라는 기록과

---

7) 延敏洙, 「일본율령국가의 신라관의 형성과 실태」, 『일본역사연구』33, 2011, 동 『고대일본의 대한인식과 교류』, 혜안, 2014.

8) 『續日本紀』慶雲3年 11月3日條

9) 『續日本紀』和銅2年 5月27日條

10) 延敏洙, 「統一期 新羅와 日本關係」, 『古代韓日交涉史』, 혜안, 2003 참조

11) 『續日本紀』天平勝寶4年 6月14日條

이에 대한 일본천황의 조서에도 동일한 내용을 담고 있고있는 것도 신공황후의 신라정벌담의 이상을 그대로 문자화시킨 것이다. 그리고 김태렴 일행에게 베푼 연회의 장에서 천황의 조서에 「신라국이 일본에 조공한 것은 氣長足媛皇太后가 그 나라를 평정하고 지금에 이르렀는데 우리의 번국이 되었다[12]」이라 하여 신라의 조공의 유래와 번국이 된 사정에 대해서 신공황후의 신라평정을 들고있다. 뿐만아니라 선덕왕 원년(780)에 일본에 파견된 金蘭蓀은 신라왕의 말을 빌어, 무릇 신라는 개국이래 聖朝를 우러러 의지하고 대대로 천황의 은혜를 입고 배의 노가 마르지 않도록 조공을 바친지 오래다[13])라고 하듯이 신라왕의 발언이라고는 도저히 상상할 수 없는 기사가 실려 있다. 이는 신공황후의 신라정벌담의 내용이 투사된 것으로 신라인의 입을 통해서 발설, 문자화함으로서 마치 현실의 장에서 일어난 사실로서 확인시켜 놓았다. 「遠皇朝」「遠朝」「自古」「開國以降」라는 과거의 시점은 모두가 「氣長足媛皇太后」라는 전설적인 여인, 신공황후의 시대를 말한다.

한편 貞觀 11년(869) 6월에 신라해적이 내침했다는 소식이 大宰府로부터 太政官에 보고되자 조정에서는 동년 12월 伊勢神宮에 봉폐하여 평안을 기원하고[14], 이듬해 2월에는 八幡大菩薩宮, 香椎廟, 宗像大神, 甘南神 등의 제신사에 신라해적의 내침과 제국의 평안을 기원하는 기도와 告文을 바쳤다[15]. 이들 神들은 고대일본에 있어 이른바 신라원정과 깊은 관계가 있고, 특히 宗像神에의 告文에는 신공황후의 신라정벌의 일을 상기시키고 있다. 또한 諸神社에의 봉폐와 아울러 신라해적의 방비를 위해 神功皇后, 桓武天皇, 仁明天皇, 文德天皇의 陵墓에도 봉폐하고 있다. 桓武 이하의 천황들은 당시 淸和天皇의 바로 앞의 직계 선조라는 현실적 관계에서 봉폐한 것이지만, 그 필두에 있던 신공황후야말로 8~9세기의 현실에 있어서도 일

12) 『續日本紀』天平勝寶4年 6月17日條
13) 『續日本紀』寶龜11年 1月5日條
14) 『三代實錄』貞觀11年(869) 12月14日條
15) 『三代實錄』貞觀12年(870) 2月15日條

본고대인의 정신세계의 규제하고 있던 수호신이며 전설시대의 한반도를 지배했던 영웅으로 추앙받고 추모되고 있었던 인물상이었다. 국가의 안위와 관련된 중대사가 발생할 때 신공황후를 모시는 신사와 능묘는 일본인들이 보호본능적으로 의지하고 존숭되는 신앙의 대상으로 현실적 성격을 띠고 있었다. 신공황후를 통한 일본인의 대한관의 형성은 이후 무가정권 시대에도 계승되어 간다.

Ⅳ. 막부집권기의 대외의식과 신공황후

鎌倉 시대의 신공황후 전설은 여원연합군의 일본정벌, 이른바 몽골침공기에 나타난다. 이기가 되면 그때까지의 말세적 세계관에 대신하여 神國思想이라는 명확한 국가의식이 출현한다. 몽골에서 일본에 牒狀이 전해진 것은 文永5년(1268) 정월이다[16]. 이때 일본이 받은 충격을 엄청났고 이를 극복하기 위한 노력으로서 고전연구와 國史에 대한 회고의 기운이 일어났다. 그 중에서 상기된 것인 바로 신공황후였고, 신공황후의 삼한정벌은 자랑스런 과거의 전승이고 영광이었다.

신공황후의 회고에 대해서는 몇 개의 사례가 있다. 文永 5년(1168) 6월, 몽골의 첩장에 대해서 국가의 안녕을 기원해서 七山陵에 山陵使가 파견되었다. 이때의 7산릉은 신공황후를 비롯하여, 天智, 宇多, 後三條, 後白河, 後鳥羽, 土御門 등 역대 천황들이다. 이 중에서 필두로 거론된 것이 신공황후로서 국가의 독립수호의 신으로서 추앙되고 있음을 보여준다. 『弘安四年記』, 『續史愚抄』에 의하면, 문영11년 11월 여원연합군이 對馬, 壹岐에 침공했다는 보고를 접했을 때 일본조정에서는 신공황후을 비롯한 역대 천황의 8陵에 告文을 봉폐하고 있고, 弘安 4년(1281) 6월 몽골군의 재침때도 역시

16) 『續本朝通鑑』卷103 文永5年 春正月癸未條, 『本朝通鑑』第10, 國書刊行會, 1919.

신공황후를 선두로 하는 8릉에 봉폐하여 국가의 평안을 기원하고 있다[17].

몽골의 牒狀에 대해서 문영 7년(1270) 정월 그 反牒의 초안을 작성한 것은 菅原長成이다. 『本朝文集』에 기록되어 있는 내용은 일본을 神國이라 하고 국가의 영속성을 주장하고 있다[18]. 문영 8년(1271) 9월에 京都西賀茂正傳寺의 선승인 東巖慧安은 일본국의 안전을 기원하는 원문 중에 신공황후에 대한 기억을 상기시키고 있다. 여기에 의하면 「옛적에 女帝가 있어 神功이라 한다. 임신하여 산달에 당하여 怨敵을 방어하기 위해 용맹심을 일으키니 국중의 일체 신들이 그 뜻을 알고 모두 따랐다. 干珠를 던지니 大海가 고갈되고 滿珠를 던지니 해수가 찼다. 무수한 적들이 표몰하였다. 이 2개의 구술은 이같은 뜻이 있고 현재 왕궁정전에 있다[19]」라고 하여 신공황후의 사적을 칭송하여 국가의 적을 격퇴하려는 염원을 담고 있다.

몽골침공 후 얼마지나지 않은 14세기초에 성립했다고 전해지는 『八幡愚童訓』에는 신공황후와 관련된 설화가 실려있다. 八幡神의 유래, 인연을 통해서 神德을 설파한 연기로서 甲乙2권이 남아있는데, 이중 甲類는 신공황후의 삼한정벌과 신공황후의 아들 응신천황이 팔번신이라는 점, 몽골군의 1차침공인 文永의 役 때에 팔번신의 수호과 자비가 있었다는 점이 기록되어 있다[20].

이 설화는 『일본서기』신공황후의 내용과 많은 면에서 차이를 보이고 변형되어 있다. 우선 일본의 異國으로 간주된 삼한, 신라에 고려가 혼재되어 시대를 초월하여 신공황후 전설과 고려를 접목시키고 있다. 특히 이국으로부터 공격받은 것에 대한 보복으로 내용이 변형되어 있고, 몽골침공에 대한 대응이라는 현실적 인식이 투사되어 나타난다.

---

17) 久保田收, 「中世における神功皇后觀」, 神功皇后論文集刊行會編『神功皇后』, 皇學館大學出版部, 1962, pp.61~62 참조

18) 「贈蒙古國中書省牒」『本朝文集』卷67, 『新訂增補國史大系』30卷, 吉川弘文館, 1933.

19) 『鎌倉遺文』古文書編 13卷, 10557號·10558號·10880號, 東京堂出版, 1990.

20) 「八幡愚童訓(甲)」, 『日本思想大系』20『寺社緣起』, 岩波書店, 1975.

신라왕의 항복 후 그 징표로서 바위에 새기고 신라왕을 개로서 취급하는 내용의 畜生觀, 멸시적 인식은 중세일본의 대한관을 잘 보여주고 있다. 당시의 몽골침공이라는 국가적인 위기감과 강한 공포적 경험과 실제의 전투에서 패배한 열등감의 기억이 신공황후를 상기시키는 문서로서 출현되었다고 보인다. 신공황후때의 이국을 귀신으로 묘사하고 있는 것도 몽골침공의 외적에 대한 당대인의 적개심, 공포적 심리상태를 보여주고 있다[21].

『팔번우동훈』의 후반부에는 몽골군의 격퇴를 구체적으로 술하면서 「신공황후는 해수를 들어올리고 文永의 役 때는 맹화를 내뿜고 弘安의 役때는 대풍을 날렸다」고 하듯이 신공황후의 神威를 강조하고 있다. 고대의 신공황후 설화가 중세의 현실에서 재생되어 그녀의 神力으로 외적을 물리쳤음을 보여주는 이른바 신공황후 신앙이 유포되고 있었다. 한편 신공황후의 태중의 아들인 응신천황을 제사하는 八幡神社는 팔번신앙의 침투와 함께 전국 각지에 건립되는데, 이들 신사에서 작성된 연기의 대부분은 신공황후 설화를 포함하고 있다. 세부적으로는 새로운 요소가 부가되어 있지만, 크게 보면 『팔번우동훈』을 답습하고 있다.

신공황후 설화는 몽골 침공 이후 豊臣秀吉의 조선침략기에도 나타난다. 풍신수길의 傳記로 알려진 「太合軍記物語」에는 풍신수길이 군대의 전열을 배치할 때의 기술에 신공황후의 신라정벌전설이 나오고 있다[22]. 이 설화는 축전국 志賀島 吉祥寺에 전하는 「神功皇后異國退治緣起」에 기록된 것으로 祐筆山中橘內가 그 연기를 풍신수길에게 바친 것이라 한다. 1592년 3월

21) 중세일본의 일본인의 대한관에 대해서는 田中健夫, 「中世日本人の高麗·朝鮮觀, 『對外關係文化交流』, 思文閣出版, 1982, 村井章介, 「中世日本の國際認識·序說」, 『アジアのなかの中世日本』, 校倉書房, 1988, 南基鶴, 「蒙古侵入과 中世日本의 대외관계」, 『아시아문화』12, 1996, 羅鐘宇, 「중세 일본인의 한국인식」, 『한일양국의 상호인식』, 국학자료원, 1998), 金光哲, 『中近世における朝鮮觀の創出』, 校倉書店, 1999 참조

22) 이 부분의 관련사료는 北島万次, 「秀吉の朝鮮侵略における神國意識」, 『歷史評論』 438, 1986 참조.

말 조선에의 출정기지인 名護屋로 향하던 도중 長門國에서 중애천황과 신공황후의 社祠를 참배하고 있다. 조선 침공을 앞두고 신공황후 전설이 있는 곳에의 참배는 그의 조선정벌의 의지를 더욱 고양시켰으며 대륙침략에의 역사적 정당성을 구하려는 생각이 잠재되어 있었다고 보인다. 위 기록은 『팔번우동훈』에 나오는 구술의 위력에 의한 해수간만의 변화를 그대로 답습하면서 신공왕후의 신라정벌을 고려정벌로, 「신라국왕은 일본의 개이다」를 고려왕으로 대치하는 변용을 보인다. 이것은 중세 여원연합군의 일본침공이 생생한 기억으로 전승되어 있었음을 말해주는 것이다.

신공황후에 대한 의식은 조선에 건너간 일본군 사이에도 침투해 나간다. 島津家 『征韓錄』에는 일본의 諸將이 名護屋城에 진주할 당시 신공황후의 신라정벌에 그 행위의 근거를 구하는 신국의식을 확인할 수 있다. 조선은 일본에 복속해야 할 대상이고 이를 내용으로 하는 신국의식은 조선침략의 개시에 즈음해서 한층 두드러진다. 鍋島直茂의 가신인 田尻鑑種 『高麗日記』에 의하면, 1592년 5월28일, 조선의 임진강에서 소선 30여척으로 수백척의 조선군을 이겼다고 한다. 그 중에 「그 神인 신공황후는 신라를 퇴치하기 위해 모든 신들을 壹岐로 불러들여 (중략) 일본의 신들의 위력으로 신라를 복종시켰다」라고 신공황후 설화을 상기시키고 있다. 또 松浦鎭信의 가신 吉野甚五左衛門의 覺書(『吉野日記』)에도 「일본은 神國이기 때문에 (중략) 신공황후는 여제의 몸으로 三韓을 복속시켰다. 이후 高麗, 遼東으로부터 매년 我朝에 官物을 바쳤다. 이것은 上代의 선례가 되었다」라고 한다. 「淸正高麗陣覺書」에는 「예로부터 신공황후, 응신천황 이래 三韓에서 일본에 貢調를 바쳤는데, 지금에는 이를 취하지 못했다. 八幡太郎殿의 神力으로 고려에 사람을 보내게 되었는데, 淸正이 선수를 쳐서 고려국왕을 잡아 일본을 조공을 시키고자 한다」. 吉川廣家를 따라 나선 종군승 宿蘆俊岳도 『宿蘆稿』에서 「옛적에 신공황후가 異國을 정벌하려고 할때 異國은 홀연히 항복을 구했다」라고 하여 과거의 전설적 기억을 상기시켜 현실의 사태에 위안과 힘을 부여받으려는 의도가 나타난다. 北島万次에 따르면 조선침략의 무사단에의 신공황후 설화의 침투는 결코 풍신수길에 의해 일방적으로 주입된 것이 아니고 九州 각지를 중심으로 무사단의 토착신앙, 정신적인 유대로서 八幡神 신앙이 있고 軍神八幡大菩薩 신앙은 신공황후 설화를 동반하고 있었던 것에 기인한 것으로 추정한다[23].

이와같이 풍신수길의 조선침략에 즈음하여 조선에 건너간 무사와 승려들 사이에는 신공황후 설화가 침투되고 있었다. 임진왜란시의 풍신수길과 그 휘하의 무사들이 갖고있던 신공황후 설화는 異國정벌의 신국의식을 내용으로 하면서 조선침략에 대한 일본 무사단 스스로의 행위를 정당화하는 이데올로기로서 작용했다고 보인다.

豊臣秀吉의 조선침략과 신공황후의 신라정벌을 일체화해서 파악하는 조선관은 근세 막번제 국가의 대외의식을 구성하는 중요한 계기가 되어간다[24]. 江戶時代 일본의 고전을 절대시하고 신성시하던 국학자들은 태고에 있어서 일본의 신이나 천황이 한국을 지배하고 한국의 왕이나 귀족이 일본에 복종하여 따랐다는 논조가 산견되고 있다[25]. 그 대표적인 것이 『팔번우동훈』甲에 나오는 '犬追物'이라는 행사이다. 이것은 이국인을 犬으로 간주하여 적군을 쏘는 것을 표시하는 것으로 달리는 犬을 마상에서 활로 쏘는 행위이다. 일본중세에 유행하던 이러한 행사는 근세에 이르러서는 쇠퇴했지만, 신라를 犬으로 간주하는 의식, 관념은 당시에 지배층의 대외의식을 사로잡고 있었다. 林羅山의 3남 林羅鵝峯(1618-80)은 『犬追物記』에 수록되어 있는 「犬追物」따르면, 「무릇 犬追物의 유래를 생각하건데 옛적 신공황후 삼한정벌 때, 신라·백제·고려의 국왕·대신이 항복을 구하여 우리들은

23) 北島万次, 「秀吉の朝鮮侵略における神國意識」, 『歷史評論』438, 1986, 塚本明, 「神功皇后傳說と近世日本の朝鮮觀」, 『史林』79-6, 1996 참조.

24) 北島万次, 「田尻鑑種の高麗日記」, 『歷史評論』279, 1973. p.112.

25) 旗田巍, 『日本人の朝鮮觀』, 勁草書房, 1969, 矢澤康祐, 「江戶時代における日本人の朝鮮觀について」, 『朝鮮史硏究會論文集』6, 1969 참조.

일본의 犬이 되어 수호할 것이고, 매년 조공을 태만히 하지 않을 것이다」라고 하고 맹서의 징표로서 반석 위에 「신라국의 대왕은 일본의 犬이다」라고 새기고 창을 신라왕궁 문전에 세우고 돌아왔다고 한다[26]. 또 享保4년(1719) 판본의 필자미상의 『犬追物秘記』에도 「옛적 신공황후는 신라를 정벌할 때 신라·백제·고려 삼국의 왕은 싸움에 패해 모두 항복을 청해 금후 일본의 奴가 되어 수호할 것이다」, 「신라왕은 일본의 犬이다」라는 기록을 남기고 있다[27]. 중세 이후에 생긴 변형된 설화이지만, 『일본서기』의 신공황후의 삼한정벌담에 기초를 둔 것으로 조선에 대한 반동적 멸시관, 상대적 우월의식이 드러나 있다.

V. 근대 천황제국가의 침략정책과 삼한정벌론

고대에 만들어진 신공황후 설화는 근대천황제가 대두하는 명치초년에 이르러 이른바 정한론과 결부되어 강렬하게 표출된다. 명치유신의 주역들이 정한론을 주장하게 한 역사적 근거는 신공황후 삼한정벌담이었으며 이들에게 사상적으로 영향을 준 인물은 당시의 존황사상가 長藩 출신의 吉田松陰이었다. 그가 살던 시대는 德川幕府의 270년의 봉건체제가 붕괴위기에 직면하고 있던 격동기로서 막부가 서양열강과 맺은 불평등조약의 불이익을 조선, 중국 등 아시아제국에의 진출에 의해 보완한다는 것이 吉田松陰의 생각이었다. 그의 저서 「幽囚錄」에서 「神后(신공황후)가 삼한을 정벌하고 時宗(北條時宗)이 몽골을 섬멸하고 秀吉이 조선을 정벌했듯이 호걸이라고 해야한다」, 「조선을 책망하여 인질을 바치게 한 일, 옛 盛時의 시절과 같이 되어 북은 만주의 땅을 분할하고 남은 대만, 루손제도를 제압하여 점차 진

---

26) 『犬追物記』, 『日本武道大系』第4卷, 同朋社出版, 1982.
27) 金光哲, 『中近世における朝鮮観の創出』, 校倉書店, 1999, pp.303~316.

취의 기세를 보여야 할 것」이라고 하여[28) 『일본서기』 신화에 기초한 신공황후의 전설을 사실로 하고 神州日本의 選民으로서 신공황후가 이룩한 야망을 만주, 대만, 필리핀까지 확대된 해외팽창의 논리로 확대시켰다. 吉田의 征韓思想은 그의 문하생을 비롯하여 국학자, 유학자, 존황양이론자 등에 의해 계승되어 간다.

吉田松陰의 가르침을 받은 명치신정부의 수뇌의 1인인 木戶孝允는 즉시 1868년 12월 신정부 최고관료였던 岩倉具視에게 「즉시 국가의 방침을 분명히 정리해서 사절을 조선에 보내여 그들의 무례를 묻고 그들이 만일 불복할 때는 죄를 물어 그 국토를 공격하고 크게 神州日本의 위세를 뻗쳐야 할 것을 바란다」(木戶孝允日記)고 하였다[29)]. 명치 초년 정권의 중추에서 정한론을 제창한 것은 木戶孝允이지만, 이 정한론을 일본 전체로 확대시킨 인물은 佐田白茅이다. 명치정부는 對馬藩을 매개로 조선에 대해 신정부 발족의 통고와 국교교섭을 행했지만, 일본의 외교문서가 에도시대의 형식과 다르다는 이유로 거부되자, 명치3년 2월에 외무성 관리인 佐田白茅 등을 釜山의 草梁倭館에 파견하여 書啓 문제로 논란이 된 조선과의 국교수립의 예비교섭을 진행하였다. 이 과정에서 조선측 태도에 분개한 佐田는 건백서에서 「조선은 응신천황의 삼한정벌 이래 우리의 부속국이다. 마땅히 우리나라는 상고의 역사에 비추어 유신중흥의 세력을 이용해서 조선의 무례를 쳐서 우리의 판도로 되돌려야 한다」라고 주장하고 있다[30)]. 이 시기의 위정자들이 당시의 국호였던 '朝鮮' 대신에 '韓'을 선택한 것은 말할 것도 없이 신공황후 삼한정벌설화가 상기된 것이고 응신이 언급된 것은 신공황후의 태중의 정벌담이 반영된 것이다.

---

28) 中塚明, 『日本と韓國朝鮮の歷史』, 高文硏, 2002, pp.63~64.

29) 中塚明, 앞의 책 p.64.

30) 中塚明, 「日本近代史の展開と朝鮮史像」, 『朝鮮史研究會論文集』11, 1974, 同 『近代日本の朝鮮認識』, 研文出版, 1993, p.182.

한편 근대일본의 문명개화를 논하는 중에 명치11년(1878)에 발행한 정부 지폐에 신공황후의 초상이 채용되었고, 황실의 복장개혁으로 양장으로 한다는 명치4년의 조칙에서 출병시의 신공황후가 투피스였다고 선전되었고, 명치16년에 발행된 지폐의 도안에도 신공황후의 인물상이 새겨졌다[31]. 일반적으로 지폐의 초상은 국가의 얼굴이고 그 국가의 이미지를 상징한다. 이것은 당시 신공황후가 국권신장의 심볼로서 이용되고 있었음을 말해준다. 특히 국민국가의 심볼이 되기 위해서는 민간에게 적극적으로 유포할 필요가 있었다. 명치정부는 국권신장을 포함한 문명개화책을 추진하는 과정에서 신공황후를 「一君萬民」의 체제하에서 국민통합의 상징적 존재로 부각시키고자 했던 것이다. 『일본서기』에 나오는 해외를 복속한 영광의 시대로 복귀하겠다고 표방한 명치정부가 그 최초의 화폐로 신공황후를 선택한 것은 한국에 대한 침략정책의 국가의지의 표출이다[32]. 또한 武內宿禰라는 인물이 한국병합 직후에 조선은행 발행 1원, 5원, 10원, 100원권 초상으로 선택되었고 1945년 일본의 패전의 시기까지 지속되었던 것도 史實을 전조시킨 일종의 내셔널리즘으로 한국지배의 사상적 근거를 두었기 때문이다[33]. 무내숙네는 신공황후의 신라정벌에 참여한 인물로서 묘사되어 있듯이 일본화폐의 신공황후와 대비시켜 그를 식민지 한국의 최초의 화폐의 초상으로 선정했던 것이다. 신공황후의 삼한정벌담이 당시의 일본정부에 있어서 얼마나 중요하게 인식되었는지를 단적으로 말해주고 있다.

미술계에서도 신공황후는 중요한 소재였다. 정한론, 침략의 정당성을 민중에게 가장 알기쉽고 시각적인 효과를 노린 것이 다색판화 형식의 錦繪였다. 같은 판형에서 제작되었기 때문에 동일한 그림의 대량유통이 가능하였고 세간의 화제를 그림으로 내보내는 일종의 매스미디어로서 기능하여 국

31) 塚本明, 「神功皇后傳說と近世日本の朝鮮觀」, 『史林』79-6, 1996, p.849.
32) 姜德相, 『錦繪の中の朝鮮と中國』, 岩波書店, 2007, p.14.
33) 姜德相,, 앞의 책 p.14.

민들 사이에 널리 침투하여 원시신문으로서 또는 신문의 부독본으로서 역할을 하였다[34]. 신공황후를 최초로 소재로 사용한 그림은 배우화나 미인화에서 기량을 발휘했던 歌川豊國의 문하생인 國安이 그린 신공황후삼한퇴치도(1815-1830년)였다[35]. 이 그림에는 신공황후와 武內大臣의 군선이 나란히 묘사되어 있고 상륙한 일본군이 고려국대왕이라고 표기된 궁성 앞에서 전투장면을 그리고 있다. 신공황후의 삼한정벌설화에서 핵심을 이루고 있는 것은 신라왕의 항복장면이지만, 신라의 항복소식을 들은 고구려, 백제가 복속해 오는 이야기로 이어져 있다. 전투의 궁성을 고려국대왕이라고 표기한 것은 아마도 三韓 중에서 고구려에 대한 강성의 이미지가 투영된 것으로 신공황후의 위력을 돋보이게 한 것으로 보인다. 당시의 錦繪에는 몽골침공의 퇴치도, 풍신수길의 조선정벌도 등 대외전쟁의 활약상을 표현하여 일본의 영광의 역사를 알리는데 주력하고 있다[36].

신공황후에 대한 러일전쟁의 연합함대사령장관이었던 東鄕平八郎의 聯合艦隊解散辭에서도 보인다. 1903년 12월28일, 러일전쟁에 대비하여 편성한 연합함대는 러시아의 발틱함대를 격침시키고 승리를 거둔 후, 1905년 12월21일 연합함대의 전시편성 해산식에서 다음과 같은 고별사를 한다. 「이십수개월에 걸친 전쟁도 이제 과거의 일이 되고 우리 연합함대는 이제 그 임무를 끝내고 해산하기에 이르렀다. …옛날 신공황후는 삼한을 정복한 후, 한국은 400여년간 우리 지배하에 있었지만, 한번 해군이 쇠퇴하면, 곧 군사력을 상실하고, 또 근세에 이르러서는 덕천막부가 태평시대가 되어 군비가 소홀하게 되면 수척의 미군함에도 국가 전체가 고통에 빠졌고, 또 러시아의 함대가 千島, 樺太를 노려도 이에 대응할 수 없었다…」(東鄕神社資料室).

---

34) 櫻井義之, 「明治時代の錦繪にみる朝鮮問題」, 『作新學院女子短期大學紀要』 4, 1977. p.93.

35) 姜德相, 『錦繪の中の朝鮮と中國』, 岩波書店, 2007, p.13.

36) 延敏洙, 「錦繪에 투영된 神功皇后傳說과 韓國史像」, 『韓國古代史硏究』 69, 2013, 동 『고대일본의 대한인식과 교류』, 역사공간, 2014.

러일전쟁의 영웅이었던 東鄕도 기타의 정한론자와 마찬가지로 당시에 유포되고 있던 신공황후 신화가 상기되었다. 그의 대외인식, 역사관을 엿볼 수 있는 대목이다.

이 시기에 일본에서는 현실의 한국침략을 합리화하기 위해 한국사, 한일관계사 연구가 구체적으로 진행되어 간다[37]. 일선동조론이니 만선사연구니 하는 연구가 나오기 시작한 것은 그 대표적인 예이다. 일선동조론의 논거는 『고사기』『일본서기』 신화와 기술에 근거하여 神代로부터 일본은 한국을 일본의 본토와 같이 지배했다는 것인데, 현실의 한국병합은 태고에 일본의 신이나 천황이 한국을 지배하였던 것의 재현이며 역사의 본래의 모습으로 되돌아오는 것이라는 설이다[38]. 만선사연구는 한국사의 주체적발전을 부정하고 한국사를 대륙, 특히 만주세력이 파급되는 종속적 역사로 취급해 버리는 이른바 만선사관으로 알려져 있는 역사인식이다[39]. 모두가 한일합방이 행해지는 단계에서 한국과 한국인의 정체성, 독자성을 부정하고 일본의 한국지배를 정당화, 합리화하는 논리로서 주장되었던 것이다.

이러한 역사의식과 연구방법은 곧바로 역사교과서에 반영되어 교육을 통한 일본인의 왜곡된 대한관을 고취시키는데 커다란 작용을 하게 된다. 일본의 역사교육은 1890년에 발포된 교육칙어를 계기로 「盡忠報國」「尊皇愛國」이 강제적으로 학교교육의 현장에 주입하게 되었다. 이미 교육칙어가 발포되기 1년전에는 대일본헌법이 제정되어 명치천황제의 정신적 지주로서 중요한 역할을 하게된다. 헌법의 제1조에 대일본제국은 만세일계의 천황이 통치한다. 제3조에 천황은 신성하고 침해당하지 않는다라고 하는 규정에 나타

37) 中塚明, 『近代日本の朝鮮認識』, 研文出版, 1993, p.188.

38) 喜田貞吉,「韓國教育と國史の教育」, 『教育界』8-12, 1910, 同「日鮮兩民族同源論」, 『民族と歷史』6-1, 1921), 久米邦武, 「倭韓共に日本神話なるを論ず」, 『史學雜誌』22-1·2, 1911.

39) 旗田巍, 「日本における東洋史學の傳統」, 『歷史像再構成の課題』御茶の水書房, 1966, 同 『日本人の朝鮮觀』, 勁草書房, 1969 참조.

나 있듯이 천황의 일본통치의 대권 및 신성불가침의 특권의 근거는 바로 『記·紀』신화에 있는 것이다. 당시의 수신교과서였던 『神皇正統記』에는 「충의를 다하고 목숨을 버리는 것이 신민의 도이다」라고 기술되어 있듯이 당시의 교육은 尊皇, 愛國, 侵略思想의 계몽이 철저히 실시되어 갔다. 국정교과서가 만들어지기 시작하는 20세기초에는 『記·紀』신화의 세계조차 역사적 사실로 보려고 하는 동향이 교육계에까지 나타나 일본의 역사를 제1장에 天照大神의 은덕으로 부터 설명하고, 제2장에는 신무천황의 통치를, 제3장이 日本武尊 그리고 제4장이 신공황후 등 주로 천황을 중심으로 해서 권력의 최고 정점에 있는 인물로서 항목이 짜여져 있다[40].

이 중에서 고대의 韓國史像과 관련있는 신공황후의 삼한정벌과 관련된 기사를 살펴보자. 국정 제1기(1903)에서는 「황후는 …武内宿禰와 협의하여 바다를 건너 신라에 이르르니, 신라왕은 크게 두려워하여 곧바로 항복하였다. 이로부터 백제도 고구려도 모두 우리나라에 종속하였다」라고 기술되어 있다. 이것은 한국에 대한 침략·지배를 역사적으로 정당화하기 위해서는 고대에 있어서 일본이 한국을 일시적이라도 직접지배했다고 하는 「史實」이 필요하였고, 그 필요성이 「三韓征伐」이라고 하는 허구의 역사를 낳게 했던 것이다[41].

제2期(1909)에서는 「황후는 … 바다를 건너서 신라를 정벌하였다. 신라왕은 皇威의 대단함을 보고 크게 무서워하여 항복해 오고 태양이 서쪽에서 뜨고 강물이 거꾸로 흐른다 해도 반기를 들지 않겠다고 맹세하였다. 그후 백제·고구려 두나라도 우리나라에 항복하였다」라고하여 『일본서기』의 기술을 그대로 전재하고 있다. 이어 교사용 지도서에는 「現今 한국이 동양의 평화를 위하여 우리나라의 보호하에 있는 실황과 서로 비교하여 눈앞의 상태가 결코 우연한 것이 아님을 깨닫게 할 것」이라는 지침을 내리고 있다.

---

40) 『日本教科書大系』 近代編, 第18巻~第20巻(歷史1-3), 講談社 1963, 참조.

41) 鐘聲の會,「戰前の歷史教科書にみる朝鮮像」, 『季刊三千里』29, 1982, pp.98~99.

즉 한국이 을사보호조약으로 인하여 일본에게 외교권이 박탈당한 시점과 때를 같이하여 고대에 형성된 한국사상을 근대의 현실적 교육에 적용시켜던 것이다. 요컨대 한국병합이라는 현실적 상황하에서 교사들에게 병합의 당위성을 주입하도록 환기시켰던 것이다.

제3기(1920), 제4기(1934)가 되면 이야기풍의 수사가 더해져서, 「신라왕은 크게 두려워하여 "동방에 일본이라는 신국이 있고 천황이라는 훌륭한 임금이 있다고 들었다. 지금 오는 것은 필히도 일본의 신병일 것이다. 어떻게 막을 수 있을 것인가" 라고 하였다. 곧바로 백기를 들어 항복하고…」(第3期本)라고 서술하였다.

한민족말살기에 해당하는 제5기(1940), 제6기(1943)가 되면 황국사관에 근거한 서술이 보다 두드러진다. 새로 추가된 2개의 문장을 들어보면, 「…기세가 충천한 병사 중에는 왕을 죽이려고 하는 자도 있었지만, 황후는 그것을 저지하고 항복을 허락하시고…」, 「일본이 훌륭한 나라임을 알고 그후 반도에서 건너 온 사람들이 점차 많아졌다. 이와같이 국내가 안정되고 皇威가 반도에까지 미쳤던 것은 오로지 신들의 보호와 왕실의 은덕에 의한 것이다」라고 서술하고 있다. 그리고 교사용 지도서에는 보다 적극적인 지침이 가해지고 있다. 「신공황후의 정벌대목이 이야기조로 되고 자세하게 된 것은 … 이 장거가 갖는 현대적 의의를 강조한 것에 지나지 않는다. 이리하여 아동은 반도 3국의 복속과 그 결과인 반도인의 내부에 대하여 행복한 대동아건설의 장래를 꿈꾸고 깊이 감격할 것이다」. 「신공황후가 신라를 鎭撫한 대목에서는 다음 점들에 유의하여 지도한다. ① 신라의 불신은 慢心의 표현에 불과하고 일한간에 뿌리깊은 감정의 응어리는 존재하지 않는다는 것, ② 반도의 본래의 친일적 태도가 그 후 반도인의 내조, 귀화로서 나타났다」라는 지도의 방침을 제시하고 있다. 현실의 한국지배와 한민족의 말살정책을 위해 고대의 가공된 史像, 내선일체와 일선동조론으로 포장된 이론으로 식민지 정책을 적극적으로 추진해 갔던 것이다.

이 시기에 간행된『國史概說』의 서문에는「대일본제국은 만세일계의 천황이 皇祖天照大神의 神勅으로 영원히 이를 통치하시다. 이것은 만고불변의 국체이다. 그리고 이 大義에 기초하여 一大家族國家로서 億兆一心聖旨을 奉体하고, 한층 충효의 미덕을 발휘한다. 이것이 즉 국체의 精華이다[42)]」라고 기술하고 있다.『국사개설』은 관리임용시험인 고등고시 과목으로 1942년에「國史」가 추가됨에 따라 그 수험참고서로서 이듬해 문부성이 편찬(상·하권)한 것이다. 이 책은 당시 朝日新聞에「황국사관에 기초한 최초의 권위있는 일본통사」(1943.2.4.付「國史概說上巻を刊行」)로서 일반에게 선전되었다.

『국사개설』의「신공황후의 征韓」을 보면 다음과 같이 기술되어 있다.「우리국민의 반도진출, 임나의 구원에 이어 이윽고 반도 전체에 皇威가 떨치게 이르렀다. 즉 중애천황이 橿原宮에서 붕어하신 후 신공황후는 신라정벌의 군을 일으키셨다. 이리하여 황후는…친히 군선을 이끌고 대마의 和珥津을 출발하여 순풍을 타고 신라로 향하셨다. 군선이 바다에 꽉차고 깃발이 나부끼는 기세에 신라왕은 드디어 황군의 위세에 굴복하여 內官家로서 오랫동안 조공을 태만이 하는 일이 없다고 맹세하고 지도, 호적, 보물 등을 바쳤다. 이어서 고구려와 백제 2국도 이 소식을 듣고 우리에게 투항하였다. 또 임나에서는 이시기 임나일본부가 설치되었다. 반도에서 우리나라의 위세는 이보다 크게 떨쳐 임나를 본거로 하여 신라를 억압하고 백제, 고구려에 까지 지배력을 미치게 되었다[43)]」라고 하여『일본서기』신공황후의 삼한정벌담을 그대로 여과없이 인용하고 있다. 또 한국병합에 대한 서술에서「흠명천황의 시대 우리나라는 任那府를 철퇴하고 天智天皇의 御代、우리 속국인 백제가 멸망하고 나서 오랜 세월이 흘렀다. 지금에 와서 전 반도는 다시 본연의 모습으로 회복하여 皇土로 化하게 되었다[44)]」라고 하여 한국

---

42)『國史概說(上巻)』, 文部省, 1943, p.1
43)『國史概說(上巻)』, 文部省, 1943, p.45~46.

강제병합을「본연의 모습으로 회복」시킨 사건으로 간주하고 있다. 관리임용시험의 참고서를 문부성이 제작했다는 사실은 황국사관의 주입, 현실의 한국지배의 당위성을 인식시키려는 수단이었다.

Ⅵ. 맺음말

신공황후 삼한정벌설화는 특정시대에만 출현하는 것이 아니라 고대에서 근대에 이르는 일본사의 전시기에 걸쳐 나오고 있다. 고대에 형성된 전설적 이야기가 단절없이 역사적으로 계승되면서 일본인의 대외사상, 대외관념을 현성하였다. 신라와의 대립적, 적대적 시기에 형성된 이 가공의 이야기는 일본의 대외적 긴장이 높아가는 시기에 그러한 위기를 극복하고 타개하는 지배층의 이데올로기로서 기능하게 된다. 8세기 신라와의 경쟁관계에 있을 때 일본은 신공황후의 전설을 거론하며 외교의 장에서 일본의 대신라 우월성을 강조했으며, 신라하대의 혼란기에 일본열도에 출현한 신라해적을 격퇴하기 위해 신공황후의 陵, 廟를 찾아 神威의 발현을 구하는 의식이 거행되었다.

몽골 침공기에도 국가적 위기와 공포적 분위기 속에서 신공황후는 신앙화되어 그녀에 사적에 대한 참배와 외적의 격퇴를 비는 의식이 행해졌고, 몽골군의 패배를 신공황후의 神德에 의했음을 강조하고 있다. 임진왜란시도 풍신수길을 비롯한 조선에 출병한 무사들 세계에서도 신공황후의 삼한정벌담을 상기시켜 조선침략을 정당화하는 성공을 기원하는 역사적 근거와 이데올로기로서 작용하였다. 이는 근세이후의 국학자들에게 조선멸시관을 낳았고 정한론의 역사적, 사상적 근거를 제공하기도 했다. 근대에 이르러서는 화폐, 우표, 다색판화 등을 통해 대중 속으로 유포시켜 고대의 인물상을

44)『國史概說(下卷)』, 文部省, 1943, p.429.

근대에 투영시켜 침략정책을 정당화하였다. 게다가 일제강점기에는 국정교과서에 「신공황후」라는 독립된 장을 설정하여 교육의 현장에서 식민지정책에 적극적으로 활용하였던 것이다.

이와 같이 신공황후 삼한정벌설화는 일본사 전체의 맥을 잇는 역사적 계승성을 갖고 있으며 일본국이 위기에 봉착하거나 대외침략 시기에 재생되어 이를 타개하고 성공시키기 위한 인물상이었으며 나아가 對韓 우월사관의 형성에 근간을 이루고 있는 정치적 이데올로기였다. 지금도 신공황후가 祭神이 되어 있는 일본 각지의 신사를 매개로 하여 삼한정벌의 전설적 이야기가 일상의 민간 속으로 스며들고 있어 전설의 역사화는 여전히 진행 중이다.

〈토론문〉

「神功皇后의 三韓征伐論」의 토론문

세키네 히데유키(関根英行) | 가천대학교

이 논문은 일본의 신공황후의 삼한정벌 전설이 고대 천황제와 관련하여 어떤 역사적 배경에서 형성되었고 그것이 중세, 근대를 거쳐 어떤 역할과 기능을 했는지 살펴보는 것이며 그 요지는 다음과 같습니다.

신라 정벌 설화가 탄생한 시기는 '천황'이나 '일본'의 호칭 채택, 『일본서기』 편찬 등이 이루어진 율령국가 태동기인 7세기 후반입니다. 일본은 한반도의 주역이 된 신라에 대해 적대의식을 가지고 이를 극복의 대상으로 삼아 미래의 기대상을 과거에 투영시켜 신라가 일본에 복속하게 됐다는 가공의 이야기를 산출했습니다. 그 결과 8~9세기 이후 신공황후는 영웅이자 수호신으로서 지배층의 정신세계에 자리 잡게 되었습니다. 중세에는 몽골 침략기에 외적을 물리쳤음을 보여주는 신공황후 신앙이 널리 유포되었고 그것을 현실에 반영하여 외적의 대상으로 삼한과 신라 그리고 고려가 더해졌습니다. 임진왜란 때는 신공황후 설화가 도요토미 히데요시[豊臣秀吉]의 침략을 정당화하는 이데올로기로 기능했습니다. 근대에는 요시다 쇼인[吉田松陰]이 삼한정벌 설화를 근거로 정한사상을 제창했는데 메이지유신의 주역들은 이를 계승해 정한론에 따라 대외정책을 추진했습니다. 또한 지폐의 초상화나 대량 유통 그림의 소재로 신공황후를 사용함으로써 국민 통합, 국권 신장, 정한론 선전에 활용했습니다. 한일합병 때는 신화를 근거로 고대의 원래 모습으로 돌아가는 일이라며 침략을 합리화했습니다. 군국주의가 심화되면서 아마테라스 오미카미[天照大神], 신무천황(神武天皇)과 함께 신공황후가 실재 인물로 기술된 국정교과서가 사용되거나 『日本書紀』의 삼한정벌담이 그대로 실린 참고서가 발행되며 국민 교화에 활용되었습니다.

교수님께서는 이러한 사례를 통해 "이 가공의 이야기는 일본의 대외적 긴장이 높아가는 시기에 국가적 위기를 극복하고 타개하는 지배층의 이데올로기로서 기능하게 된다", "일본인의 對韓 우월적 사고의 형성에 근간을 이루고 있는 이데올로기였다"라는 결론으로 마무리하셨습니다. 논지에 대해서는 전적으로 동의하는 입장입니다. 그리고 토론자가 몰랐던 부분까지 널리 망라한 내용이었습니다. 여기서는 신공황후에 관하여 토론자가 가지고 있는 세 가지 의문점을 여쭙는 것으로 토론을 대신하고자 합니다.

첫째, 신공황후의 삼한정벌 설화가 탄생한 7세기 후반, 즉 天武·持統朝 시기에 일본에 파견된 신라 사절의 성격에 대한 질문을 드리고자 합니다. 그 시기는 한편에서는 일본의 우호 국가였던 백제와 고구려는 멸망했고 적대세력이었던 신라가 부상하고 있었으며 한편에서는 일본이 율령국가 건설을 위해 대폭적 개혁을 추진하고 있었습니다. 그 시기에 신라는 거의 매년 일본에 사신을 보냈습니다(668~701년에 총 24회). 과연 신라는 이전의 적국이었던 일본에 대해 어떤 입장으로 접근했는지 궁금합니다. 이를테면 개혁을 강압적으로 요구하는 입장이었는지, 우호적으로 개혁을 지도하는 입장이었는지, 아니면 대등한 입장에서 단순한 수교를 원했는지 알고 싶습니다. 신라정벌 설화를 산출할 정도라면 일본에는 신라가 몹시 부정적으로 비쳤을 것 같은데 실상은 어떠한지요? 그리고 이러한 부분의 해석에 있어 한일간의 견해 차이가 있는지에 대해서도 알려주시면 감사하겠습니다.

둘째, 신공황후 설화에 대한 쓰다 소키치[津田左右吉]의 해석에 관해 질문을 드리고자 합니다. 쓰다는 『古事記』, 『日本書紀』의 신화나 설화를 '가공의 이야기'로 보는 시각을 제창한 학자로 잘 알려져 있는데 그의 신공황후 설화 해석에는 이중성이 보입니다. 쓰다는 실증사학으로 알려져 있지만

전후 일본 신화에 의지하지 않고 상징천황제의 사상적 기틀을 마련한 점에서도 중요한 학자입니다. 그가 "천황의 통일 방법은 평화적이었다", "천황은 예부터 스스로 다스리는 경우가 거의 없었다", "황실은 항상 시세 변화에 순응하면서 형태와 역할을 변화시켜 왔다", "천황은 정치의 실무를 맡지 않아도 정신적 권위를 저절로 갖추고 있었다", "황실의 존재는 민주정치와 모순되지 않으며 민주정치의 정신은 황실을 사랑함으로써 실현할 수 있다"(「建國の事情と万世一系の思想」1946)라고 언급한 것이 바로 그 근거입니다. 이것은 현재 일본인의 상식으로 수용되고 있는 견해라고 해도 무방하며 그만큼 쓰다의 신공황후에 대한 견해에 주목할 필요가 있습니다.

그는 "신공황후의 신라정벌 (중략) 모두가 공상 이야기이다(神功皇后の新羅征伐に至っては[중략]すべてが架空の物語である)(『津田左右吉全集』別卷1, p.17)"라며 분명히 그 사실성을 부정했습니다. 그러나 "장군의 이름까지 명기하고 있는 것으로 보면 사실에 의거한 이야기인 것 같다(將軍の名まで明記してあることから考えると、事實に基づいた話らしい。)(『全集』別卷1, p.266), "신공황후의 정벌 이야기의 이면에는 그 오랜 기간의 사실이 잠재돼 있다(神功皇后征伐の物語の裏面には此の長い間の事實が潛在している)(『全集』別卷1, p.267)", "이 이야기에는 그 기초가 된 역사적 사실이 있었던 것이 분명하다(此の物語に於いて其の基礎になった歷史的事實のあることは明らかである)(『全集』別館1, p.270)"라며 앞뒤가 맞지 않는 언급을 하기도 했습니다. 교수님께서는 쓰다의 의도를 어떻게 보시는지 여쭙고 싶습니다.

셋째, 교수님께서는 고대에서 근대까지 언급하시면서 "일본인의 對韓 우월적 사고의 형성에 근간을 이루고 있는 이데올로기였다"라는 결론을 맺으셨는데 현재의 평가와 미래의 전망에 대해서도 언급해 주셨으면 합니다. 논문에서 스미요시대신[住吉大神]과 무나카타 대신[宗像大神]이 신공황후와 관련 있음을 언급하셨습니다. 현재 일본 전국에 약 2,300사 존재하는 스미요시 신사[住吉神社]의 대봉사(總本社)인 스미요시대사[住吉大社]에서는 ① 소코쓰쓰노 오노미코토[底筒男命], ② 나카쓰쓰노 오노미코토[中筒男命], ③ 우와쓰쓰노 오노미코토[表筒男命]의 스미요시 삼신[住吉三神]과 ④ 신공황후가 함께 모셔져 있습니다. 또한 전국에 852사가 있는 와타쓰미 신사[綿津見神社]의 총본사(總本社)인 시카우미 신사[志賀海神社]에는 ① 나카쓰 와타쓰미 신[仲津綿津見神](신공황후와 합사) ② 소코쓰 와타쓰미 신[底津綿津見神](다마요리히메[玉依姬命]와 합사), ③ 우와쓰 와타쓰미 신[表津綿津見神](응신천황과 합사)으로 되어 있습니다. 이처럼 전국에 수천, 수백의 분사(分社)에서 신공황후를 제신으로 모시고 있는 사실을 감안하면 그 잠재력은 간과할 수 없는 일인 것 같습니다.

그 밖에 신공황후 관련 전승이나 지명이 야마구치현[山口縣], 후쿠오카현[福岡縣], 사가 현[佐賀縣], 나가사키현[長崎縣], 오이타현[大分縣], 미야자키현[宮崎縣]에 걸쳐 널리 분포되어 있으며 그 수는 무려 3,000가지나 된다고 합니다. 게다가 "야마토 조정이 자신들의 역사를 민중에게 강요한 흔적을 찾을 수 없었기 때문에 민중이 기기(記紀) 이전부터의 각지 전승을 다시 전했을 것(河村哲夫『神功皇后の謎を解く』原書房)"이라며 그 사실성을 조명하는 논자들이 종종 나타나고 있습니다. 제2차 세계대전 후에는 GHQ의 권고하에 신공황후를 비롯한 신화 교육이 교육현장에서 사라졌지만 최근에는 신무천황(神武天皇)을 역사 교과서에 싣는 추세에 있습니다. 현재 중학교 역사 교과서는 출판사 8곳에서 출판되는데 그중 신무천황을 실은 교과서는 6권에 이릅니다(2017년 공익사단법인 일본청년회의서 조사). 그리고 여기에 쓰다가 신공황후 설화를 부분적이지만 사실로 인정하고 있는 실태를 볼 때 머지않아 신공황후 설화가 교과서에 등장할 날이 올 수도 있다는 생각이 듭니다.

이처럼 오늘날은, 패전 직후의 상황과는 많이 다른 변화가 보이고 있습니다. 외국 연구자가 종교법인, 민간신앙, 교과서에 이의를 제기하기는 어려운 입장일 수 있지만 '일본인의 對韓 우월적 사고의 형성에 근간을 이루고 있는 이데올로기'로 규정하신 만큼 마냥 좌시할 수만은 없는 상황인 것 같습니다. 이에 대해 역사학자로서 어떻게 보시는지 고견을 듣고 싶습니다.

중세 일본의 신국사상과 한반도

이세연 | 한국교원대학교

Ⅰ. 머리말

천황이 소위 '인간선언'을 한 지 70여 년이 지났지만, 일부 일본인들은 여전히 자신들의 나라가 신국(神國)이라는 믿음을 지니고 있다. 2000년 5월, 당시 내각총리대신이었던 모리 요시로[森喜朗]가 "일본은 바로 천황을 중심으로 하는 신의 나라"라고 발언한 것은 상징적인 의미가 있다 할 것이다.[1)]

모리의 발언으로부터는 우선 근대 천황제 국가, 국가신도와 같은 단어를 떠올리기 마련이지만, 그의 발언에서 유추할 수 있는 〈일본=신손(神孫) 천황이 통치하는 나라〉라는 관념은 중세에서 그 연원을 찾을 수 있다. 물론 중세에 형성된 신국 관념이 현대에 이르기까지 단선적으로 이어진 것은 아니지만, 그것이 일종의 '집요저음'(Basso Ostinato)[2)]을 이루고 있다는 점은

---

1) 모리의 발언 전문(全文)은 다음 사이트를 참조. http://www2.odn.ne.jp/~cbp91480/jinja.html

2) 마루야마 마사오[丸山眞男]는 신화 텍스트로부터 일본사회의 원형질이라 할 만한 요소들을 추출하고, 그것이 일본사회의 역사적 전개과정에 일정한 틀을 제공했다고 주장했다. 마루야마는 이와 관련하여 '古層' 혹은 '집요저음'이라는 음악학의 용어를 사용했다. 丸山眞男, 「歷史認識の「古層」」, 『丸山眞男集 第10卷』(岩波書店, 1996); 同, 「政事の構造—政治意識の執拗低音—」, 『丸山眞男集 第12卷』(岩波書店, 1996)을 참조.

분명하다 할 것이다. 중세의 신국사상에 대한 검토가 현재적 의의를 지니는 이유이다.

본고에서는 이와 같은 인식을 바탕으로, 중세 일본의 신국사상에서 한반도가 어떤 위상을 차지하고 있었는지 검토해 보고자 한다.

오늘날 한국인의 시각에서 바라봤을 때 중세의 신국사상이라고 하면 대개 '신이 가호하고 신손(神孫)이 통치하는 일본은 신성불가침의 영역이라고 주장하는 정치사상'을 상정하게 되지만, 이 간단명료한 설명이 중세 신국사상의 전모를 보여주는 것은 아니다. 예컨대, 그것은 말법(末法) 사상과 연계된 삼국세계관 혹은 삼국사관을 전제로 본지수적설(本地垂迹說)과 불가분의 관계를 맺으며 전개되었으며, 그 구체적인 내용은 인식 주체에 따라 차별적이었다. 기타이 도시오[鍛代敏雄]에 따르면, 12세기에 한정하더라도 신국사상 담론은 여섯 가지로 분류할 수 있다고 한다.[3)]

본고의 과제와 접점을 지니는 선행연구는 대략 세 가지로 분류할 수 있는데, 중세 신국사상에서 한반도가 차지하는 위상을 구체적으로 다룬 것은 전무하다 해도 과언이 아니다. 즉, 중세 신국사상의 실태를 규명한 연구[4)], 중세 일본인들의 대외관념과 대한관(對韓觀), 공간인식을 다룬 연구[5)], 이른

3) 鍛代敏雄, 『神國論の系譜』(法藏館, 2006), pp.16-26.

4) 黑田俊雄, 「中世國家と神國思想」, 黑田俊雄外, 『日本宗教史講座』 第1卷(三一書房, 1959); 佐々木馨, 「神國思想の中世的展開」, 黑田俊雄編, 『大系 仏教と日本人2 國家と天皇』(春秋社, 1987); 鍛代敏雄, 『神國論の系譜』; 김보한, 「중세 일본의 신국사상과 그 역사적 변천」, 김현구 외 지음, 『동아시아세계의 일본사상』(동북아역사재단, 2009); 成澤光, 「"辺土小國"の日本: 中世的世界像の一側面について」, 『政治のことば: 意味の歴史をめぐって』(講談社, 2012); 남기학, 「가마쿠라 막부의 신국사상의 전개」, 『가마쿠라 막부 정치사의 연구』(한국문화사, 2017); 佐藤弘夫, 『「神國」日本』(講談社, 2018) 등.

5) 田中建夫, 「中世日本人の高麗·朝鮮觀」, 『對外關係と文化交流』(思文閣出版, 1982); 村井章介, 「中世日本の國際意識·序說」, 『アジアのなかの中世日本』(校倉書房, 1988); 무라이 쇼스케, 「중세 한일양국인의 상호인식」, 한일관계사학회 편, 『한일양국의 상호인식』(국학자료원, 1998); 金光哲, 『中近世における朝鮮觀の創出』(校倉書店, 1999);

바 삼한정벌전설의 중세적 변용과 여몽연합군의 일본 침공을 다룬 연구[6]는 모두 좋은 참고자료라 할 수 있지만, 본고의 과제와 직접적으로 연결되는 선행연구라고 보기는 어렵다. 본고에서 설정한 과제는 이미 여러 차례 수행된 듯하지만, 그것은 관련 연구의 '두께'에서 비롯된 일종의 착시현상이라고 생각한다.

이처럼 의외로 '참신한' 본고의 과제에 대해서는 여러 가지 접근 방법을 생각해 볼 수 있겠지만, 본고에서는 시론(試論)의 입장에서 관계성에 초점을 맞춰 보고자 한다. 신국 일본이라는 정체성은 타자와의 관계 속에서 형성되기 마련이다. 본고에서는 신국 일본이라는 관념이 발흥하고 그것이 하나의 사상으로 자라 잡아가는 과정에서 한반도라는 타자가 어떤 역할과 기능을 수행했는지 살펴보고자 한다.

이 같은 접근 방법에 따라, 본고에서는 관련 텍스트에 대한 보다 세밀한 분석을 시도할 것이다. 각 텍스트 속의 문구와 문장, 이야기들이 어떻게 배치되어 있는지, 또 그것들이 맞물리면서 어떤 맥락을 형성하고 있는지 검토함으로써, 신국 일본에 대한 타자로서의 한반도의 윤곽을 그려보고자 한다.

본문에서는 시대 순으로 사태의 추이를 살펴볼 것이다. 2장에서는 12~13세기를 다룰 텐데, 논의의 편의상 앞선 시기의 사료 두 가지를 먼저 검토할

남기학,「고려와 일본의 상호인식」,『일본역사연구』 11(2000); 신동규,「일본의 사찬지도로 본 전근대 '삼도영토관'에 대한 고찰: 일본 고지도를 중심으로」, 홍성화 외 지음,『전근대 일본의 영토인식』(동북아역사재단, 2012); 배관문,「'신국 일본'의 이미지 변천사: 중세 일본의 국토 표상과 관련하여」,『동아시아문화연구』 53(2013); 井上厚史,「朝鮮と日本の自他認識: 13~14 世紀の「蒙古」觀と自己認識の変容」,『北東アジア研究』 別冊 第3号(2017) 등.

6) 久保田收,「中世における神功皇后觀」, 神功皇后論文集刊行會編,『神功皇后』(皇學館大學出版部, 1972); 연민수,「神功皇后 전설과 日本人의 對韓觀」,『한일관계사연구』 24(2006); 石黑吉次郞,「蒙古襲來と文學」,『專修國文』 84(2009); 齊藤步,「文學作品にみる對外感覺:「國難」蒙古襲來に際して」,『일본학연구』 54(2018); 海津一朗,『新神風と悪党の世紀: 神國日本の舞台裏』(文學通信, 2019) 등.

것이다. 3장에서는 여몽연합군 침공의 상흔이 채 가시지 않은 14세기의 상황을 집중적으로 살펴보며 이 시기의 특수성에 대해 생각해 보고자 한다.

Ⅱ. 神國을 비추는 거울

신국사상의 출발점으로 곧잘 인용되는 것은 이른바 삼한정벌전설에 관한 『일본서기』 기사이다. 그 내용은 잘 알려진 바와 같지만, 논의에 필요한 일부 문장을 아래에 인용한다.

〈사료 1〉『日本書紀』 권제9 神功皇后 春二月條, 冬十月條[7)]

9년 봄 2월에 족중언천황이 축자(築紫)의 강일궁(橿日宮)에서 죽었다(崩). 이때 황후는 천황이 신의 가르침을 따르지 않다가 일찍 죽은 것을 슬퍼하며 벌을 내리는 신의 존재를 알고는, 재보(財寶)의 나라를 얻고자 하였다. … 9년 겨울 10월 기해삭 신축(3일)에 화이진(和珥津 ; 와니노츠)에서 출발했다. 이때 풍신(風神)이 바람을 일으키고, 해신(海神)은 파도를 치게 하였다. … 신라왕은 뜻밖의 군사들이 나타나 장차 신라를 멸망시키려 하는 것이라 여기고 두려워 전의를 상실했다. 마침내 정신을 차리고 "내가 들으니 동쪽에 신국(神國)이 있는데, 일본(日本)이라고 한다. 또한 성왕(聖王)이 있는데 천황(天皇)이라고 한다. 반드시 그 나라의 신병(神兵)일 것이다. 어찌 군사를 내어 방어할 수 있겠는가."라고 말하고 백기를 들어 항복하였다. … 그리고 머리를 조아리고 "… 배의 키가 마를 사이 없이, 춘추로 말빗과 말채찍을 바치겠습니다. 또한 바다를 사이에 두고 멀리 떨어져 있는 것을 꺼리지 않고 해마다 남녀의 조(調)를 바치겠습니다."라고 말하였다. … 고구려(高句麗)와 백제 두 나라 왕은 … 도저히 이길 수 없다는 것을 알고는 스스로 영외로 나와서 머리를 조아리며 "지금 이후부터는 길이 서번(西蕃)이라 일컫고 조

7) 인용문은 연민수 외 엮음, 『역주 일본서기 1』(동북아역사재단, 2013), p.470·pp.476-480쪽에 의함.

공을 그치지 않겠습니다."라고 말하였다. 이로써 내관가(內官家)로 정하였다. 이것이 이른바 삼한(三韓)이다.

중애(仲哀) 천황의 사후, 신공황후(神功皇后)는 '신의 가르침'에 따라 '재보의 나라'인 신라를 공략했다. 신라왕은 '신국' 일본의 '신병'에 저항할 수 없다고 판단하여 항복했으며, 고구려왕과 백제왕도 그 뒤를 따랐다. 세 나라는 모두 일본에 조공을 바치겠다고 맹세했다.

이 가공의 이야기는 7세기 왜와 한반도 삼국 간의 복잡다단한 관계를 배경으로 형성된 것으로 보이는데,[8] 여기서는 다음 두 가지 점에 주목해 두고자 한다. 첫째, '神國'의 최초 용례가 다름 아닌 신라, 한반도와 관련하여 등장했다는 사실이다. 이는 곧 '神國' 일본이라는 정체성이 신라, 한반도라는 타자와의 관계를 통해 형성되기 시작했음을 의미한다. 신라와 한반도는 이를테면 '神國' 일본을 비추는 거울이었던 것이다. 둘째, 한반도 삼국의 무기력함이다. 아마도 『일본서기』의 편자는 한반도 삼국에게 일말의 저항도 허용치 않는 압도적인 신위(神威)를 드러내고 싶었던 것 같다. 그러나 독자에게 주는 임팩트라는 관점에서 바라봤을 때, 〈무기력함↔신위〉라는 서술구도가 과연 효과적인 것인지는 의문이다. 신위는 구체적이고 가시적인 방식으로 드러나고 있지 않기 때문이다. 이 같은 서술구도는 중세에 이르러 큰 변용을 겪게 되는데, 이에 대해서는 후술하겠다.

'神國'의 두 번째 용례 역시 신라와 관련된 문서에서 확인된다. 그 주요 내용을 소개하면 다음과 같다.

〈사료 2〉『日本三代實錄』 869년 12월 14일조 수록 고문(告文)[9]

… 전하여 들으니, 저 신라인은 우리 일본국과 오래도록 상적(相敵)이 되

8) 연민수, 「神功皇后 전설과 日本人의 對韓觀」, pp.6-7.

9) 인용문은 다음 논고를 바탕으로 일부 손질한 것임. 정순일, 「신라해적과 國家鎭護의 神·佛」, 『역사학보』 226(2015), pp.263-264.

어왔는데, 지금 그들이 나라 안으로 들어와서 조물(調物)을 탈취하고도 두려워하거나 꺼려하는 기색이 없습니다. … 병란(兵亂)의 일은 더욱 두려워하고 삼갈 만한 일이지만, 우리 일본은 이른바 신명(神明)의 나라입니다. 신명이 도움과 보호를 주신다면 어찌 병구(兵寇)가 가까이 올 수 있겠습니까? 하물며 경외하는 황대신(皇大神)께서는 우리 조정의 시조[大祖]로서 통치하시는 천하를 비춰주시고 보호하시니, 타국(他國) 이류(異類)가 업신여겨 난을 일으키는 일을 들으시고 어찌 놀라 물리치지 않으시겠습니까? … 경외하는 황대신께서 국내의 여러 신들도 이끄셔서 아직 출발하기 전에 저지하여 물리쳐 주시고, 만약 적의 계략이 이미 이루어져 병선(兵船)이 반드시 오게 되어 있으면, 경내(境內)로 들어오지 못하게 하시고 쫓아 돌려보내거나 침몰하게 하셔서 우리나라를 신국(神國)으로 경외해온 고실(故實)이 사라지지 않도록 하시옵소서. …

위의 고문은 이세신궁에 봉납된 것이다. 인용문에서는 생략했지만, 이 고문에서 문제시 된 것은 신라해적만이 아니었다. 당시의 일본조정은 신라해적뿐만 아니라 열도 각지에서 발생한 괴이와 자연재해 등을 포함한 '총체적 국가위기상황'에서 벗어나고자 기도했다.10)

다만, 본 논문의 취지에서 주목하지 않을 수 없는 점은 '신명의 나라', '신국'이라는 표현이 신라해적의 위협과 극복을 이야기하는 맥락에서 등장하고 있다는 사실이다. '총체적 국가위기상황'에서 벗어나고자 황실의 조상신에게 기도하는 일본조정의 태도를 감안하면, '신명의 나라', '신국'이라는 표현은 고문 전체를 관통하는 맥락에서 등장해도 어색하지는 않을 것이다. 그럼에도 이 두 가지 표현이 유독 신라해적과 관련하여 등장했다는 것은 신국 일본이라는 관념이 애초에 신라, 한반도라는 타자를 통해 환기되는 성격의 것이었음을 보여준다. 신국 일본은 9세기에도 여전히 신라, 한반도라는 거울을 통해 그 모습을 드러내고 있었던 것이다.

---

10) 정순일, 「신라해적과 國家鎭護의 神·佛」, pp.267-268.

신국 일본이라는 관념과 관련하여 신라, 한반도가 독점적인 위상을 차지하는 듯한 양상은 신기신앙의 비대화에 따라 변화했다. 신라, 한반도와 무관한 '神國'의 용례도 9세기 말에는 등장하여 11세기 이후에는 급증하는 양상을 보인다.[11] 이 과정에서 오늘날 신국사상이라 호명하는 것의 윤곽과 내용은 한층 뚜렷해져갔다. 그런데 이처럼 가파른 변화의 와중에도 〈신라/한반도=신국 일본을 비추는 거울〉이라는 구도를 환기하는 담론은 존재했다. 다음 사료를 살펴보자.

> 〈사료 3〉『大槐秘抄』(『群書類從』 제28집 수록)
>
> 무용(武勇)을 갖춘 사람이 소치[帥], 다이니[大貳]가 되면 반드시 이국(異國)이 일어난다고 합니다. 오노노 요시후루[小野好古]가 다이니였을 때, 다카이에[隆家]가 소치였을 때, 특히 이국의 사람들이 홍기했습니다. 그들은 오로지 자신들의 마음이 용맹함을 선호했던 것입니다. 지금 다이라노 기요모리[平淸盛]가 다이니로 내려가 있습니다. 어떠할지 생각해 보건대, 고려에 중대한 문제가 있다고 들었습니다. 고려는 신공황후가 몸소 가셔서 무찌른 나라입니다. … 고려는 대국(大國)인데 무찌르신 것이니, (고려는) 어떻게든 (일본에) 설욕하고 싶어 할 것입니다. 그러나 일본을 신국(神國)이라 하여 고려뿐만 아니라 이웃 나라 모두 기세가 꺾여 범접할 생각을 하지 못하고 있습니다. …

『大槐秘抄』는 1162년 무렵 후지와라노 고레미치[藤原伊通]가 니조(二條) 천황에게 제출한 정치의견서이다. 위 인용문에서 고레미치는 대외관계에 대해 언급하고 있다. 고레미치는 무용을 갖춘 사람이 규슈의 지방관으로 부임하면 이국이 홍기하는 선례가 있다며 기요모리가 다이니로 부임한 현재 특히 고려의 홍기가 우려된다는 의견을 밝히고 있다. 그 구체적인 원인으로 고레미치는 신공황후의 고사(故事)를 환기하지만, 일본은 '신국'이므

11) 鍛代敏雄, 『神國論の系譜』, pp.10-16 참조.

로 무탈할 것이라고 낙관하고 있다. 여기서 고려는 '이웃 나라'와 더불어 신국 일본을 비추는 거울로 기능하고 있다고 할 것이다.

그런데 위의 인용문에서 특히 흥미로운 점은 고려가 신국 일본에 위협을 가할 수 있는 '대국'으로 표현되고 있다는 점이다. 고레미치가 고려를 '대국'으로 바라본 명확한 근거는 알 수 없지만, 그 실마리는 인용문의 앞부분에서 찾을 수 있지 않을까 생각한다.

고레미치는 오노노 요시후루와 후지와라노 다카이에의 사례를 거론하고 있다. 실제로 요시후루는 945~950년, 960~965년의 기간에 다이니로 재임했으며, 다카이에는 1014~1019년, 1037~1042년의 기간에 곤노소치[權帥]로 활동했다. 이 시기에 '이국'의 동향을 살펴보면 가장 눈에 띄는 것은 1019년 여진족의 일본 침공이다. 쓰시마[對馬]와 이키[壹岐] 등지에 막대한 피해를 입힌 이 사건에는 고려가 등장한다. 즉, 고려 수군은 본거지로 귀환하던 여진족과 전투를 벌여 일본인 포로 300여 명의 신병을 확보하고 이들을 일본에 송환했다. 일본에 돌아온 이시메라는 인물은 "고려국 병선 수백 척이 적들을 공격해왔다. 적도들이 힘껏 전투에 임하였지만, 고려의 맹렬한 기세에 의해 적수가 되지 못하였다. 그 고려국의 배는 선체가 크고 높았으며, 병사와 무기가 매우 많았다. 배를 뒤집어 살인하니 적도들이 그들의 맹렬함에 감히 대적하지 못했다."고 증언하기도 했다.[12] 과감하게 상상해 본다면, 고레미치는 바로 이 같은 1019년의 기억을 떠올렸던 것이 아닐까? 요컨대, 고레미치는 『大槐秘抄』를 써내려가면서 관념상의 한반도가 아니라 실체로서의 한반도를 떠올리고 그것을 '대국'이라 표현했던 것이라고 생각한다.

이처럼 고려를 '대국'이라고 규정할 경우, 별도의 추가 설명이 없는 한 신국의 위상은 상대적으로 하락할 수밖에 없다. 이와 관련하여 주목되는 것

12) 『小右記』 1019년 8월 3일조 裏書「大宰府解」. 인용문은 김현우, 「'刀伊(동여진)의 침구'사건의 재검토와 여일관계의 변화」, 『일본학』 45(2017), p.153에 의함.

은 말법사상과 연계된 삼국세계관과 본지수적설이다. 잘 알려진 바와 같이, 당시 일본사회에서는 1052년 무렵 말법의 시대가 시작되었다는 인식이 폭넓게 통용되고 있었으며, 이러한 인식의 연장선상에서 일본은 인도, 중국에 비교하여 구원의 손길이 닿기 어려운 '粟散邊土'로 규정되었다. 이 같은 상황을 극복하기 위한 사상적 영위가 이루어지는 가운데, 일본의 신들은 성덕태자(聖德太子)와 같은 저명한 구도자, 고불(故佛) 등과 더불어 '粟散邊土'의 중생을 구원하고자 수적(垂迹)한 존재로 규정되었다.[13] 인도, 중국이라는 거울에 비친 신국 일본의 모습은 이처럼 왜소한 것이었다. 〈사료 3〉에서 '대국' 고려와 신국 일본을 대비하는 고레미치의 뇌리 한편에도 '粟散邊土'의 관념이 자리 잡고 있었을 것으로 짐작된다.

〈신국 일본='粟散邊土'〉라는 사고의 흔적은 한반도 관련 설화에서도 확인된다. 예컨대, 1200년 무렵에 성립한 것으로 보이는 『長谷寺驗記』에는 「新羅國照明王后難送寶物事」라는 이야기가 수록되어 있다.[14] 죽음의 위기에 처한 신라의 조명왕후가 나라[奈良] 하세데라[長谷寺]의 관음상에 기원하여 목숨을 건졌다는 영험담인데, 이야기의 후반부에는 왕후가 '粟支神國摩訶舍那山長谷之寺'에 33가지 보물을 보냈다는 문장이 보인다.

여기서 주목하고 싶은 부분은 '粟支神國'이라는 문구이다. 일반적으로 '粟支'라는 표현은 '粟支數年'[15]과 같이 '~년 버틸 양식'의 의미로 해석되지만, '粟支神國'에 이 같은 용법을 적용할 수 없다는 점은 분명하다. 결론을 말하면, '粟支'는 당시 유행하던 문구인 '粟散'의 오기라고 생각한다. 원본을 필사하는 과정, 혹은 필사본을 활자화하는 과정에서는 종종 오기가 발생한다. '散'의 초서 가운데는 오른쪽 변인 등글월문(攴/攵)이 강조된 자체

---

13) 佐藤弘夫, 『「神國」日本』, 第二章~第三章 참조.

14) 설화의 내용은 다음 논고의 번각 자료를 참고했다. 류규상, 「『長谷寺驗記』의 新羅王后譚에 대하여: 翻刻 및 자료의 검토」, 『일본학논집』 19(2005).

15) 『史記』 列傳 제9 蘇秦. 일본사회에서 사용된 예로는 『平安遺文』 25-1064호 등을 참조.

(字體)도 존재하는데, 그것이 '支'의 초서로 오인된 것은 아닐까?

'粟支'를 '粟散'으로 판단하면, 그 뒤로 이어지는 "진심을 다하여 기원하는 사람은 이국(異國) 타국(他國)이라도 이와 같다. … 하물며 우리나라는 인연이 특별히 깊을 것이다. 믿음직스럽도다."라는 문장은 이해하기 쉽다. 『長谷寺驗記』 편자의 속내를 논리적으로 정리해 보면 대략 다음과 같지 않을까 싶다. 즉, ① 일본은 '粟散邊土'인 까닭에 부득이한 방편으로 신들이 수적한 나라인 '粟散神國'이다. ② 그러나 하세데라 관음상의 영험은 일본열도를 훌쩍 뛰어넘을 정도로 믿음직스럽다. ③ 그러니 반드시 구원받는다는 믿음을 가지고 하세데라에 귀의하라.

이 이야기의 맥락 속에서 신라, 한반도의 역할을 분명해 보인다. 즉, 신라, 한반도는 '粟散邊土'임에도 구원의 계기를 충분히 갖추고 있는 신국 일본의 면모를 부각시키는 역할을 하고 있는 것이다. 11세기 이후 새롭게 부각된 신국 일본의 면모는 신라, 한반도라는 거울을 통해서도 확인되고 있었던 것이다.

그런데 이 이야기는 한반도와의 관계에서 또 하나의 함의를 지니고 있는 것으로 보인다. 이 이야기에 복류하는 삼국세계관 혹은 삼국사관에서 일본이 열위(劣位)로 규정되는 이유는 일본이 불교의 중심지로부터 공간적으로 멀리 떨어져 있고 아울러 불교의 발흥이 가장 늦었기 때문이었다. 잘 알려진 바와 같이, 불교는 6세기에 이르러 백제에서 일본으로 전파되었다. 게다가 백제, 한반도는 일본에 비해 공간적으로도 불교의 중심지에 가까웠다. 요컨대, 불교를 기준으로 하면, 신국 일본은 한반도와의 관계에서도 명백히 열위에 처해 있었다. 후술하겠지만, 중세 일본인들은 인도, 중국에 대한 열위를 부단히 극복하고자 했던 것으로 보이는데, 한반도에 대해서도 그 같은 사상 경향이 존재하지 않았을까 싶다. 즉, 위의 설화는 한반도에 대한 신국 일본의 불교적 열위를 극복하고자 하는 사상적 영위의 결과로도 읽히는 것이다. 무엇보다 불교가 한반도로부터 전래된 것은 부정할 수 없는 사실이지만, 실제로 불교가 번창하고 수적의 영험이 드러나고 있는 곳은 한반도가 아니라 신국 일본이다. 신라 왕후가 하세데라의 관음상에 귀의한 데에서 보이는 것처럼. 『長谷寺驗記』「新羅國照明王后難遂寶物事」의 행간에서는 이와 같은 인식을 간취할 수 있지 않을까?

참고로 덧붙이면, 이 이야기는 비슷한 시기에 성립한 다른 설화집을 통해서도 유포되어갔다. 예컨대, 『今昔物語集』 권제16 제19화, 『宇治拾遺物語』 권제14 제5화에서는 유사한 이야기가 발견된다.[16] 또 셋쓰[攝津] 가쓰오지[勝尾寺]의 주변에서는 백제를 대상으로 하는 비슷한 패턴의 이야기가 전래되고 있었다. 즉, '白髮之病'에 걸린 백제의 황후가 가쓰오지에 관한 영몽을 얻어 건강을 회복했다는 이야기가 유포되고 있었다.[17] 편자 혹은 저자의 의도는 논외로 하더라도, 이런 이야기들이 한반도에 대한 신국 일본의 비교 우위를 환기하는 효과를 자아내고 있었으리라는 점은 미루어 짐작할 수 있다.

이상에서 살펴본 바와 같이, 11세기 이후 '神國'이라는 표현은 다채로운 파장을 일으키고 있었다. 그런 상황에서 유례없는 강력한 타자가 일본열도를 침공했다. 이 강렬한 침공에 즈음하여 신국 일본은 한반도라는 거울을 통해 어떤 면모를 드러냈을까? 이에 대해서는 다음 장에서 살펴보기로 하자.

Ⅲ. 강력한 타자, 위대한 神國

여몽연합군 침공에 대한 선명한 기억을 바탕으로 작성된 『八幡愚童訓(甲)』은 중세 신국사상의 진수를 보여주는 텍스트로 저명하다. "신라국의

16) 다음 논고에서는 각 설화집에 수록된 이야기들이 상세히 비교 검토되고 있다. 廣田收, 「『宇治拾遺物語』新羅國后考」, 『同志社國文學』 84(2016).

17) 『鎌倉遺文』 6-3980호, 12-8614호, 14-10480호 참조.

대왕은 일본의 개다."라는 문장이 상징하듯, 한반도 멸시관이 노골적으로 표출된 텍스트로도 평가받고 있다.[18)]

한반도 멸시관에 대한 그간의 설명은 대체로 수긍할 만한 것이지만, 한 가지 석연치 않은 부분이 눈에 띈다. 위의 인용문에서 개로 표현된 것이 '신라국의 대왕'이라는 점이다. 『일본서기』의 '신라왕'이라는 표현과 대비되는 부분이다. 앞서 『大槐秘抄』에서 고려가 '대국'으로 표현된 것에 대해 1019년 여진족 침공의 영향을 추측한 바 있는데, 마찬가지로 '대왕'이라는 표현에서는 여몽연합군 침공의 영향을 읽어낼 수 있을 것이다. 다만, '대왕'이라는 표현의 배후에는 좀 더 복잡하고 넓은 자장(磁場)이 펼쳐져 있는 것으로 판단된다. 다음 문장을 살펴보며 이 점에 대해 생각해 보도록 하자.

〈사료 4〉『八幡愚童訓(甲)』(『寺社縁起(日本思想大系 20)』 수록)

황후가 신라·백제·고려 3개 대국을 여인의 몸으로 불과 얼마 안 되는 군세를 가지고 신속히 공략하여 복속시키고 돌아온 용맹함은 계일대왕(戒日大王)이 오축(五竺)을 복속한 일, 진시황제가 6국을 멸망시킨 일, 월왕이 부차를 토벌하여 회계의 수치를 씻은 일보다 뛰어나다.

위 인용문에서는 신공황후의 삼한정벌에 대한 총괄적인 평가가 이루어지고 있다. 신라·백제·고려는 '대국'으로 규정되고 있으며, 그런 '대국'들을 복속시킨 황후의 무공은 인도 바르다나(Vardhana) 왕조 하르샤(Harsha, 戒日王, 606~647)의 무공, 중국의 전국시대에 종지부를 찍은 시황제의 무공, 오왕 부차를 무너뜨린 월왕 구천의 무공보다 뛰어난 것이라고 찬양되고 있다.

신공황후와 일본의 신들에 대해 이야기하는 텍스트에서 돌연 인도와 중국의 사례가 등장하는 것은 어색해 보일지도 모르겠다. 그러나 『八幡愚童訓(甲)』 전편을 감싸고 있는 문맥을 감안하면 오히려 자연스런 논리 전개임

---

18) 村井章介, 「中世日本の國際意識·序說」을 참조.

을 알 수 있다. 예컨대, 〈사료 4〉에 앞서서는 "천축(天竺)을 다섯으로 나누니, 16개의 대국(大國), 500개의 중국(中國), 10,000개의 소국(小國), 속산변토(粟散邊土)가 생겨났다.", "일본국은 미소비열(微少卑劣)한 졸국(拙國)이지만, 또한 귀중현철(貴重賢哲)한 신국이다. 이에 예로부터 이국(異國), 이조(異朝)와 전혀 다른 부류이다. 곧 시원을 알 수 없는 별소(別所)이다."라는 문장이 확인되며, 〈사료 4〉에 이어서는 "일본은 매우 작은 소국이다."라는 문장도 확인된다. 요컨대, 『八幡愚童訓(甲)』의 저자는 삼국세계관을 통해 세상을 바라보고 있었던 것이다.

그렇다면, 위의 인용문에서 인도와 중국의 사례가 등장하는 이유는 명백하다 할 것이다. 『八幡愚童訓(甲)』의 저자는 삼국세계관에서 관찰되는 〈粟散邊土=神國 일본〉의 열위를 극복하고자 신공황후의 무공이 인도, 중국의 전설적인 무공보다 뛰어나다고 강변하고 있는 것이다.

이 강변을 합리화할 수 있는 지름길은 분명해 보인다. 즉, 신공황후가 무너뜨린 적이 유례없이 강력한 적이었다고 강조하는 것이다. 적이 강력하면 강력할수록 신공황후의 무공은 두드러지기 마련이고 전투과정에 개입했던 신들의 위세 역시 한층 위대한 것으로 자리매김 될 수 있기 때문이다. 〈사료 4〉에서 신라·백제·고려가 '대국'으로 규정된 이유는 이런 맥락에서 이해할 수 있을 것이다. 중세 신국사상의 논리구조 속에서 한반도의 삼국은 『일본서기』 속의 그것처럼 마냥 무기력해서는 안 되는 존재였다. 그것은 신국 일본을 위험에 빠뜨릴 만한 힘을 갖춘 존재여야 했고, 그럼에도 종국에는 일본의 신들에게 완벽하게 제압됨으로써 그들의 신위(神威)를 증폭시키고 신국 일본의 위대함을 드러나게 해주는 존재여야 했다.

이처럼 강력한 타자 한반도와 위대한 신국의 표상이 맞물려 있는 상황을 감안하면, 『八幡愚童訓(甲)』의 전반부에 등장하는 '塵輪' 이야기도 한반도 멸시관 혹은 축생관의 맥락에서만 해석하는 것은 곤란할 것 같다. 즉, "중애천황 시대에는 이국이 공략하고자 하여 우선 진륜이라는 것을 보냈다. 모습은 귀신과 같고 몸 색깔은 붉고 머리는 8개로, 검은 구름을 타고 허공을 날아 일본에 도착하여 인민을 잡아 죽였다."는 문장은 오히려 신비로운 힘을 지닌 정체불명의 존재를 임의로 부릴 수 있는 강력한 타자 한반도를 설명하기 위해 배치된 것으로 파악되는 것이다. 신라국 '대왕'의 지시에 따라 신라의 성인(聖人)이 일본의 신 대부분을 물병에 감금하는 이야기 역시 같은 맥락에서 이해할 수 있을 것이다. 귀신같은 존재를 거느리고, 나아가 뛰어난 주술도 부릴 수 있는 한반도라는 타자는 바로 그 강력함으로 인해 신국 일본의 위대함을 한층 더 선명하게 가시화할 수 있었다.

그런데 한반도가 강력한 타자로 표상되고 그를 통해 신국 일본의 위대함이 드러나는 구도는 『八幡愚童訓(甲)』에 한정된 것이 아니었다. 예컨대, 『太平記』의 저자는 일본이 여몽연합군을 격퇴할 수 있었던 것은 '오로지 일본 대소의 신들과 조상신의 눈에 보이지 않는 가호 덕분'이라며 선례로 신공황후의 삼한정벌전설에 대해 언급한다. 『太平記』의 저자는 삼한정벌 역시 최종적으로는 '하늘의 신과 땅의 신의 힘을 빌려' 완수되었음을 확인하는데, 이 이야기의 도입부에는 다음과 같은 문장이 보인다.

〈사료 5〉『太平記』 권제40 「神功皇后高麗を攻め給う事」[19)]

옛날 중애천황이 문덕(文德)과 뛰어난 무덕(武德)에 의해 고려의 삼한을 공격하셨지만 전투에 승리하지 못하고 돌아오셨다. 그때 신공황후는 지모(智謀)와 무략(武略)이 부족한 결과라 여겨 당나라 조정에 전투와 관련된 조언을 구하고자 사금 3,000량을 보내시고 이도옹(履道翁)의 비서(秘書) 3권을 받으셨다.

중애천황은 '문덕'과 '무덕'을 고루 갖췄음에도 삼한과의 전투에서 패배했다. 신공황후는 '지모'와 '무략'이 부족했다고 판단하고 중국으로부터 고

19) 인용문은 長谷川端校注·譯, 『太平記 4(新編日本古典文學全集 57)』(小學館, 1998)에 의함. 위 문단의 인용문도 같음.

가의 '비서' 3권을 입수했다. 『太平記』의 저자는 신공황후의 삼한정벌에서 이 '비서'가 차지하는 위상에 대해 더 이상 설명하지 않지만, 여기서 주목하고 싶은 것은 쉽게 정복되지 않는 강력한 삼한이다. '문덕'과 '무덕'에도 굴하지 않은 삼한은 외부세계로부터 신지식을 도입해야 비로소 정복 가능한 타자로 묘사되고 있는 것이다.[20] 그런 삼한이 결국 일본의 신들에게 제압되는 것은 두말할 나위 없다. 강력한 타자 삼한이 신국 일본의 위대함을 드러내는 구도가 다시금 확인되는 것이다.

이상에서 살펴본 바와 같이, 여몽연합군의 침공이라는 전대미문의 역사를 경험한 14세기의 일본에서는 한반도가 신국 일본을 위협하는 강력한 타자로 표상되었다. 그런데 이런 시대 분위기는 같은 시기에 제작된 지도에서도 묻어나는 듯하다.

제시된 지도는 '行基圖', 즉 고대의 저명한 승려 교키[行基]에 가탁하여 제작된 중세 일본도(日本圖)의 하나로, 13세기 후반에 작성된 원본을 옮겨 그린 14세기 전기의 사본으로 추정되고 있다.[21] 본 논문의 취지에서 특히 주목하고 싶은 부분은 좌측 하단의 '新羅國五百六十六ヶ國'과 우측 중앙의 '唐土三百六十六ヶ國'이라는 표기이다. 여기서 등장하는 '國'은 물론 전근대 일본의 지방행정단위에서 비롯된 것으로, 이 지도에서 '新羅國'은 '唐土'를 압도하는 대국으로 규정되고 있는 셈이다. 구로다 히데오[黑田日出男]의 설명에 따르면, 묘혼지[妙本寺]에 소장된 또 다른 '行基圖'에는 '고려국 766개국', '신라국 566개국', '백제국 466개국'이라는 표현도 등장한다고 한다.[22]

---

20) 히구치 다이스케[樋口大祐]는 〈사료 5〉를 신국의 위기라는 관점에서 설명한다. 樋口大祐, 「「神國」の破碎: 『太平記』における「神國/異國」」, 『日本文學』 50(7)(2001), p.56.

21) 이 지도에 대해서는 일찍이 구로다[黑田]가 상세히 분석한 바 있다(黑田日出男, 『龍の棲む日本』, 岩波書店, 2003, Ⅱ장). 신동규, 「일본의 사찬지도로 본 전근대 '삼도 영토관'에 대한 고찰: 일본 고지도를 중심으로」, pp.150-152도 아울러 참조할 것.

22) 黑田日出男, 『龍の棲む日本』, pp.78-89 참조.

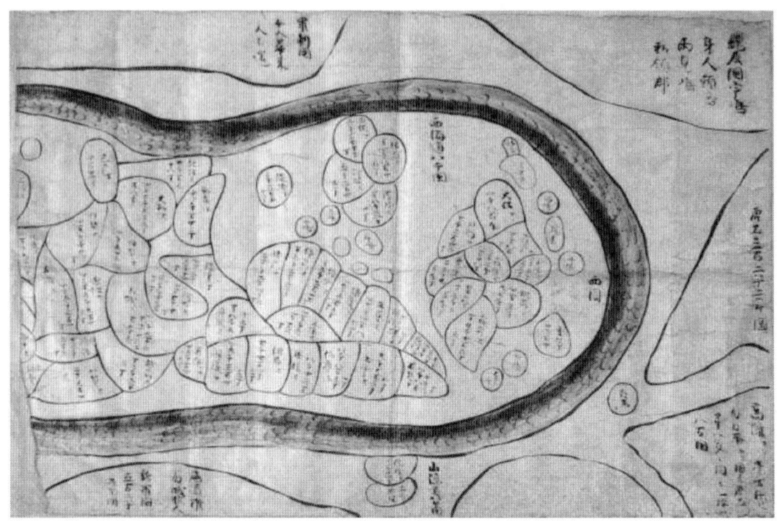

〔그림 1〕 가나자와문고본〔金澤文庫本〕 行基圖

〔그림 2〕 가나자와문고본〔金澤文庫本〕 行基圖의 좌측 하단 부분 확대

이 숫자들의 근거가 무엇인지는 알 수 없지만, 일본이 통상 66개국으로 표현된다는 점을 감안하면, 한반도의 여러 국가들이 대국으로 상정되고 있다는 점은 분명하다 할 것이다. 그 구체적인 의미에 대해 단언하기는 어렵지만, 이것이 여몽연합군 침공 이후의 시대 분위기를 반영하는 것이라는 점

은 분명해 보인다. '무쿠리코쿠리[蒙古高句麗]'[23]의 선명한 기억은 한반도를 강력한 타자로 인식하게 만들었고, 그런 인식은 역설적이지만 신국 일본의 위대함을 추구하는 사상 경향 속에서 한층 부풀어 올라 굳어졌다. 이처럼 한반도가 실체와 관념의 양 측면에서 강력한 타자로 급부상하는 시대를 살아가던 14세기의 일본인들은 한반도를 신국 일본에 비해 몇 배나 큰 대국으로 수량화했던 것이 아닐까? '新羅國五百六十六ヶ國'이라는 표기는 강력한 타자 한반도에 대한 14세 기 일본인들의 심상지리의 단면을 보여준다고 생각한다.

한편 신국 일본이 대국인 삼한을 제압한 '사실'은 신국 일본의 위상을 재고하게 만드는 사상적 효과를 낳았다. 구체적으로 말하면, 삼한정벌을 소재로 삼아 삼국세계관에서 관찰되는 신국 일본의 열위를 반전시키려는 움직임이 등장했던 것이다. 이 점은 이미 〈사료 4〉에서도 확인한 바 있지만, 그 밖에도 남북조 시대의 학승 겐에[玄惠; ?~1350]가 이른바 성덕태자의 헌법 17조에 주석을 달며 신국 일본의 비교 우위를 주장했다.[24]

즉, 그는 "천축·진단·일역(日域) 세 나라 중에서는 일본의 인심이 용맹하고 활의 힘이 다른 나라보다 뛰어나다. 그런 까닭에 夷자를 붙였다. 夷는 弓자에 大자를 써넣은 형태이다. … 천축은 대국이지만 한 번도 지나를 복속시킨 일이 없다. 우리나라는 좁쌀을 흩뿌린 듯한 소국[粟散ノ小國]이지만 삼한이 이미 옷깃을 풀고 복속했다. 하나는 신국인 까닭이요, 하나는 군자국인 까닭이다."라고 설명했다.

여기서 삼한정벌은 일본이 이웃나라를 제압할 만한 무위(武威)를 갖춘 신국임을, 그런 까닭에 삼국세계관에서 절대 우위를 차지하고 있는 인도조

---

23) 귀신 혹은 무서운 것의 비유. 여몽연합군의 침공 때 '몽고·고(구)려의 귀신이 온다.'고 하며 어린아이의 울음을 그치게 한 데에서 비롯된 말. 『日本國語大辭典』 참조.

24) 『聖德太子御憲法玄惠註抄』. 아래 인용문은 奥田正造編, 『聖德太子御憲法玄惠註抄』(森江書店, 1940)에 의함.

차 상대화할 수 있는 나라임을 밝혀 주는 근거로 자리매김 되고 있다. 중세 일본인들이 신손 통치의 관념을 통해 삼국세계관의 위계질서를 무너뜨리고자 했다는 사실은 잘 알려진 바와 같다.[25] 그들은 거기에 더해 삼한정벌이라는 허구를 통해서도 삼국세계관의 위계질서를 돌파하고자 했던 것이다.

Ⅳ. 맺음말

8세기 이래로 한반도는 신국 일본을 비추는 거울로 기능했다. 일본인들은 한반도라는 거울을 통해 자신들의 나라가 신국임을 부단히 확인했다. 그들이 한반도를 통해 확인한 것은 일본은 ① 신이 가호하는 나라라는 점, ② '粟散邊土'임에도 구원의 계기가 내재하고 나아가 불교 융성의 면에서 적어도 한반도보다 열위에 위치한 나라가 아니라는 점, ③ 인도나 중국과 어깨를 나란히 하고 나아가 무위의 측면에서 비교 우위에 설 수 있는 나라라는 점이었다. 이 가운데 ①은 고대부터 중세에 이르기까지 일관된 면모였으며, ②③은 중세에 접어들어 확인된 면모였다.

---

25) 신손 통치의 관념이 비교 우위의 맥락에서 설파되어간 계기는 역시 여몽연합군의 침공이었다. 14세기의 주요 관련 사료를 소개하면 다음과 같다. "대일본국은 본래 신국으로서 영험함이 지금도 선명하다. 아마테라스 오미카미의 자손은 황공하게도 나라의 주인이 되어 … 나라의 감응도 다른 나라보다 뛰어나며 조정의 권위도 이조(異朝)를 뛰어넘었다. 이는 모두 불타(佛陀)의 옹호, 또 신명(神明)의 위력이다."(『諸神本懷集』); "우리나라는 아마쓰미오야[天祖] 이래 황위의 계승에 어지러움이 없이 단지 하나의 혈통이 황위에 있으며, 이와 같은 예는 천축에도 없다. … 중국은 특히 난역으로 인해 질서가 없는 나라이다. … 오직 우리나라만이 천지개벽 이래 오늘날에 이르기까지 황위[日嗣]를 계승하는 데 어지러움이 없다."(『神皇正統記』); "이 명기(明器; 삼종의 신기=인용자)가 우리나라의 보물로서 신대(神代)의 처음부터 인황(人皇)의 지금에 이르기까지 전해지고 있는 일은 실로 소국이라고는 하지만 삼국보다 뛰어난 우리나라 신국의 불가사의함은 이것이다."(『太平記』 권제26「雲景未來記」).

이 같은 신국 일본의 면모는 꼭 한반도라는 거울을 통해서만 확인할 수 있는 것들은 아니었다. 예컨대, 신의 가호는 11세기 이후의 신국사상 담론에서 상투적인 문구였으며, '粟散邊土'에서 구원의 가능성을 찾는 사상적 영위는 중세 신국사상의 핵심 테마 가운데 하나였다. 또 삼국세계관에서 열위를 극복하고자 하는 움직임은 본문의 각주에서 제시한 바와 같이 신손 통치라는 돌파구로 수렴되곤 했다.

오로지 한반도라는 거울을 통해서만 확인되는 신국 일본의 면모는 무위였다. 신공황후의 삼한정벌전설은 일본인들로 하여금 처음으로 '신국'을 상상하게 했으며, 중세 일본을 촘촘하게 에워싸고 있던 불교적 세계관으로부터의 탈주도 상상하게 했다.

한반도에 할당된 고유의 역할이 신국 일본의 무위를 드러내는 일이었다면, 그밖에 실체로서의 한반도가 자아내는 다양한 이야기들이 상대적으로 조명되지 않고 때때로 탈맥락화하는 것은 자연스러운 현상이라 할 것이다. 예컨대, 불교 전래와 관련해서는 '사국(四國) 세계관'이 등장해도 이상할 것은 없지만, 중세 일본에서 통용된 것은 어디까지나 삼국세계관이었다.[26] 묘에[明惠, 1173~1232]가 의상과 원효를 화엄종의 종장(宗匠)으로 존숭했다는 것은 저명한 이야기이지만,[27] 그 역시 '사국세계관'으로 나아가지는 못했다. 애초에 불교가 한반도에서 일본으로 전파되었다는 사실이 은폐되었던 것도 아니지만, 그럼에도 그 같은 역사적 사실과 '삼국세계'라는 관념 사이의 모순을 철저하게 파고들어 논리적으로 해명하고자 하는 사상적 영위는 끝내 등장하지 않았다. 양자는 맞물리지 못한 채 공회전을 반복할 뿐이었다.

---

26) 불교 전파에 관한 역사인식에서 한반도가 누락된 점에 대해서는 일찍이 다카기 유타카[高木豊]가 문제제기한 바 있다(高木豊, 「鎌倉仏教における歴史の構想」, 『鎌倉仏教史研究』(岩波書店, 1982)).

27) 아베 야스로, 「이계(異界)와의 교신과 종교 텍스트」, 정형·윤채근 공편, 『한일 고전문학 속 비일상 체험과 일상성 회복: 기적과 신이, 경험과 상상의 카니발』(소명출판, 2017) 참조.

이 사태를 달리 표현하면 실체로서의 한반도에 대한 무관심이라고도 할 수 있을 것이다. 15세기 일본의 외교 일선에서 활약하며 실체로서의 한반도를 부단히 목도했을 터인 즈이케이 슈호[瑞溪周鳳]조차 "아직 신국이 불국(佛國)인 까닭을 모르는가? 무릇 이 나라의 여러 신은 모두 수적(垂迹)이다. … 우리나라의 불법은 처음에 백제로부터 전해졌다. … 백제는 생각건대 진단의 영역이다. … 이 기(記)에 신라·고려의 일을 많이 싣는 것도 또한 이를 진단에 포함되는 것으로 보기 때문이다."[28]라는 인식 수준에 머물렀다. 한반도가 무위가 아닌 다른 맥락에서 신국 일본에 개입할 여지는 거의 존재하지 않았다.

28) 『善隣國寶記』 序.

〈토론문〉

중세 신국사상에서 본 한국, 한국인

이재범 I 경기대학교

연구자께서는 일본의 신국사상을 피력해주었다. 중세 신국사상에서 본 한국, 한국인이라는 주제로 8세기 이래로 한반도는 신국 일본을 비추는 거울로 기능했음을 밝혔다. 그리하여 일본이 한반도를 통해 확인한 것은 ① 신이 가호하는 나라라는 점, ② '粟散邊土'임에도 구원의 계기가 내재하고 나아가 불교 융성의 면에서 한반도보다 열위에 위치한 나라가 아니라는 점, ③ 인도나 중국과 어깨를 나란히 하고 나아가 무위의 측면에서 비교 우위에 설 수 있는 나라라는 점이었다고 한다.

연구자의 이러한 지적은 크게 무리없이 통용되는 주장이며, 일본의 한반도 멸시관이 반영되어 있다는 점도 같다. 그런데 연구자는 여기서 한걸음 더 나아가 한반도는 일본과 대자적 관계에서 파악되지 않고, 일본과 중국 및 인도의 3국관계에서 일본이 자신들의 열위를 보완하고자 할 때에 등장시키는 존재가 한반도라는 점을 주장하고 있다.

그리하여 ①은 고대부터 중세에 이르기까지 일관된 면모였으며, ②③은 중세에 접어들어 확인된 면모라고 하였다. 다시 말하면 ①은 중세 이후까지도 변함없는 일본의 신국사상이고, ②③은 중세에 더해진 개념인데 이것이 바로 중세 일본의 한국, 한국인에 대한 인식이라는 것이다. 한반도는 일본이 대국인 중국과 인도에 비교할 때 '粟散邊土'로서 열위에 있지만, 한반도에 비하면 우위라는 자위의 대상이 된다는 것이다. 또 삼국세계관에서 열위를 극복하고자 하는 움직임이 있다고도 하였다. 그러나 끝내 4국세계관으로는 나아가지 못하였음을 지적하였다.

토론자는 실제 이 분야에 대하여 한국사 전공자로서 막연한 일본의 한반도 인식이 신공황후때부터 정한론으로 일관되게 지금까지 지속되고 있다고 피상적으로만 인식하고 있었다. 이번 기회에 그러한 인식이 시기적으로 달라졌으며, 특히 중세에 있어서 타자에 대한 인식의 한 방편으로 한반도가 활용(?)되었다는 구체적인 사실을 이해하게 되었다.

이처럼 비속한 이해도에서 비롯된 것이지만, 연구자에게 간단한 질문을 함으로서 토론자의 임무를 다하고자 한다. 연구자께서 지적하신 사국세계관에 한반도가 포함되지 않고 공회전한 이유는 무관심이라고 하는 소극적 해명 이외에 달리 더 찾아볼 수는 없는가 하는 점이다.

당시 고려의 불교 수준은 상당하여 송 및 요 등과 활발한 관계를 이루고 있었다. 그리고 문종은 자신의 질환이 있어 일본에 의사 요청을 하였는데, 일본에서는 문종의 병일 낫지 않으면 일본의 의술이 무시될 것이라고 하여 보내지 않은 일도 있었다. 이러한 사실은 일본의 대고려관이 고려를 무시하거나 무관심의 대상으로만 파악했다라고 하기에는 약간 소극적 해석이라고 느껴지기 때문이다. 또 13세기에 있었던 여·몽군의 군사 활동 만하더라도 일본에 충격을 주었을 것은 당연하다.

한반도가 무위가 아닌 다른 맥락에서 신국 일본에 개입할 여지는 거의 존재하지 않았다고 하였는데, 한반도를 예의지국이랄지 등 문화적 평가는 없었는지? 그리고 본지수적설과 신라의 불국토사상과의 상이점은 없던 것인지? 본 주제와 거리가 먼 것이지만, 간단히 소개가 가능하신지 여쭙는다. 감사합니다.

제 2 Session

近世 일본의 한국, 한국인 인식

히데요시정권의 朝鮮認識과 入貢交涉

전호수 | 국방부 군사편찬연구소

Ⅰ. 머리말

조선시대 국가의 공식 역사서를 대표하는 『왕조실록』의 기록에 따르면 壬辰倭亂[1]이 마치 아무런 예고도 없이 일본의 기습적인 침공으로 시작되었던 것처럼 기술하고 있다. 이를테면, 전쟁이 발발하고도 나흘 뒤인 4월 17일(양력 5월 27일)[2] 경상좌수사 朴泓의 邊報에 의해서야 비로소 전쟁이 일어났음이 보고되었다는[3] 식의 논리가 그것이다. 그러나 이것은 사실과 다르다. 임진왜란의 사전 예고와 관련해서는 1590년에 파견된 庚寅通信使行의 이른바 상반된 귀국보고 논란[4]으로 잘 알려져 있듯이, 開戰에 앞서 이미 5년 전인 1857년부터 對馬島主를 매개로 조선 정부에 대해 통신사 파

1) 정두희·이경순 엮음, 『임진왜란 동아시아 삼국전쟁』, 2017, 휴머니스트; 기타지마 만지(北島万次), 『豊臣秀吉の對外政策と朝鮮侵略』, 1990, 校倉書房; 王煜焜, 『萬曆援朝与十六世紀末的東亞世界』, 2019, 上海大學出版社; JaHyun Kim Haboush, *The Great East Asian War and the Birth of the Korean Nation,* 2016, Columbia Univrersity Press 등이 참조된다.

2) 이은성 엮음, 『일교음양력』, 300쪽, 1982, 세종대왕기념사업회.

3) 『선조실록』26권, 선조 25년 4월 17일 기사 및 『선조수정실록』26권, 선조 25년 4월 14일 기사 참조.

4) 正使 황윤길의 '兵禍必有論'과 副使 김성일의 '不侵論'의 상반된 귀국보고를 가리킨다. 이에 대한 상세한 논의로는 '김돈, 「임진왜란사의 庚寅通信使 관련 역사서술의 문제」『한일관계사연구』43, 2021, 한일관계사학회'가 참조된다.

견과 假道入明 내지 征明嚮導 교섭이 벌어지고 있었기 때문이다. 그밖에도 또다른 다양한 루트를 통해서[5] 일본의 침략 예고, 예를들면 '조선과 일본의 사전 내통설'[6] 등이 전달되고 있었다.

한편 당시에 대마도주를 중개로 조선 정부와 入貢交涉[7]을 진행시킨 도요토미 히데요시(豊臣秀吉, 이하, '히데요시'로 약칭한다)[8]의 경우에도 사실과 인식 사이에 커다란 괴리가 있었음이 지적되어 왔다. 다름아니라, 당시 조선과 일본과의 관계에 대해 전통적으로 내부적 시각에서 조선을 자신들의 朝貢國으로 보아왔던 인식[9]을 넘어서, 급기야 조선이 대마도의 종속국이라는 논리, 즉 '朝鮮의 對馬島 종속론'을 전개하며 服屬 내지 降服과 入貢을 강요하고 있었다. 물론 히데요시의 이러한 조선 인식 또한 전혀 사실에 부합되는 것이 아니었다. 실상은 오히려 그 반대여서 당시 대마도는 영토적으로는 일본에 속하였지만, 특히 경제적으로 조선과의 교역에 의존하여 스스로 藩屬國을 자처하기도 하였던 이른바 '兩屬關係'에 놓여 있었다.[10]

히데요시에 의해 제기된 '조선의 대마도 종속론'은 일찍부터 파악되기는 하였지만, 국내 학계의 관심을 끌지는 못하였다. 무엇보다도 일차적으로는 그것이 당시의 사실관계에 입각하고 있지 못하다는 점에서 히데요시의 조

---

5) 하우봉, 「김성일의 일본인식과 귀국보고」『한일관계사연구』43, 2012, 한일관계사학회.

6) 이민호, 「壬亂과 한·중·일의 외교관계」『임란수군활동연구논총』, 1993, 해군군사연구실; 米谷均, 「《全浙兵制考》〈近報倭警〉에서 본 日本情報」『한일관계사연구』20, 2004, 한일관계사학회 등이 참조된다.

7) 후술하는 바와 같이, 대마도주 또는 대마도그룹이 조선 정부를 상대로 벌인 교섭은 잘 아는 바와 같이 '통신사 파견'이었다. 따라서 대마도주 등은 조선 정부를 상대로 기만외교를 펼친 셈이다. 이에 대한 비판적 논의로는 '이민호, 위 논문, 10쪽'이 참조된다.

8) 이하, 일본 주요 인물 인명의 표기는 이 방식에 따르는 것을 원칙으로 한다.

9) 손승철 편저, 『근세한일관계사』, 230~233쪽, 1987, 강원대출판부; 하우봉, 「한일관계와 상호인식」『한일양국의 상호인식』, 1998, 국학자료원 등이 참조된다.

10) 손승철, 「대마도의 조·일 양속관계」『독도와 대마도』, 1996, 지성의샘; 하우봉, 「한국인의 대마도 인식」『독도와 대마도』, 1996, 지성의샘 등이 참조된다.

선 인식이 백지 내지 무지상태였다 라든가, 하나의 착각에 불과하였던 것으로[11) 판단될 수 있었을 뿐이다. 그러나 히데요시의 '조선의 대마도 종속론'이 당시 조·일관계의 역사적 사실에 부합되지 않는다고 해서 도외시한다면, 임진왜란에 대한 체계적이고 정합적인 이해는 기대하기 어렵다고 할 수 있다. 왜냐하면, 히데요시의 '조선의 대마도 종속론'은 객관적 사실성 여부를 떠나서 조선 침략 구상이나 대마도주를 중개로 전개된 입공교섭의 바탕을 이룬 조선에 대한 기본 인식으로 파악되기 때문이다.

히데요시는 평민 출신의 무장이었으므로 청장년기까지는 사실상 無學者에 가까웠을 것으로 추론된다. 그러나 오다 노부나가(織田信長)의 유업을 계승하며 천하를 호령하는 '덴카비토(天下人)'라고 부른 최고 권력자에 오른 이후에는 각종 고급 정보를 향유할 수 있었을 것이다.[12)] 즉, 히데요시가 일종의 섭정직인 關白에[13)] 오른 이후에는 종래의 지식층으로서 유학적 소양을 갖춘 승려들[14)]은 물론 고니시 유키나가(小西行長)와 같이 국제무역에 종사하던 豪商으로서 다이묘(大名)세력으로 성장하여 해외정세에 밝았던 인물들,[15)] 그리고 무엇보다 기독교 선교를 위해 상업적 이익을 포함하여 새로운 지식정보를 제공하여 마지않았던 예수회 선교사들의 조력[16)]을 받을

11) 이민호, 앞 논문, 16~17쪽 참조; 기타지마 만지, 『豊臣秀吉の朝鮮侵略』, 16쪽, 1995, 吉川弘文館; 정구복, 「임진왜란의 역사적 성격과 의미」『임진왜란과 한일관계』, 4쪽, 2005, 경인문화사.

12) 岡本良知, 『十六世紀における日本地圖の發達』, '第3章 桃山時代における日本人の海外知識', 76쪽, 1973, 八木書店; 윤유숙, 「도요토미 히데요시의 조선침략 발발전 한일교섭 실태」『일본학보』70, 349쪽, 2007, 한국일본학회.

13) '쇼군(將軍)·關白·攝政·太政大臣·院政'의 개념 및 상호관계에 대해서는 '박수철, 「도요토미 히데요시는 왜 쇼군이 되지 못했나」『오다·도요토미정권의 寺社지배와 천황』, 485~488쪽, 2012, 서울대출판문화원'이 참조된다.

14) 윤유숙, 「전국시대 일본적 세계관과 신국사상」『동아시아 세계의 일본사상-'일본 중심적 세계관 생성의 시대적 고찰-』, 2009, 동북아역사재단, 142~144쪽 참조.

15) 윤유숙, 위 글, 120쪽.

16) 김혜경, 「왜란시기 예수회 선교사들의 일본과 조선인식」『교회사연구』49, 2016, 한

수 있었다. 따라서 히데요시의 '조선의 대마도 종속론'이나 '중국 대륙 정복 구상' 등을 무지에서 비롯된 망상[17]으로만 취급하는 것이 과연 적절한 태도인지의 여부에 대해서는 재검토의 여지가 있다고 할 수 있다.

요컨대, 히데요시의 주변 국가 또는 국제관계 인식이 실상과는 괴리가 있었다고 하더라도 관념적 실재에만 그친 것으로 파악되지 않는다는 점에서, 그 발상의 배경 내지 계기라든가 의미 등에 대해 다각도로 검토될 필요가 있다. 본고에서는 히데요시가 조선 정부에 대해 입공교섭의 명분으로 내세웠던 '조선의 대마도 종속론'이 과연 어떤 의도나 배경에서 비롯된 것인지에 대해 밝히고자 한다. 또한 그것이 잘못된 인식이 분명하였다는 점에서, 과연 5년 동안이나 두 차례에 걸친 입공교섭 과정에서, 그것도 당시 동아시아지역 국제질서의 覇權을 뒤바꾸려 하였던 大戰爭을[18] 준비하는 와중에서 그대로 변함없이 지속될 수 있었는지에 대해서도 검토하고자 한다. 임진왜란은 흔히 7년전쟁이라고 말하지만 실제 전투기간은 1년 6개월이었고 나머지 5년 1개월에 걸쳐[19] 강화회담이 연속되었던 것도, 서로간의 眞意가 은폐되었기[20] 때문으로 볼 수 있다는 점에서 새삼 관념이나 사고의 영향력이 환기된다고 할 수 있다.

히데요시는 관백에 취임한 지 두 달 후인 1585년 9월 대외정책 내지 대외원정의 기조로서 '가라이리(唐入り 또는 唐入)'로 불렀던 征明構想, 즉

국교회사연구소; 장혜진, 「전국시대 일본 예수회의 적응선교의 한계」『일본문화연구』74, 2020, 국학자료원 등이 참조된다.

17) 岡本良知, 앞 책, 77쪽. 이민호, 앞 논문, 10~24쪽 참조.

18) 三鬼清一郎, 「豊臣秀吉の對外政策」『한국사론』22, 1992, 국사편찬위원회; 박제광, 「임진왜란-일본 고등학교 역사교과서 분석-」『한일관계사연구』30, 1992, 한일관계사학회 등이 참조된다.

19) 김문자, 「임진왜란기의 강화교섭과 加藤清正」『한일관계사연구』42, 383쪽, 2012, 한일관계사학회.

20) 이완범, 「임진왜란의 국제정치학」『정신문화연구』89, 131쪽, 2002, 한국정신문화연구원.

중국 대륙에 대한 정복을 선언하였다. 이후 히데요시는 정권의 명운을 대륙 정복에 걸었다고 할만큼, 국가의 동력을 이 문제에 쏟아 부었다고 할 수 있다. 그 첫 단계에 해당하는 과정으로 평가되는 규슈 정벌에서부터[21] 조선·류큐 등 주변국에 대한 입공 교섭, 뒤이은 조선 침략에 이르기까지, 히데요시의 삶은 전쟁으로 시작해서 전쟁의 와중에서 사망하기까지 끊임없는 전쟁의 연속이었다. 따라서 히데요시정권은 중국 정복을 위한 하나의 권력체계, 이른바 '가라이리(唐入り)體制'[22]라고 불러도 무방한 특질을 보여주었다고 할 수 있다.

히데요시의 대륙정복 계획이 구체적인 실체로서 모습을 드러내는 것은 통상적으로는 1592년 4월 조선 침략부터 였다고 할 수 있지만, 실질적으로는 1585년 10월에 규슈지역을 통합하기 위해 발령한 분쟁 정지령인 惣無事令이 그 출발점이라고 할 수 있다. 왜냐하면, 총무사령에 따르면 만일 규슈지역의 다이묘들이 일부라도 분쟁 정지령을 수용하지 않을 경우에는 군사력을 동원하여 징벌하게 되는데, 이때 동원되는 병력은 히데요시 휘하의 직속 병력이 중심이 되는 것이 아니라 규슈지역과 인접한 쥬고쿠(中國)지역의 覇者的 다이묘를 '先驅', 즉 先導者 내지 主將으로 삼아서 정벌하게 된다는 점이다.[23] 일종의 以夷制夷的 戰術이라고 할 수 있겠는데, 이렇게 되면 조선 침략 내지 중국 정복에는 규슈지역의 다이묘들이 '先驅의 役割'을 담당해야 하게 되므로, 규슈 통합 내지 정벌은 그 거점을 확보한다는 측면에서 가라이리체제의 단계적 실천과정의 제1단계[24]에 해당하기 때문이다.

따라서 규슈 통합 또는 정벌은 단지 규슈지역 내부 다이묘간의 분쟁 조정에만 그칠 수 없었을 뿐만 아니라, 규슈지역에 몰려 있던 대외무역 창구

---

21) 아라노 야스노리(荒野泰典), 『近世日本と東アジア』, 193쪽, 1988, 東京大學出版會.
22) 아라노 야스노리, 위 책, 185쪽.
23) 다나카 토시아키(田中敏昭), 「豊臣政權의 日本統合과 對馬島主 宗氏의 朝鮮交涉」 『동서사학』5, 88~90쪽, 1999, 동서사학회.
24) 아라노 야스노리, 앞 책, 193쪽.

에 대한 처분 및 관련 외국에 대한 관계 설정 내지 통상정책 등도 함께 고려되어야 하는 복합적이고 특수한 정책구상이 필요한 과정이 된다는 사실이다. 실제로도 규슈지역의 패권을 다투던 다이묘들과 연계되어 있던 해외세력에 대한 처분이라든가, 대륙 침략의 교두보로 설정된 조선 복속의 문제 등은 규슈 정벌과 동시에 해결되어야 할 과제로 설정되었다. 즉, 규슈 정벌에 뒤이어 선교사 추방령인 '바테렌(伴天連)추방령'이라든가 '왜구 현상의 해소령'인 '海賊停止令' 등이 연이어 발령되었던 까닭이다.

말하자면, 히데요시정권은 국내 통일을 달성한 기반 위에서 대륙 침략을 구상하였던 것이 아니라, 해외원정의 기치 아래 다이묘들의 군사력을 동원·재편하는 방식으로 통일권력을 구축해갔던 것이다. 그런 측면에서 흔히 히데요시의 조선 침략 내지 대륙 정복 구상이 국내 통일사업의 일환 내지 연장선상에서 이루어졌다고[25] 하는 의미를 종래의 통설과 같이 조선을 침략할 때의 군대 편제가 히데요시가 일본을 통일할 때의 형태를 그대로 반영하였기 때문이 아니라, 일본 전국의 통합 방식이었던 이른바 '총무사령'에 의한 분쟁 중재 방식을 조선에도 그대로 적용하려 한 것이라는 분석[26]이 매우 시사적이다.

따라서 히데요시의 가라이리 선언에서부터 조선 침략에 이르는 일련의 과정에서 제기되었던 문제들은 각 단계마다 표방된 정책구상 관련 법령 및 변수들을 연동하여 분석할 때[27] 보다 유효한 해석이 가능하다고 할 수 있다. 이를테면, '조선의 대마도 종속론'이 표방된 시점이 규슈 정벌 기간이었다는 점에서 앞서 언급한 총무사령과 연관성을 제기할 수 있을 것이다. 실

---

25) 후지키 히사시(藤木久志), 『豊臣平和令と戰國社會』, 248~263쪽; 윤유숙, 「16세기 후반 일본의 對外政策과 對外認識-秀吉의 대륙정복계획을 중심으로-」『문화사학』23, 58쪽, 2005. 한국문화사학회.

26) 다나카 토시아키, 1999, 앞 논문, 89쪽.

27) 이계황, 「임진왜란을 보는 눈」『역사 속의 한일관계』, 2009. 동북아역사재단, 125쪽, 140쪽 참조.

제로 총무사령의 논리 자체로만 본다면, 류큐가 가장 밀접한 관계를 형성하고 있던 사츠마에 부속적 형태로서 임진왜란에 軍役을 부담하였듯이,[28] 조선도 대마도에 포함된 일원으로 군역 부과의 대상이 된다는 점에서 '조선의 대마도 종속론'이나 '정명향도론'도 무리없이 정합적인 해석이 가능하다고 할 수 있다.

구체적인 논의과정에서는 먼저 히데요시가 표방한 '조선의 대마도 종속론'이 아직은 국내 학계에 충분히 인식되어 있지 못하다는 점에서, 우선 해당 자료의 원문을 제시하여 분석하고자 한다. 다음으로 두 차례에 걸친 대마도주 또는 대마도그룹을 매개로 전개된 조선 정부에 대한 입공 교섭과 관련해서는 지금까지의 연구에서 간과되고 있던 측면들에 주목해봄으로써 보다 역동적이고 실체적인 분석을 시도하고자 한다. 특히, 지금까지의 논의에서는 제1차 교섭과 제2차 교섭의 차별성에 충분히 유의하지 못함으로써, 두 차례의 교섭이 모두 대마도주에 의해 주도된 것으로 파악될 수밖에 없었다. 그런데 조선 정부가 1590년 경인통신사행의 사전 요구로 내세웠던 1587년 損竹島倭變의 조선인 嚮導였던 '沙火同의 압송과 被納民의 송환'[29]이라는 조건은 당시 대마도주 단독으로는 해결할 수 없는 문제였다.

왜냐하면, 손죽도왜변의 주체가 고토열도(五道列島)세력이었으므로[30] 그 요구 조건을 충족하기 위해서는 대마도의 영유권 밖에 있던 고토열도의 '海賊 또는 倭寇'적인 지역세력에 대한 통제가 가능해야 하였기 때문이다. 그런데 당시 대마도는 對朝鮮 通交權을 둘러싸고 고토열도세력과 대항관계에 있었다.[31] 따라서 히데요시로서는 고토열도까지 세력을 미칠 수 있었

---

28) 기타지마 만지 著, 김유성·이민웅 譯, 『도요토미 히데요시의 조선침략』, 17~18쪽, 2008, 경인문화사.
29) 김문자, 「島井宗室과 1590년 通信使 파견문제에 대해서」『상명사학』2, 103~108쪽, 1994, 상명사학회 참조.
30) 김덕진, 「1587년 손죽도왜변과 임진왜란」『동북아역사논총』29, 2010, 동북아역사재단.
31) 김문자, 위 논문, 110~113쪽, 128쪽.

던 豪商 출신의 다이묘였던 유키나가, 시마이 소시츠(島井宗室) 등으로 새로이 '대마도그룹'[32]을 형성하여 제2차 교섭단을 구성하였던 것으로 파악된다. 또한 이에 앞서 히데요시의 중앙권력은 1588년 '해적정지령' 등을 통해 그 제도적 기반을 보장하였다고 할 수 있다. 따라서 조선 정부에 대한 두 차례의 입공 교섭도 대마도주가 단독으로 주도한 제1차 교섭과 유키나가를 중심으로[33] 대마도그룹이 추진한 제2차 교섭으로 나누어 재구성할 필요가 있다.

끝으로, 히데요시의 대륙정복 구상과 관련된 당대의 세계관이라든가 조선 내지 중국 인식을 살펴볼 수 있는 상징적 자료로서 두 종류의 地圖를 소개하고자 한다. 하나는 당시 예수회 선교사들에 의해 일본에 전래되었던 '서구식 세계지도'[34]이고, 다른 하나는 히데요시의 조선 및 중국 정복의 의지를 상징적으로 나타내고 있는 것으로 평가되어온 이른바 '三國地圖扇面', 즉 한·중·일 3국만을 부채면에 도식화한 '三國扇面地圖'이다. 특히, 후자는 히데요시가 직접 소지했던 것으로 전해오고 있다는 점에서[35] 의미가 남다르다고 할 수 있다.

최근의 임진왜란사 연구에서는 히데요시의 조선 침략 내지 중국 정복 구상이 이른바 대항해시대 이후 국제교역의 확대에 따른 제1차 세계화[36]의 산물로서, 일본사회 고유의 神國論的 國家思想 고양의 표출로 볼 수 있음

---

32) 기타지마 만지, 「日明請和交涉の和議條項をめぐって」『中世史研究の軌迹』, 1988, 東京大出版會; 김문자, 「豊臣政權의 강화교섭에 관한 一考察-對馬그룹을 중심으로-」, 7~15쪽, 1989, 상명대 석사논문.

33) 김문자, 위 논문, 7쪽.

34) 兒玉幸多 編, 『日本の歷史, 별권 3, 圖錄 織豊から幕末』, 6~7쪽, 1967, 中央公論社; 池享(이케 쓰스무) 編, 『天下統一と朝鮮侵略』, 15쪽, 2003, 吉川弘文館.

35) 兒玉幸多 編, 앞 책, 48~49쪽; 이케 쓰스무 편, 앞 책, 화보, 「三國地圖扇面」; 구로시마 사토루(黑島敏), 『天下統一:秀吉から家康へ』, 7쪽, 2015, 講談社.

36) 김현영, 「16세기 동아시아 국제질서의 변동과 왜란 전후 조선사회의 변화」『한국사학사학보』26, 85~86쪽, 2012, 한국사학사학회.

을[37] 지적하고 있다. 또한 그 바탕에는 예수회 선교사들에 의해 전래된 서구식 세계지도와 포르투갈·스페인의 식민지 개척 정보 등에 자극된[38] 일본의 세계관의 변화가 자리잡고 있었음을 밝히고 있다. 그런데 히데요시의 세계관의 변화에는 '地球儀'의 전래[39]도 함께 살펴볼 필요성이 있는 듯하며, 특히 당시 예수회 동인도 순찰사 알렉산드로 발리냐노의 교섭으로 로마교황앞으로 파견되었던 '天正遣歐使節團'[40]의 영향에 대해서 주목하고자 한다.

이러한 일련의 분석을 통해서 히데요시가 표방한 '조선의 대마도 종속론'이 단순히 무지 내지 오류의 결과로 치부되기보다는, 그가 구상했던 일련의 국가구상 내지 국제인식 속에서 일련의 정합성이 발현되었던 논리로 해석될 수 있기를 기대하고자 한다. 히데요시는 우리 한국인에게는 두말할 필요도 없이 '침략의 원흉'[41]이라는 기본적인 시각에서 벗어날 수 없는 인물일 것이다. 하지만 제3자적 입장에서 보자면, 히데요시처럼 평민 신분에서 출발하여 최고 권력자의 지위에까지 오른 하나의 전형적인 입지전적 영웅상도 결코 흔치는 않다고 할 수 있다.

게다가 그가 대항해시대라는 새로운 국제조류의 출현과 더불어 세계사에

37) 윤유숙, 2009, 앞 논문.

38) 上垣外憲一, 『文祿·慶長の役-空虚なる御陣』, 24쪽, 2002, 講談社; 이향철, 「히데요시의 조선침략·점령정책과 한성탈환전투」『인문사회과학논문집』31, 192쪽, 206쪽, 2002, 광운대 인문사회과학연구소; 김명섭·김석원, 「관념충돌로서의 전쟁: 임진왜란과 6.25전쟁의 관념적 기원을 중심으로」『국제정치논총』53-3, 2013, 한국국제정치학회 참조.

39) 운노 카즈타카(海野一隆), 『地圖の文化史-世界と日本』, '第20章 地球儀の舶來とその波紋', 128~133쪽, 1996, 八坂書房.

40) 일본어로는 '덴쇼겐오시세쓰(てんしょうけんおうしせつ)'라고 한다. 이에 대한 연구서로는 '松田毅一, 『天正遣歐使節團』, 2001, 朝文社; 若桑みどり, 『クアトロ·うガッツィ天正遣歐使節團と世界帝國』, 2003, 集英社; 伊川健二, 『世界のなかの天正遣歐使節團』, 2017, 吉川弘文館' 등이 있다.

41) 박창기, 『임진왜란의 원흉, 일본인의 영웅, 도요토미 히데요시』, 2009, 신아사 등이 참조된다.

일련의 변동이 일어나고 있던 시대변화에 능동적으로 대처하여 일본의 국가적 위상을 새롭게 고양시킨 하나의 선례를 남긴 경우라면, 그 역사상은 지속적으로 재조명될 가능성이 높다고 할 수 있다. 특히, 그것이 후대에 침략적 팽창주의의 역사적 선례로 재조명되고 활용되었다면, 가장 가까운 주변국인 우리 한국의 입장에서는 다소 심정적으로는 불편하더라도 냉정하고 실체적인 사실의 파악이 긴요한 문제라고 하지 않을 수 없을 것이다.

Ⅱ. 朝鮮의 對馬島 종속론과 惣無事令

임진왜란에 대한 최근 국내 학계의 연구는 종래의 國難論的·勝敗論的 시각에 바탕한 李舜臣·義兵活動 중심의 연구를[42] 넘어서, 전쟁의 국제전적 측면이라든가 전쟁의 원인 규명 등으로 관심이 확대·심화되고 있다. 특히, 전쟁의 원인 내지 목표에 대한 해명과 관련해서는 임진왜란 과정의 강화 협상 내용이 집중적으로 조명되고 있다.[43] 그러나 강화 협상은 전쟁의 전개과정에서 개입된 변수들이 고려되기 마련이라는 점에서, 히데요시가 본래 의도한 전쟁 목표나 목적을 이해하는 데에는 일정한 제약이 있다고 할 수 있다. 그런 측면에서 히데요시가 개전 이전에 조선 정부에 대해 벌인 '입공교섭'[44]은 히데요시의 전쟁 목표가 무엇이었는가와 관련하여, 전쟁의 원인을 이해하는데 보다 유의미한 결과를 도출할 수 있다고 생각된다.

---

42) 이와 관련된 연구사 정리로는 '박명성, 「九州지방 鍋島佐賀藩의 성립과 名護屋城」, 2004, 경기대석사논문, 4~11쪽' 등이 참조된다.

43) 이완범, 앞 논문; 김문자, 「豊臣政權期の日明和議交渉と朝鮮」『お茶の水史學』37, 1993 등이 참조된다.

44) 윤유숙, 2007, 앞 논문; 민덕기, 「임진왜란기 대마도의 조선교섭」『동북아역사논총』 41, 2013, 동북아역사재단; 한일관계사학회 편, 『1590년 통신사행과 귀국보고 재조명』, 2013, 경인문화사 등이 참조된다.

최근의 많은 연구성과를 통해 집중적으로 조명된 바와 같이, 히데요시는 조선을 침략하기 이전에 대마도주를 중개자로 삼아 조선 정부와 입공 교섭을 전개하였다. 그런데 전근대의 외교행위로서 入貢, 즉 朝貢이란 하나의 臣屬行爲에 해당한다. 그것은 이른바 事大 내지 會盟의 원리에 따라 번속국이 종주국 또는 패전국이 승전국에게 복속 내지 항복의 의례로써 종주국 또는 승전국의 조정·군주에게 나아가서 신속의 의례를 행하고, 상징적으로 토산물을 공납하는 행위를 포괄적으로 가리키는 용어였기 때문이다. 이때 국왕이 직접 조공하게 되면 '入朝'라고 하고, 대리자 즉 사절을 파견할 경우에는 '入貢 내지 朝貢'이 되는 것이다. 따라서 그것은 당시 대등한 국제관계인 交隣秩序로 묶여 있던 조선과 일본, 심지어 일본의 일개 지방세력에 해당하는 대마도와의 관계에서는 결코 이루어질 수 없는 요구였다.

히데요시가 당시 조·일간의 외교 현실에 바탕하여 군사 협상을 진행하기 위해서는 조선 정부에 대해 동맹 내지는 연합을 교섭하는 通信使節의 파견을 요청하여야 했다. 다시 말해, 히데요시의 입공 요구는 종래의 외교체제를 완전히 무시하고 상위국의 입장에서 일방적으로 종속관계의 요구를[45] 주장하는 일종의 강압행위였다. 반면에 이념적으로는 華夷論으로 정치적으로는 倭寇禁壓論의 관점에서 일본을 형식적으로는 대등한 교린국이지만, 실질적으로는 다원적으로 下位의 羈縻關係로 설정하고 있던 조선 정부로서는 두 차례에 걸친 日本國王使의 압박 내지 협박에도 불구하고 그것을 긴장감이 감돌만한 言說로 받아들이기는 쉽지 않았던 듯하다. 실제로 그러한 사정을 잘 알고 있었기에 이른바 양속관계에 놓여 있던 입장에서 히데요시의 명령을 수행해야 했던 대마도주로서는, 조선 정부에 대해 자신의 사절을 국왕사로 가탁하면서 교린 사절인 통신사의 파견을 요청할 수밖에 없었던 것이라고 할 수 있다.

그렇다면 도대체 히데요시는 무엇에 근거하여 조선을 일본의 조공국으로

---

45) 小林健彦, 「豊臣秀吉の對東アジア認識」『新潟産業大學經濟學部紀要』41, 2013, 44쪽.

보아왔던 전통적 시각에서 한 발 더 나아가, 조선이 대마도의 종속국이라는 인식을 전개하였던 것일까? 그 해결의 실마리를 찾기 위해서는 우선 해당 자료부터 다시 살펴볼 수밖에 없을 듯하다. 이에 그 해당 자료를 제시해보면, 다음과 같다.

> かうらい(高麗)國へも仰せ遣わさる意趣ハ 日本王宮へ來年中ニ御對面なされ候やうニとの仰せられ様ニ候 入らざる義ニ候へとも 後代名をのこさるへきとの御事候 對馬國主勿論別意 有間敷候間 明年ハ かうらい(高麗)の王を供奉申さるべき由に候 今迄對馬の屋形ニしたかハれ候間 明年必定日本地へ御渡り有るべき事案中に候(고려, 즉 조선에도 명령하여 내린 취지는 일본 왕궁에서 내년 중이라도 대면할 수 있도록 하라는 것이다. 받아들여지지 않더라도 후대에 이름을 남길 수 있을 것이므로, 대마도주도 물론 異義가 없을 것이다. 내년에는 조선의 왕이 봉공하도록 하라. 지금까지 대마도 야가타를 추종하였으므로, 내년에는 반드시 일본으로 도해하도록 하여야 할 것이다).[46]

위의 기사에서 히데요시의 조선에 대한 기본 인식이자 새로운 논리라고 할 수 있는 '조선의 대마도 종속론'과 관계된 핵심 문장은 "지금까지 대마도 야가타(屋形)[47]를 추종하였으므로(今迄對馬の屋形ニしたかハれ候間)"라고 하는 한 구절뿐이다. 그런데 뒤이어 그러한 인식의 연장선상에서 "明年必定日本地へ御渡り有るべき事案中に候"라고 하여, 다음해에 반드시 조선 국왕이 일본 본토에 渡海하도록 할 것, 즉 '조선 국왕의 입조'를 요구하고 있는 점이 보다 중요한 이해에 해당한다. 히데요시의 조선 인식이 앞서 '대마도 종속론'에 그쳤다면 그것은 하나의 오류라고 치부하면 그만이겠지만, 그것을 '조선 국왕의 입조'를 이끌어 내기 위한 전제, 즉 하나의 名分

---

46) 원문은 '기타지마 만지, 『朝鮮日日記·高麗日記』, 25쪽, 1982, (株)そしえて'에서 재인용'.

47) '야가타(屋形)'는 존칭어의 하나이다.

으로 삼고 있었기 때문이다. 이에따라 실제로 대마도주는 자신을 포함하여 두 차례에 걸쳐 일본국왕사를 가탁하고, '입조 요구'를 '입공 요청'으로 변경하는 희대의 조작을 통해 조선 정부와 통신사 파견교섭을 펼쳤다.[48)]

이렇듯 '조선의 대마도 종속론'은 하나의 관념 실험이 아니라, 구체적인 대외정책이라는 점이 그 실제였다. 그렇다면 그 대외정책은 대외교역상의 또다른 창구에도 그대로 적용되었을 것으로 예상해볼 수 있다는 점에서,[49)] 특히 일본 학계에서 동일한 방식이 적용된 것으로 통설적으로 논의되고 있는 류큐에 대한 인식 내지 정책과 비교해볼 수 있을 듯하다.[50)] 더욱이 히데요시가 위의 자료와 같은 조선 인식을 표명하고 있던 시점이 다름아니라 당시 류큐를 사실상 복속하고 있던 사츠마의 다이묘인 시마즈 요시히사(島津義久)를 상대로 규슈 정벌을 진행하고 있던 기간이었다. 따라서 그 관련성이 논의될 수 있는 여지도 다분하다고 할 수 있다. 실제로도 히데요시의 '조선의 대마도 종속론'은 그 문서를 수록한 책자의 명칭이 '『九州御動座記』'[51)]로 명명되고 있었듯이, 히데요시가 규슈 정벌에 직접 출정하고 있던 1587년 3월 1일부터 5월 8일까지[52)] 사이에 표명되었음을 짐작할 수 있다.

히데요시의 규슈 정벌은 1585년 9월 최고 권력자인 관백에 취임한 직후 대외정책의 기조로서 '가라이리', 즉 대륙정복을 선언한 이후 첫 번째의 국내 통합전쟁이었다. 당시 규슈 정벌은 사츠마의 시마즈 요시히사, 히젠(肥前)[53)]의 류조지 다카노부(龍造寺隆信)와 더불어 규슈지역을 3분하고 있던 히고(豊後)[54)]의 크리스챤 다이묘인 오토모 소린(大友宗麟)의 구원 요청이

48) 이민호, 앞 논문, 10쪽; 민덕기, 2013, 앞 논문, 101쪽.
49) 윤유숙, 2007, 앞 논문, 349쪽 참조.
50) 구로시마 사토루, 앞 책, 90~92쪽 참조.
51) 清水紘一, 『織豊政權とキリシタン』, 2001, 岩田書院.
52) 다나카 토시아키, 1999, 앞 논문, 90쪽.
53) 오늘날의 사가현(佐賀縣)과 나가사키현(長崎縣)에 해당한다.
54) 오늘날의 오이타현(大分縣)에 해당한다.

계기가 되었지만,[55] 그것은 하나의 명분이었을 뿐이고[56] 히데요시로서는 규슈 평정의 기회가 오기만을 고대하였다고도 할 수 있다. 왜냐하면, 규슈 정벌은 단지 전국 통일의 일환에 그치는 것이 아니었기 때문이다. 즉, 규슈 지역은 하카타(博多)를 중심으로 전통적으로 조선 및 중국, 남방세력과 교역을 담당하는 창구가 몰려있던 지역일 뿐만아니라, 당시로는 포르투칼 중심의 서양세력에 대한 교역권 내지 외교권도 장악[57]할 수 있는 전쟁이었기 때문이다.

따라서 그것이 어떻게 해결되느냐에 따라 규슈 정벌 이후 조선 침략 내지 중국 정복을 위한 거점 확보의 향방을 가늠할 수도 있는 전쟁이었다. 다시 말해, 히데요시의 규슈 정벌은 이전의 쥬고쿠(中國)나 시코쿠(四國), 쥬부(中部) 등지의 정벌과 마찬가지로 기본적으로는 다이묘들의 領國, 즉 領地 분쟁을 둘러싼 지역 평정임과 동시에, 중국 대륙을 정복하기 위한 사전 거점의 확보에 해당하는 전쟁이자 규슈지역에 몰려있던 대외교역 창구에 대한 장악과 재편성도 이루어야 하는 과제가 놓인 복잡한 요소들이 얽힌 전쟁이었다.

이에따라 히데요시로서도 규슈 정벌은 이전까지 평정 대상지역 다이묘들의 領地 領有를 재확인하는 차원에서 분쟁 조정을 처리했던 방식에서[58] 벗어나, 일정하게 자신의 의도를 반영하며 領國 내지 勢力의 재편을 도모하지 않을 수 없었던 것으로 파악된다. 이를테면, 규슈 정벌의 과정에서 자신의 측근 세력인 유키나가와 가토 기요마사(加藤淸正)를 규슈 중부의 히고

55) 박명성, 앞 논문, 3쪽; 이계황, 『일본 근세의 새벽을 여는 사람들』Ⅱ, 307쪽, 2019, 도서출판 혜안; 다나카 토시아키, 「豊臣政權의 '唐入' 構想과 九州·對馬島 編入」 『논문집』3, 1997, 초당대학교, 216쪽 참조.

56) 장혜진, 앞 논문, 269쪽 참조.

57) 윤유숙, 「16세기 후반 일본의 대외정책과 대외인식-秀吉의 대륙정복계획을 중심으로-」『문화사학』23, 65쪽, 2005, 한국문화사학회.

58) 다나카 토시아키, 1999, 앞 논문, 96쪽 참조.

(肥後)지역에 半分, 즉 둘로 나누어 배치(入部)시킨다거나,[59] 당시 포르투칼 등과의 교역으로 번성하였던 오무라 스미타다(大村純忠)가 개척한 나가사키(長崎)를 몰수하여 직할령으로 삼았던[60] 까닭이라고 할 수 있다.

단적으로 말하면, 규슈 정벌은 해당 봉토의 영유권을 대부분 재확인 해왔던 종래의 통일방식과는 달리 히데요시가 규슈지역의 대부분을 석권하고 있던 시마즈 요시히사의 영유권을 본래의 영지였던 사츠마와 휴가(日向)로 축소하는 중재안을 제시하였기 때문에 당연히 반발이 예상될 수 있는 전쟁이었다.[61] 반면에 히데요시로서는 규슈 정벌을 통해 가라이리체제의 제1단계 과제인 대륙 정복을 위한 거점 확보 내지 軍陣 配置를 완성하여야 할 필요성이 있었다. 따라서 자신의 정복 구상에 맞게 규슈지역의 다이묘는 물론 그와 연계된 해외 세력에 대해서도 軍役動員을 위한 일관된 군진 배치를 달성하는 것이 긴요한 과제였다고 할 수 있다.

조선과 류큐는 일본이 중국으로 진출하고자 할 때 그 창구 내지 중간 교두보로서의 역할이 기대되는 지역이었다. 류큐가 일본이 중국으로 진출하고자 할 때 거쳐야 할 해양루트에 해당한다면, 조선은 이른바 대륙루트로서 논의되었다. 실제로 당시 중국 정복을 표방했던 두 인물, 즉 노부나가와 히데요시의 경우 노부나가가 해양루트로의 진출을 구상했던 반면에, 히데요시는 대륙루트를 선택했다고 할 수 있다. 그런데 이때 대륙루트 및 해양루트의 관할권과 관련해서 보자면, 각각 그 중간자 내지 담당자로 설정된 대마도나 사츠마의 경우, 그 외의 다이묘세력이 해당 교섭권에서 배제된다는 점에서 일단의 기회를 누리게 되었다고도 할 수 있다. 이를테면, 시마즈 요시히사의 경우 규슈지역 내에서의 영유권이 히데요시의 규슈 정벌로 축소

59) 김문자, 1994, 앞 논문, 99쪽; 윤유숙, 2007, 앞 논문, 351쪽.
60) 다나카 토시아키, 「근세일본의 천주교정책에 관한 고찰」『사회과학연구』27-1, 2006, 조선대 사회과학연구소.
61) 다나카 토시아키, 1997, 앞 논문, 215~218쪽.

되었던 것은 위기였던 반면에, 류큐에 대한 교섭권을 독점할 수 있게 되었다는 점에서는 또 하나의 기회였다고도 할 수 있다는[62] 사실이다.

위와 같은 이해를 바탕으로 대마도의 경우를 살펴보면, 우선 히데요시가 1586년 4월 규슈 정벌을 위한 동원령을 발령한 이후 조선에 대한 교섭과 관련하여 내린 첫 번째 조치는, 1586년 6월 16일 대마도주 소 요시시게(宗義調)가 규슈지역에 대한 분쟁 정지령인 총무사령을 수용하는 내용으로 보낸 서간에 대한 答書에서 찾아볼 수 있다. 그 답서의 주요 부분을 제시해보면, 다음과 같다.

> 就中 日本地に於いては 東は日の下迄 悉く掌に治め 天下靜謐事候條 筑紫を見物し乍ら動座なさるべく候 其の刻 高麗國へ御人數成り次第遣わされ仰せ付けらるべく候間 其の砌 忠節申し上げらるべく候(특히, 일본 지역은 동으로 히노시타 지역까지 모두 장악하여 천하를 평정하였다. 즈쿠시(筑紫)[63]를 순행하면서 병력을 일으킬 것이다. 그때 고려(조선)에도 병력이 준비되는 대로 즉시 출병하도록 명령을 내려두었으므로, 그때에는 충성을 다하도록 하라).[64]

위의 기사에서 볼 수 있듯이, 히데요시는 아직 정벌을 나서지도 않은 히노시타(日の下), 즉 오늘날의 홋카이도(北海島)에 해당하는 에조(蝦夷)지역까지 이미 평정되었다고 선전하고 있다. 마찬가지로 아직 접촉하지도 않은 高麗國, 즉 朝鮮에도 즈쿠시(筑紫) 출병, 즉 규슈 정벌에 병력을 파견하도록 지시하였다고 하는 등 가라이리 선언 이후 例의의 先取的 宣傳術[65]로

62) 윤유숙, 2005, 앞 논문, 62쪽 참조.

63) 지금의 규슈지역의 옛 이름이다.

64) 원문은 '기타지마 만지, 『朝鮮日日記·高麗日記』, 23쪽, 1982, そしえて出版社'에서 재인용.

65) 미네타니 히토시(米谷均), 앞 논문 참조; 김문자, 「이벤트로서의 조선통신사-豊臣政權期에 파견된 통신사를 중심으로-」『일본역사연구』22, 2005, 일본사학회 참조.

대마도주를 압박하고 있음을 볼 수 있다. 그런데 위의 답서에서 주목되는 것은 히데요시의 조선에 대한 본래의 요구 사항은 앞서 살펴본 바와 같이, 규슈 정벌의 마무리 단계에서의 요구였던 '조선 국왕의 입조 교섭'이 아니라, "조선에도 병력이 준비되는 즉시 출병하도록 명령을 내렸으므로"라고 하여, '즈쿠시 출병', 즉 규슈 정벌에 조선도 병력을 동원할 것을 명령하는 내용이었다는 점이다. 즉, 히데요시는 '조선의 대마도 종속론'에 따라서 의심없이 조선의 출병을 요구하고 있었다고 할 수 있다.

이렇듯 조선이 대마도에 종속적 또는 부용적 존재, 이를테면 대마도 다이묘 휘하의 小領主 내지 家臣團의 일원이라면, 대마도주가 히데요시에 복속하여 軍役動員을 행할 때 조선의 從軍, 즉 出兵도 당연한 의무가 되게 된다. 그런 측면에서 보자면, 히데요시는 조선과 대마도의 관계를 異國間의 外交關係의 차원이 아니라, 대마도 다이묘를 중심으로 하는 무사정권의 구성원리인 封建的 主從關係의 측면에서 일개 호족 내지 소영주로 취급하는[66] 태도였다고 할 수 있다.[67] 흔히, 히데요시의 조선 침략과 관련하여 조선은 규슈의 연장선상으로 인식되어 정복 대상국으로 설정된 바가 없다거나,[68] 국내 통일의 연장선상에서 이루어진 전쟁이라고 하는 지적이 있어왔다. 그런데 위와 같은 분석을 통해서 본다면 그 연장선상이라는 의미는 종래의 통설과 같이, 조선을 침략할 때 일본군의 부대 편성이 히데요시정권이 일본을 통합했을 때의 형태를 그대로 반영하고 있었기 때문이 아니라는 점이다.

요컨대, 그 실체는 총무사령을 통해 규슈지방을 통합한 것과 마찬가지로

---

66) 岡本良知, 앞 책, 75쪽, 80쪽; 이민호, 앞 논문, 16쪽.

67) 이와 관련하여 당시 류큐의 위상을 '天下人에 直屬하는 異國'으로서의 측면과 군역체계상 '天下人-大名-琉球'로서 간접적으로 종속된 陪臣으로서 종속국'의 두 측면이 병행된 관계로 해석하는 논리가 매우 시사적이다(구로시마 사토루, 앞 책, 114~116쪽).

68) 박명성, 앞 논문, 62쪽 참조; 아라노 야스노리, 앞 책, 193쪽; 신유원, 「히젠나고야성과 조카마치에 대한 고찰」, 23쪽, 2006, 숙명여대 석사논문.

조선까지도 총무사령을 적용하여 복속함으로써 일본 통합의 연장선상에서 중국 정복의 기반을 확보함을 의미하는 것[69]이라는 점이다. 여기에 총무사령의 구체적인 실행 방식인 '先驅'의 논리까지 더해지면 왜, 대마도가 조선 정부에 대한 복속 내지 입공 교섭의 담당자가 되어야 하는지? 또 조선 정부에 대해 '정명향도'의 요구가 주어지게 되는지를 무리없이 정합적으로 이해할 수 있게 된다고 할 수 있다. 또한 그것은 히데요시가 1585년 7월 관백에 취임한 직후 자신의 정권이 추구해야 할 당면 과제로 표방한 가라이리와 총무사령이 동전의 앞·뒷면과 같이 상호연동된 논리임도[70] 확인할 수 있게 된다는 사실이다.

히데요시정권은 중국 정복을 넘어 인도 복속까지 호언장담하고 있었다는 점에서 압도적인 군사력을 배경으로 국내 통일을 달성하고 그 연장선상에서 조선 침략을 단행하였던 것으로 통상적으로 이해되고 있다. 그러나 실상은 결코 그렇지 않았다는 사실이다. 이른바 천하인이라고 부른 히데요시정권의 군사력은 수도인 교토를 둘러싼 수도권인 긴키(近畿) 또는 기나이(畿內)지역을 장악한 권력, 즉 畿內近國의 統一政權,[71] 즉 중앙권력체에[72] 불과하였던 것이 天下人의 실체였다. 그 외의 지역, 즉 쥬부·쥬고쿠·시코쿠·규슈·간토(關東)·오슈(奥州) 등의 지역은 각각 해당 지역의 패자나 다이묘들의 세력균형을 바탕으로 중앙권력에 신속하는 형태로서 일종의 중층적인 봉건적 주종관계로[73] 형성된 전국 규모의 다이묘 연합체[74]임이 히데요시

69) 다나까 토시아키, 1999, 앞 논문, 89쪽.

70) 다나까 토시아키, 1997, 앞 논문, 218쪽; 위 논문, 102쪽; 장혜진, 앞 논문, 268쪽 참조.

71) 이케 쓰스무 편, 앞 책, 32~34쪽.

72) 다나카 토시아키, 1997, 앞 논문, 215쪽; 윤장석, 「豊臣家 홍망연구」, 4쪽, 2013, 동의대 석사논문.

73) 일본 중·근세 봉건적 권력구조의 이러한 중층성·이원성은 외교관계에서도 이원성·중층성을 띄게 되는 것으로 볼 수 있다. 조선시대 對日外交體制의 이원성·중층성에 대해서는 '한문종, 「조선시대 對日使行과 對馬島」 『한일관계사연구』49, 한일관계사

정권의 실상이었다.

다시 말해 히데요시정권은 전국을 일원적으로 지배하는 권력체계도 아니었고, 동시에 여러 지역의 패자적 다이묘들을 압도할 만큼 충분한 군사력을 보유한 것도 아니었다.[75] 즉, 히데요시정권은 戰國大名의 지역적 통일달성의 기반 위에서 성립된[76] 중앙권력으로서, 그러한 권력체계는 일본의 중·근세 무사정권이 갖는 구조적 특질에 해당하였다. 다만, 히데요시의 중앙권력은 하나의 지역세력을 압도하기에는 충분한 군사력을 보유하였던 까닭으로 수도권인 기나이지역을 장악한 이후로는 '豊臣平和令'이라고 평가되기도 하는, 전투에 앞서 협상을 우선시하는 분쟁 조정방식인 총무사령 등을 통해 전국 통일을 달성해가는 정책 전환이 가능했다고 할 수 있다.[77]

총무사령은 수도권인 긴키 또는 기나이지역을 장악함으로써 천하인의 위상을 확립한 히데요시가 국내 세력의 통합을 위해 새로운 기제로서 제시한 정치논리이자 군사외교정책이었다. 총무사령은 통합 대상지역의 내부 분쟁을 천황의 권위를 동원하여 일단 분쟁 정지령인 총무사령을 발령하는 것으로부터 시작된다. 그런 다음 해당 지역의 주요 분쟁 당사자들을 수도로 上洛, 즉 上京 또는 入朝시켜 분쟁조정안인 '國分令'을 제시하고 수용 여부를 묻는다. 이때 분쟁 당사자들이 조정안을 수락하면 평화적으로 해결되고 통합이 이루어지지만, 어느 하나라도 조정안을 거부하면 히데요시의 중앙권력이 개입하여 군사적으로 처분, 즉 정벌하게 된다.

그런데 이때 군사력은 히데요시의 중앙권력을 중심으로 파견하는 것이

학회'가 참조된다.

74) 이계황, 「임진왜란과 강화교섭」『동북아문화연구』34, 88쪽, 2013, 동북아시아문화학회. 그런 측면에서 히데요시정권의 일본 통합은 '軍事的 統一이 아닌 政治的 統一'이라는 평가는 탁견의 하나라고 할 수 있다(Peter Duus 지음, 양필승·나행주 옮김, 『일본의 봉건제』, 133쪽, 1991, 신서원).

75) 김문자, 「임진왜란 연구의 제문제」『한일관계사연구』67, 151쪽, 2020, 한일관계사학회.

76) 다나까 토시아키, 1999, 앞 논문, 88쪽, 94쪽.

77) 윤유숙, 2007, 앞 논문, 349쪽 참조.

아니라, 정벌 대상 지역과 인접한 지역의 패자적인 다이묘를 그 책임자에 해당하는 '先驅', 즉 先導者 내지 主將으로 삼아서 일종의 以夷制夷的 方式으로 동원하게 된다. 동시에 중앙권력인 히데요시정권에서는 軍監 역할에 해당하는 家臣을 중심으로 병력을 파견하여 함께 전투를 치르게 하였다.[78] 또한 실제 정벌과정에서는 히데요시의 중앙권력이 대체로 해당 지역의 세력 분포를 대부분 재확정하는 내용으로 조정안을 제시하였으므로, 이른바 풍신평화령이라고 평가할만한 소지도 보여주고 있었다.

이에 대해 규슈지역의 통합 문제는 앞서 언급한 바와 같이, 단지 규슈지역 내부의 분쟁 조정에만 그치는 것이 아니라, 히데요시가 표방한 기본 대외정책인 중국 정복을 위한 전략, 이른바 '가라이리체제'의 제1단계에 해당하는 조치[79]이기도 하였다. 따라서 어떻게 분쟁지 조정이 이루어지느냐, 구체적으로 말하면 각각의 다이묘의 신분적 위상과 직결된 封土의 수확고를 나타내는 石高制의 바탕인 知行調整[80]이 어떻게 재확정 되느냐에 따라, 조선 침략 내지 중국 정복을 위한 군진 배치에 직접적으로 영향을 미칠 수 있는 중차대한 문제였다.

게다가 규슈지역은 대외무역의 창구가 몰려 있었고, 그 대외무역의 창구들은 戰國末期의 상황에서 여전히 히데요시의 중앙권력이 일원적으로 파악하고 있지 못한 상태였다. 따라서 히데요시로서는 종래처럼 당시 규슈지역 다이묘의 영유권을 현실 그대로 재확인 하는 방식만으로 분쟁 조정을 마무리 할 수는 없는 사정이 개재되어 있었다고 할 수 있다. 이에따라 히데요시의 규슈지역 통합은 본래부터 총무사령에 의한 평화적 협상에 의해 마무리되기를 기대하기는 어려운 실정이었던 셈이다. 다시 말해 오토모 소린

78) 다나카 토시아키, 1999, 앞 논문, 95쪽.
79) 아라노 야스노리, 앞 책, 193쪽.
80) 박수철, 『오다·도요토미정권의 寺社지배와 天皇』, 2012, 서울대출판문화원, 412~415쪽 참조.

의 구원 요청이 아니었다고 하더라도, 히데요시는 면밀하게 규슈 정벌에 대비하고 있었다고 할 수 있다. 즉, 1586년 4월 규슈 정벌을 나섬과 동시에 조선에 대한 출병 명령인 '高麗御渡海事'를 포함한 14개조의 군사동원령이 발령되었던[81] 까닭이라고 할 수 있다.

위에서 살펴본 바와 같이, 히데요시의 조선에 대한 기본 정책은 국내 통일전쟁의 기제인 총무사령의 연장선상에서 규슈 정벌에 대한 군역의 동원, 즉 출병이었다. 다시 말해, '조선 국왕의 입조'조차도 대마도주의 요청에 따라 완화된 조치였다.[82] 그렇다면 이러한 조치는 조선과 마찬가지로 일본의 중앙권력과 교린체제를 형성하고 있던 류큐나 에조지역에도 동일하게 적용되었던 것일까? 다름아니라 바로 그러하였다는 점에서 히데요시의 조선·류큐·에조치에 대한 일관된 군사적 방식의 외교정책[83]의 적용이 확인된다고 할 수 있다.

먼저 류큐의 경우 히데요시는 1587년 6월 규슈 정벌이 끝나자 애초에 예고했던 대로 귀로에 대마도주를 불러 조선에 대한 입공 교섭을 요구하였던 것과 마찬가지로, 이듬해 1588년 8월에는 사츠마의 시마즈 요시히사를 통해 류큐에 복속과 입공을 강요하였다. 이에따라 시마즈 요시히사는 승려인 龍運을 사신으로 파견하여 류큐의 국왕인 쇼에이(尙永)에게 히데요시의 천하통일과 조선의 복속 및 나아가 唐, 즉 明과[84] 南蠻도 가까운 시일 내에 일본에 사절을 파견할 것이라는 내용의 서한을 전하면서, 류큐를 비난하고 즉시 복속과 입공할 것을 요구했다. 이에 대해 류큐 국왕 쇼에이는 처음부터 히데요시의 요구를 수용하지는 않았지만, 결국은 이듬해인 1589년 天龍寺의 승려인 桃庵을 파견하여 히데요시의 전국통일을 축하하는 국서를 보

81) 다나카 토시아키, 1999, 앞 논문, 89쪽.
82) 다나카 토시아키, 1997, 앞 논문, 223~224쪽 참조.
83) 아라노 야스노리, 앞 책, 172쪽.
84) 당시 일본에서 明나라를 唐, 朝鮮을 高麗로 부르고 있던 상황에 대해서 '岡本良知, 앞 책, 74쪽'이 참조된다.

냄으로써 히데요시에 복속하였다.[85)]

한편 당시 사츠마의 중개를 통해 히데요시에게 입공하였던 류큐 국왕이 히데요시를 '日本國 關白殿下'[86)]라고 호칭하고 있던 반면에, 이에 대한 히데요시의 답서에서는 류큐 국왕의 호칭을 조선 정부의 경인통신사와 마찬가지로 '閣下'로 내려서 표기하고, 연호 표기도 일본식 干支 용어인 '龍集'을 사용하였다. 뒤이어 1591년에는 사츠마로부터 조선 침략에 소요되는 군역 1만 5천명 대신에 10개월분의 식량 7천명분과 히젠나고야성(肥前名護屋城) 축성에 철 300근을 헌상할 것이 강요되었으며, 류큐의 병력은 사츠마의 예비병력으로 편제되었다.[87)] 이러한 사정은 에조지역의 경우에도 마찬가지여서, 히데요시가 1589년 가키자키 요시히로(蠣崎慶廣)를 통해 에조치(蝦夷地)에 대한 보호를 명령하자 가키자키 요시히로는 1590년에 교토의 쥬라쿠테이(聚樂第)에 上洛하였고, 1593년에는 병력을 이끌고 히젠나고야성(肥前名護屋城)에 출진하여 군역에 종사하였다.[88)]

이상에서 살펴본 바와 같이, 히데요시가 조선의 대마도 종속론을 제기하고 대마도주를 매개로 조선 정부에 입공교섭을 벌이도록 할 수 있었던 것은, 기본적으로 대외정책의 기조를 가라이리, 즉 중국 정복에 두고 그 제1단계적 조치인 규슈 정벌을 통해 중국 정복의 거점을 확보하고자 하는 정책전략을 구사한데서 비롯되었다. 또한 히데요시정권은 통상적인 예상과는 달리 압도적인 군사력을 바탕으로 평정 대상을 일방적으로 제압하였던 것이 아니라, 일종의 평화적·간접적 분쟁 정지령인 총무사령의 '先協商-後征伐'을 병행하는 전략과 정벌 대상 隣近의 패자적 다이묘를 '선구'라는 이름으로 앞세우는 以夷制夷的 兵力動員 방식을 구사하여 전국 통일을 추진하였다.

85) 윤유숙, 2005, 앞 논문, 70쪽.
86) 이케우치 히토시(池内宏), 『文祿慶長の役-正編第一』, 58쪽, 1987, 吉川弘文館.
87) 김유성·이민웅 譯, 앞 책, 17~18쪽.
88) 아라노 야스요리, 앞 책, 173쪽.

히데요시가 총무사령과 선구라는 방식을 통해 전국 통일을 추진하였던 것은 天下人인 자신을 포함하여 전국의 다이묘 및 소영주 등의 관계를 기본적으로 봉건적 무사정권의 원리인 주종관계의 논리로써 이해하였기 때문이다. 즉, 히데요시정권은 실제로는 수도권인 긴키지역을 장악한 畿內近國의 統一政權, 즉 중앙권력체에 불과하였다. 이에따라 실제로는 각 지방의 패자적 다이묘를 '선구'로 삼아 해당 지역을 통합하는 총무사령의 기반 위에서 통일적인 중앙권력을 구축하였다. 나아가 그 연장선상에서 전통적으로 종속적인 교역관계로 인식하고 있던 주변국가인 조선 및 류큐에 대해서도 총무사령을 그대로 적용하여 각각 대마도 및 사쓰마와 봉건적인 주종관계로 재편성하고자 하였던 것이 '조선의 대마도 종속론'의 실체였다.

그러면 그렇듯 잘못된 인식이 두 차례에 걸친 조선 정부에 대한 입공교섭 과정에서도 그대로 固守될 수 있었는지에 대해서는 章을 달리해서 살펴보고자 한다.

Ⅲ. 對馬島主의 입공교섭과 對馬島그룹

앞 장에서 살펴보았듯이, 히데요시가 조선을 대마도에 종속적인 존재로 인식하였던 것은 당시의 현실적인 상호관계에 바탕한 것이 아니라, 일본의 국내 통합을 총무사령과 선구라는 두 가지 기제를 통해 달성해갔던 군사전략적 방식을 주변 국가에도 동일하게 적용하였던 데서 비롯된 것임을 알 수 있었다. 즉, 규슈 정벌에 있어서는 가장 가깝고도 밀접한 관계를 형성하고 있던 인근의 쥬고쿠 지역의 패자였던 모리 데루모토(毛利輝元)를 선구, 즉 선도자 내지 주장으로 삼아서 병력을 동원하였듯이, 조선의 병력을 출병하게 한다거나 입공교섭과 관련해서는 당시 가장 가깝고도 밀접한 관계였던 인접 다이묘인 대마도주에게 그 선구의 역할을 맡기면서, 兩者의 관계를 무사정권의 구성원리인 봉건적 주종관계로 인식하였던 것이다.

그런데 총무사령의 논리이든 또는 선구의 역할이든간에 그것을 뒷받침하는 원리가 무사정권의 봉건적인 주종관계라는 점에서, 히데요시의 주변국에 대한 下位服屬的 認識[89)]은 그 선구를 맡은 다이묘의 우월적인 지위가 충족되어야 문제가 없게 된다고 할 수 있다. 이를테면, 각각 시마즈 요시히사와 가키자키 요시히로에 복속적이거나 의존적이었던 류큐나 에조치의 경우에는 문제가 되지 않겠지만, 조선과 대마도의 관계는 오히려 그 반대로 대마도가 조선에 대해 복속적인 관계에 놓여 있었다. 따라서 대마도주의 입장에서는 사실과 인식의 역전 현상을 뒤집어 줄 수 있는 대안을 제시하거나 가공할만한 조작이 불가피하였다. 이에따라 대마도주는 일차적으로 히데요시의 '출병 요구를 입조 교섭 내지 입공 교섭'으로 완화시키고, 그것을 다시 '통신사 파견 교섭'으로 조작하는 희대의 외교 기만을 시도하였다.[90)]

한편 대마도주를 매개로 전개된 두 차례의 조선 정부에 대한 입공교섭에서 그 주도권은 어디까지나 조선 정부 내지 히데요시에게 있었음이 충분히 유의되지 못한 측면이 있다고 할 수 있다. 즉, 대마도주가 아무리 양자 사이에서 중간 조정을 모색한다 하더라도, 그것이 조선 정부나 히데요시의 요구 조건을 충족할 수 없을 때에는 그 교섭은 성공할 수 없다는 점이다. 결과적으로 보자면, 조선 정부의 경우는 통신사를 파견할 수 있는 사전 조건으로 제시한 요구를 제2차 대마도 교섭단이 충족함으로써 통신사를 파견할 수 있었다.

반면에 히데요시로서는 자신의 요구 조건이었던 '조선 국왕의 입조'라는 명분이 끝내 달성되지 못함에 따라, 그 결과를 성공한 것처럼 은폐할 필요성이 발생하게 되었다고 할 수 있다. 다시 말해, 제1차 교섭단의 正使로서

89) 구로시마 사토루, 앞 책, 90~92쪽.
90) 다나카 토시아키, 1999, 앞 논문 114쪽; 윤유숙, 2007, 앞 논문 참조; 민덕기, 2013, 앞 논문 참조.

입공교섭의 실패를 사실대로 보고했던 다치바나 야스히로(橘康廣)[91]가 히데요시에 의해 그 자신 뿐만이 아니라 일족까지 죽임을 당했던[92] 반면에, 제2차 교섭의 경우에는 뒤늦게 실패였음이 드러났음에도 불구하고 대마도주는 아무런 처벌없이 도리어 從4位下의 관위에 임명하여 포상하였다. 이를테면, 히데요시로서는 입조 교섭의 실패를 그대로 드러낼 수 없는 어떤 사정에 놓여 있었다고 할 수 있다.

그렇다면 히데요시의 이렇듯 상반된 처분을 어떻게 이해할 수 있을까? 이와 관련하여 지금까지 연구에서는 제1차 교섭과 제2차 교섭이 사절단의 구성에서부터 분명한 차이가 있었음이 별반 고려되지 못하였음을 지적할 수 있을 듯하다. 결론부터 말하자면, 제1차 교섭의 사절단은 대마도주 단독으로 구성하였던 반면에, 제2차 교섭의 사절단은 '對馬島그룹'[93]으로 부를 만한 사절단으로 구성되고 있었다. 또 그 중심 인물도 대마도주가 아니라 유키나가로 파악된다는 점이다.[94] 즉, 제1차 교섭사절단은 대마도주가 주도하였으므로 그 가신인 다치바나 야스히로가 정사로 파견되었던 반면에, 제2차 교섭사절단의 구성에서 대마도주가 副使[95]의 지위에 그친 것은 실제로도 그 정도의 비중밖에 없었기[96] 때문이라고 할 수 있을 듯하다.

그 까닭은 한마디로 대마도주가 단독으로는 조선 정부가 제시한 통신사 파견의 선결 조건을 충족할 수 없었기[97] 때문이라고 할 수 있다. 즉, 당시 대마도주는 조선과의 무역을 실질적으로 독점하고 있던 다이묘였던 것은 분명하지만,[98] 결코 쓰시마를 넘어 규슈지역이나 주변 해양세력에 대해 패

91) '柚谷康廣'으로도 표기한다.
92) 민덕기, 2013, 앞 논문, 102쪽.
93) 기타지마 만지, 1988, 앞 글; 김문자, 1989, 앞 논문, 7~15쪽. 원전에서는 '대마그룹'으로 지칭하였으나, 본고에서는 가독성을 고려하여 '대마도그룹'으로 대체하였다.
94) 기타지마 만지, 앞 논문; 김문자, 1989, 앞 논문, 7~15쪽.
95) 윤유숙, 2007, 앞 논문, 352쪽.
96) 김문자, 1994, 앞 논문, 125~127쪽 참조.
97) 김문자, 위 논문, 109쪽.

자적인 위치에 있던 다이묘는 아니었다. 다시 말해 고토열도를 중심으로 포르투칼 등 서양세력과 연계하여 이른바 '海賊王'으로 군림하였던 王直의 잔여세력이라든가 히라도(平戶)의 마츠라 시게노부(松浦鎭信) 세력 등을 압도할 만한 군사력이나 정치력을 갖고 있지 못하였다. 따라서 후술하는 제2차 통신사 파견교섭에서 조선 정부가 제시한 사전 조건인 고토열도 세력이었던 '사화동의 압송'이라든가 '피납민 송환'[99]의 문제를 해결한다는 것은 기대하기 어려웠다.

이에 따라 조선 정부의 요구 조건을 충족하기 위해서는 외부의 개입이 불가피할 수밖에 없는 실정이었다. 그렇다면 누가 그 개입을 주도할 수 있었을까? 규슈 정벌 직전까지 北규슈 지역의 패자로 군림했던 오토모 소린이라든가 그 뒤를 이었던 시마즈 요시히사 등이 규슈 정벌 과정에서 몰락하거나 세력이 축소된 상황에서, 그 역할을 맡게된 것은 당시 최대의 대외무역 창구였던 사카이(堺)와 하카타(博多)를 중심으로 해외무역을 주도하고 있던 유키나가[100] 내지 시마이 소시츠(島井宗室)와 같은 豪商세력[101]이었다. 이들이 제2차 교섭 때 조선 정부가 제시한 요구 조건을 상호 기민하게 연계하여 처리함으로써,[102] 庚寅通信使가 파견될 수 있었다.

그렇다면 이 과정에서 히데요시는 아무런 역할도 하지 않았던 것일까? 결코 그렇지 않았던 것으로 파악된다. 우선 히데요시는 유키나가의 딸과 대마도주의 결혼을 주선하였다.[103] 물론 히데요시가 그것을 직접 주도했다기보다는 측근 중신으로 뒷날 히젠나고야성의 축성 책임자로 활약하였던 아

---

98) 민덕기, 2013, 앞 논문, 97쪽.

99) 김문자, 1994, 앞 논문, 103~108쪽. 통상적으로는 '압송 대신에 縛送', '피납민 대신에 피로인'이라는 용어를 사용하고 있지만, 필자 나름대로 재구성하였다.

100) 김문자, 1989, 앞 논문, 9쪽.

101) 김문자, 1994, 앞 논문, 96쪽.

102) 김문자, 『文祿慶長期に於ける日明講和交涉と朝鮮』, 12~29쪽, 1991, お茶の水女子大學 박사논문.

103) 박명성, 앞 논문, 31쪽; 윤장석, 앞 논문, 39~40쪽 참조.

사노 나가마사(淺野長政)에게 그 역할이 맡겨졌을 것으로 추측된다. 왜냐하면 조선 정부에 대한 교섭은 '대마도주 - 유키나가 - 아사노 나가마사 - 히데요시'의 보고체계[104]를 통해 전개되었기 때문이다. 말하자면, 제2차 교섭을 위한 준비과정에서 대마도주를 비롯하여 시마이 소시츠 등은 유키나가를 중심으로 이른바 '대마도그룹'이라고 할만한 새로운 세력집단을 형성하였던 것이다. 그 결과 유키나가는 이후 조선 침략의 제1진 선발부대의 주장으로서 활약하게 되면서, 히데요시 통일정권의 第一大都督[105]을 꿈꾸기에 이르렀다.

끝으로 한 가지 의문을 더 제기하면, 제1차 사절단이 파견된 것은 1587년 9월이고, 손죽도왜변이 일어난 것이 1587년 2월이었다는 점에서 왜 조선 정부는 제1차 교섭 때부터 사전 요구 조건을 내걸지 않았던 것일까 하는 점이다. 이와 관련해서는 그만한 여건 조성의 기미가 파악되지 않았기 때문이었을 것으로 추측된다. 그 여건 조성이란 다름아니라 히데요시가 과연 대마도는 물론 고토열도 등의 해적세력까지 통제 또는 금압할 수 있는 실력이 있는 것으로 인식되었는가의 문제, 결과적으로는 '해적정지령'의 발령 여부와 밀접히 연결될 수 있는 측면을 고려하여 볼 수 있을 듯하다.[106] 조선 정부는 사화동의 인도 등이 히데요시의 下命에 의해 이루어진 것으로 이해하였고,[107] 히데요시의 해적정지령이 제1차 교섭과 제2차 교섭의 사이인 1588년 6월에 내려졌음을 주목해볼 수 있다.

위에서 살펴본 바와 같이, 조선 정부에 대해 대마도주를 매개로 전개된

---

104) 다나카 토시아키, 1999, 앞 논문, 108쪽.

105) 도리즈 료지(島津亮二), 『小西行長-「말살」されたキリシタン大名の實像』, 147쪽, 2010, 八木書店. 이때 대도독은 '일본 국왕(히데요시) - 世子(秀賴) - 都督兼關白(秀次)' 다음의 지위이다. 대도독의 순서는 '小西行長 - 石田三成 - 增田長盛 - 大谷吉繼 - 宇喜多秀家'이다. 제1대도독으로서 유키나가의 지위는 '규슈 전체를 통치하고, 明나라 연안의 해상 경비와 조선과의 외교를 담당'하는 권한으로 규정되고 있다.

106) 구로시마 사토루, 앞 책, 94~95쪽 참조.

107) 윤유숙, 2007, 앞 논문, 354~355쪽.

입공 교섭은 제1차 교섭과 제2차 교섭 사이에는 뚜렷한 차이가 있었음이 확인된다고 할 수 있다. 제1차 교섭에서는 히데요시의 '조선의 대마도 종속론'의 표방에도 불구하고, 대마도주부터 긴장감을 가지고 교섭을 추진하지는 않았던 듯하다.[108] 교섭 사절단의 지위가 대마도주의 가신단 수준에서 구성되고 있었고, 그 교섭 결과에 대해서도 여과없이 히데요시에게 보고하였다가 정사였던 다치바나 야스히로가 일족을 포함하여 죽임을 당하고 있기 때문이다. 어쩌면 히데요시 자신부터 대마도주에게 "받아들여지지 않더라도 후대에 이름을 남길 수 있을 것이므로"[109] 라고 하여, 처음에는 실패하더라도 책임을 묻지 않겠다는 여지를 비추고 있었다고 할 수 있다.

그러나 제2차 교섭사절단의 파견에 즈음해서는 사뭇 분위기가 달라졌음은 두 말할 필요가 없을 듯하다. 무엇보다도 우선 제1차 사절단이 교섭 실패를 여과없이 보고했다가 정사가 죽임을 당하는 엄중한 처분이 전개된 이후였으므로, 사뭇 긴장감이 감돌지 않을 수 없었을 것이다. 이에따라 제2차 교섭사절단은 대마도주가 단독으로 맡도록 放棄되지 않고 사카이에 근거를 두고 있던 호상 출신의 다이묘인 유키나가를 중심으로, 하카타의 호상이었던 시마이 소시츠 등이 연계된 '대마도그룹'이라고 부를 수 있는 세력집단에게 맡겨지게 되었다. 여기에 입공교섭 성공의 면밀한 준비를 위해 사카이와 더불어 대외무역의 거점이었던 하카타 소속의 외교승이었던 게이테츠 겐소(景轍玄蘇)를 정사로 삼기에 이르렀다.[110] 이에 대마도주는 부사로서, 시마이 소시츠는 유키나가의 사신으로서,[111] 이를테면 대마도그룹을 총동원하다시피 하여 제2차 교섭사절단을 구성하였다고 할 수 있다.

그 과정에서 히데요시는 유키나가의 딸과 대마도주의 결혼을 주선하는

108) 민덕기, 2013, 앞 논문, 104~106쪽 참조.

109) 주) 46 참조.

110) 도리즈 료지, 앞 책, 114쪽.

111) 민덕기, 「경인통신사의 활동과 일본의 대응」『한일관계사연구』43, 92~93쪽, 2012, 한일관계사학회.

등 대마도그룹 형성의 계기를 마련했다고 할 수 있으며, 1588년 7월 드디어 해적정지령을 발령함으로써 조선 정부가 통신사 파견의 사전 조건을 내걸 수 있는 제도적 여건을 보장하였다고 할 수 있다. 이렇듯 1587년부터 1590년까지 3년 동안 두 차례에 걸쳐 대마도주 또는 대마도그룹을 매개로 조선 정부를 상대로 이뤄진 입공교섭은 결코 대마도주에게만 맡겨놓았던 동일 과정의 반복이 아니었다. 또한 두 차례의 교섭 모두 현지 사절단에 의해서는 통신사의 파견을 목표로 교섭이 진행되었지만, 히데요시마저 통신사의 파견으로 만족할 수 있었던 것은 아니다. 히데요시로는 이미 조선 국왕의 입조를 국내외에 先取的으로 宣傳하고 있었으므로,[112] 조선 국왕이 파견한 사행은 어디까지나 '복속 사절'이라는 명분을 충족해야만 하였기 때문이다.

히데요시로서는 조선의 입공 사절에 많은 기대와 배려를 하였던 것으로 판단된다. 이를테면, 새로 건설 중이던 御所(皇居, 皇宮)가 완공되기를 기다려 경인통신사와 함께 천황을 접견하고자 계획하였던 것이라든가, 이미 5개월 전인 1590년 10월에 교토에 도착했던 경인통신사행을 곧바로 접견하지 않고 전국 통일의 마무리에 해당하는 오다와라(小田原) 공략, 오슈(오州) 평정 이후에 접견하였던 것도 薄待하고자[113] 했기 때문이라기 보다는, 가라이리 정복의 제1단계 준비가 모두 달성되었음을 대대적으로 선전하고자 하였기 때문이라고 생각된다. 즉, 경인통신사행을 어디까지나 조선 국왕의 복속사절로 받아드리고 있던 히데요시로서는, 그 성과를 대대적으로 선전할 필요가 있었기에, 통신사에 대한 대응을 결정하고 나서 關東 통합에 출정했던 것이다.[114]

그러나 고려인 따위를 內裏(皇居, 곧 皇宮)에 데려올 수 없다는 公家들의 반대에 부딪히자 자신의 공관인 聚樂第에서 공식의례가 아닌 편의적이

112) 미네타니 히토시, 앞 논문 참조; 김문자, 2005, 앞 논문 참조.
113) 민덕기, 2013, 앞 논문, 104쪽.
114) 다나카 토시아키, 1999, 앞 논문, 109~110쪽.

고 간소한 접견방식을 취하여 승리자로서의 권위를 충분히 드러내고자 했던 것으로 판단된다. 또 조선 국왕에 대한 국서의 제정도 공식의례가 아니라, 대마도주를 통해 하위자에게 전달하는 방식을 구사했던 것도 모두 경인통신사행을 조선 국왕이 파견한 복속 사절로 선전할 필요가 있었기 때문이라고 할 수 있다. 그래야만 히데요시로서는 그 다음 단계, 즉 규슈 정벌에 이어서 가라이리체제의 제2단계라고 할 수 있는 전국의 다이묘에 대해 군역 동원의 명분을 확보할 수 있게 되는 것이다.[115]

다시 말해, 1590년 조선 정부의 경인통신사행의 지위가 '例의의 통신사'이든 '朝鮮 關白'이든간에, 히데요시로서는 '복속 사절'이라는 명분을 충족하는 것만이 관심사항이었다고 할 수 있다.[116] 조선 국왕의 입조의 문제는 당시의 관행상으로 얼마든지 그 사절로서 대신할 수 있었기 때문이다. 그렇지만 '복속의 명분'이 충족되지 못한다면, 그것을 성공한 것처럼 위장하는 '眞實 또는 眞意'가 은폐될 필요가 있었다. 왜냐하면, 히데요시정권이 대외정책의 목표인 가라이리를 폐기하지 않은 이상, 조선에 대해 잘못되거나 불충분한 인식에서 비롯된 '조선의 대마도 종속론'을 사실 그대로 공표할 수 있는 여지는 없었다고 할 수 있다. 더욱이 히데요시로서는 1585년 정권이 출범할 때부터 그것을 국내외에 先取的 事實로써 宣傳하고 있었음에랴.

Ⅳ. 地圖를 통해본 征明嚮導論

앞의 두 장을 통해 살펴보았듯이, 임진왜란의 도발에 앞서 히데요시가 대마도주 및 대마도그룹을 통해 조선 정부를 상대로 두 차례에 걸처 입공교섭을 추진하였던 것은 기본적으로 중국대륙의 정복을 대외정책의 목표로

115) 다나카 토시아키, 1999, 앞 논문, 110~111쪽 참조.
116) 윤유숙, 2007, 앞 논문, 357쪽.

삼고, 그 침략루트의 중간 교두보에 해당하는 조선에 대해서는 무혈 협상을 통해 복속시키는 전략을 추진하였기 때문이다. 더욱이 협상을 통한 복속을 추진하기 이전에는 국내 통일의 방식이었던 총무사령과 선구의 논리를 그대로 조선에도 적용하여, 대마도주로 하여금 규슈 정벌에 병력을 동원할 것을 교섭하도록 하였다. 그 까닭은 히데요시가 처음부터 조선을 대마도에 복속된 존재로 이해하는 '조선의 대마도 종속론'을 가지고 있었기 때문이다.

히데요시에 의해 제기된 '조선의 대마도 종속론'은 제1차 입공 교섭의 실패와 조선 정부가 통신사 파견의 사전 조건으로 제시한 1587년 손죽도왜변의 조선인 향도였던 '사화동의 압송과 피납민의 송환'이라는 요구를 해결하는 과정에서 잘못된 인식임이 분명히 드러났다. 그러나 히데요시정권이 중국대륙의 정복이라는 대외정책의 목표를 폐기하지 않는 이상, 조·일관계의 현실적 실상을 사실 그대로 공표할 수는 없었다. 그런 측면에서 당시 히데요시의 조선 출병 내지 대륙 정복구상이 얼마나 신념화된 인식이었는지를 살펴볼 수 있는 자료를 발굴하는 일이 긴요하다고 할 수 있다. 이에따라 본고에서는 히데요시의 대외정책의 목표인 대륙 정복을 상징적으로 살펴볼 수 있는 시각 자료에 해당하는 두 종류의 地圖를 소개하고자 한다. 다만, 본고에서는 그 지도들을 히데요시의 조선 침략의 목표였던 '征明嚮導論'의 관점에서 분석하는 시각을 견지하면서 살펴보고자 한다.

잘 아는 바와 같이, 히데요시의 국가구상 내지 국제관계의 구상은 중국 정복을 넘어 인도 정벌까지 포함하는, 지리적으로 동아시아의 범위를 넘어서고 있었다. 따라서 히데요시의 국제관계에 대한 이해를 위해서는 그의 세계관도 분석할 필요가 있다. 그런데 당시 일본 사회에서는 이른바 대항해시대의 전개에 따른 국제교역의 확대와 더불어 예수회 선교사들의 포교활동에 따라 '西歐式 世界地圖' 및 '地球儀'가 '南蠻文化'라는 이름으로 향유되고 있었다.[117] 심지어 1582년에는 예수회 동인도지역 선교의 총책임자로

117) 岡本良知, 앞 책, 86~102쪽.

파견된 신임 순찰사인 알렉산드로 발리냐노(Alessandro Valignano, 1539~1606)의 제안으로 4명의 다이묘 자제들로 구성된 이른바 '天正遣歐使節團'이 로마교황 앞으로 파견되기에 이르렀다.118)

이렇듯 남만풍의 서구문화가 규슈 및 쥬고쿠 그리고 수도인 교토를 중심으로 하나의 유행처럼 향유되고 소비됨에 따라,119) 쇼쿠호(織豊)시기, 즉 노부나가와 히데요시정권기를 거치면서 급기야는 세계를 바라보는 일본인의 시각, 곧 세계관마저 변화되기 시작하였다. 즉, 종래 중세 이래 세계의 구성을 '인도·중국·일본'의 3국으로 보았던 불교식 3국세계관을 대체하여, 새로이 세계를 '서양·중국·일본'의 3국으로 구성된 것으로 보는 세계관이 대두되고 있었다.120) 말하자면, 중세 이래 불교식 3국세계관에서는 세계의 중심으로 이해되었던 '인도'가 탈락하는 대신에 그 자리를 새로이 '서양'이 자리잡았다. 이에따라 천축, 즉 인도는 정복의 대상으로 전락하였고, 중국, 즉 '大明國'의 위상도 南蠻, 즉 서양보다 하위로 상대화·왜소화되었다.121) 이에 바탕하여 때마침 전국시대의 분열상을 잠재울만한 통일권력으로 등장하였던 노부나가와 히데요시정권에 의해 대륙정복의 구상이 대두하였던 것으로 파악된다고 할 수 있다.

대항해시대 이후 서양의 무장상단과 더불어 예수회 선교사들의 진출에 따라 일본에는 '서구식 세계지도' 및 '地球儀'와 같은 종래의 불교식 세계관을 뛰어넘는 지리인식을 보여주는 南蠻風의 정보들이 전래되기 시작하였

118) 김혜경, 앞 논문, 19쪽. 윤재필, 「16세기 예수회의 일본 선교 연구」, 30쪽, 46쪽, 2013, 장로회신학대학 석사논문.

119) 岡本良知, 앞 책, 86~102쪽. 후술하는 천정견구사절단이 가져온 回謝品 중에서 일본의 귀족들이 가장 경탄한 것은 '로마교황이 하사한 洋服'이었다고 한다.

120) 신동규, 「일본의 중세적 世界觀에서 근세적 世界觀으로의 변화와 조선의 전통적 世界觀 변화에 대한 비교 고찰」 『한일관계사연구』35, 2010, 한일관계사학회; 신동규, 「근세 동아시아 속에서 일본의 '국제질서'론 고찰-世界觀 변화와 '일본형 화이질서'론을 중심으로」 『전북사학』35, 2009, 전북사학회.

121) 신동규, 2009, 앞 논문, 210~212쪽; 김명섭·김석원, 앞 논문, 115~116쪽.

다. 이 과정에서 서구식 세계지도는 노부나가가 히데요시에게는 '屛風圖'의 형태로 제공되었는데, 그 진귀성은 천황에게도 제공하지 않는 정도였다.[122] 더불어 포르투칼과 스페인의 해외 식민지 개척 정보라든가 중국의 지리 및 군사력 정보 등이 전해진 것은 물론이다.[123] 다만, 본고에서는 그 '세계지도 병풍도' 중에서 1590년에 귀국한 천정견구사절단이 이듬해 히데요시에게 바친 지도를 중심으로 살펴보고자 한다.

먼저, 천정견구사절단이 귀국 이듬해인 1591년 3월에 교토로 히데요시를 방문하여 무려 8년 5개월간의 걸쳐 수행한 활동을 보고하면서 답례품으로 바친 '서양식 세계지도 병풍도'를 제시해보면, 아래의 [그림 1]과 같다.[124] 아래의 지도는 메르카토르도법에 의해 제작된 지도로서 대서양을 중심으로 동쪽에는 구대륙을, 서쪽에는 신대륙을 배치하고 있다. 즉, 뒷날 중국에 전래된 「坤輿萬國全圖」에서 볼 수 있는 적응주의적 선교론의 양상에 따라 태평양, 즉 중국을 중앙에 배치한 모습과는 달리, 아직은 서유럽 중심의 세계관이 그대로 반영된 지도라고 할 수 있다. 본고에서는 그 가운데 구대륙 부분만을 제시한 것이며, 일본의 지도발달사에 의하면 '南蠻系의 世界地圖'[125]로 분류된다. 기본적으로는 오늘날의 세계지도와 비교해도 별반 손색이 없을 정도로 세계의 지리정보가 망라되어 있음을 확인할 수 있다.

천정견구사절단은 앞서 언급한대로, 예수회 동인도지역 선교의 총책임자로 파견된 순찰사인 알렉산드로 발리냐노의 제안으로 1582년에 4명의 크리스찬 다이묘의 少年 자제들로 구성하여 로마교황 앞으로 파견한 사절단이었다. 당시 소년사절단 파견은 발리냐노가 일본에 부임하여 노부나가를 접견하는 자리에서 제안하여 이루어진 것으로, 예수회 동인도 관구의 수장인 순찰사의 명의로 초청된 정식 외교사절단이었다. 따라서 이들은 1582년 2

122) 김혜경, 앞 논문, 22쪽.
123) 김명섭·김석원, 앞 논문, 111~117쪽; 윤유숙, 2005, 앞 논문, 67쪽.
124) 兒玉幸多 編, 앞 책, 6~7쪽; 이케 쓰스무 編, 앞 책, 15쪽.
125) 海野一隆, 『地圖の文化史-世界と日本-』, 108~115쪽, 1996, 八坂書房.

월 20일에 나가사키를 통해 일본을 출발하여 무려 8년 5개월에 걸친 일정을 수행한 이후, 1590년 7월 21일에 나가사키에 도착할 때까지 로마교황을 비롯하여 유럽 각국의 황제들을 예방하며 환대를 받을 수 있었다. 또한 그들이 포르투갈의 알브레히트 7세(Albrecht VII von Österreich)를 비롯하여, 스페인, 이탈리아의 국왕과 교황 그레고리오 13세(Gregorius XIII), 교황 식스토 5세(Sixtus V) 등과 주고받은 선물도 당대의 최상품에 해당하는 것들로서, 아래의 지도도 그 하나였다.

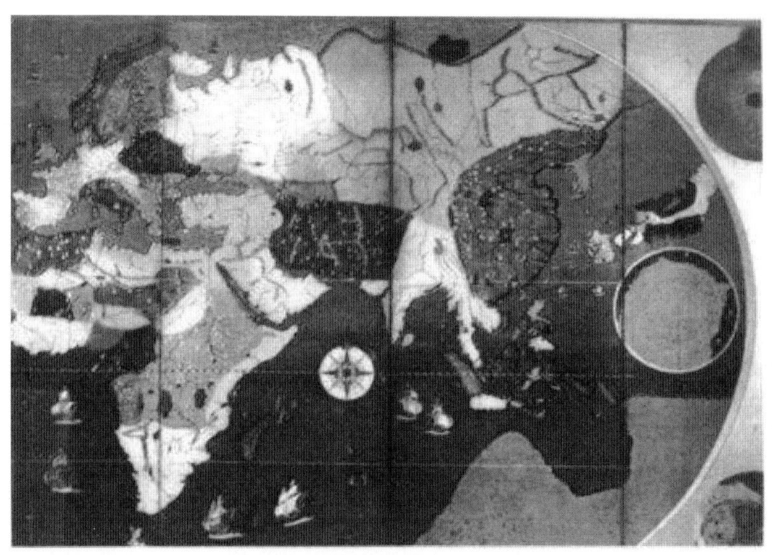

〔그림 1〕 天正遣歐使節團 '세계지도병풍도' 舊대륙지역 부분도

이 소년사절단은 1586년 4월 13일 리스본을 떠나 1590년 7월 21일에 나가사키에 도착했고, 1591년 3월 3일 교토로 히데요시를 방문하여 사절단의 활동 결과를 알리면서 히데요시에게 위의 지도를 바쳤다. 당시는 이미 1588년에 바테렌추방령이 내려진 이후였음에도 불구하고 히데요시는 발리냐노와 함께 소년사절단을 기꺼이 접견하였고, 그 분위기는 음악을 연주하는 등

화기애애했다.[126] 그렇다면 히데요시는 이때 처음으로 서양식 세계지도를 보았던 것일까? 그렇지 않았음은 분명하다고 할 수 있다. 히데요시가 천정견구사절단를 통해 접한 서양식 세계지도는 이미 1582년에 발리냐노가 노부나가를 방문하였을 때에도 제공되었기[127] 때문이다.

그런데 과연 서양식 세계지도를 접했다고 해서 몇 십년도 지나지 않은 기간에 일본인들이 본래 가졌던 세계관까지 변할 수 있었을까? 이와 관련해서는 당대 기록에 해당하는 자료로서 예수회 선교사였던 로드리게스 저술인 『일본교회사』의 기술을 통해 불교식 3국세계관이 변화하고 있던 사정을 살펴볼 수 있다.

> 일본인도 중국인도 옛날에는 세 나라에 대한 지식밖에 가지고 있지 못했다. 그리고 그 속에 지구의 전 지역을 포함시키고 남은 지역은 모두 사방에서 이 지역을 둘러싸고 있는 바다라고 생각하고 있었다. 일본인들은 이들 세 나라를 '산코쿠(三國)'라고 부르고 있다. 즉, 이들 세 개의 나라를 의미하며, 그것이 마치 사람들이 살고 있는 전 세계인 것처럼 말하고 있다. 이 3국은 일본, 중국 및 갠지즈강 내외의 인도로, 일본인은 이 나라를 '니혼(일본), 타이토(大唐), 텐지쿠(天竺)'라고 부른다. 즉, 일본, 중국〔이 중국에는 여기에 종속하는 코레이(Coray, 조선을 의미함)와 타르타리아(=여진)를 포함한다〕, 갠지스강 내외의 인도이다.[128]

즉, 위의 기록을 통해 알 수 있듯이, 중세 일본인들의 일반적으로 천축, 大唐, 일본, 다시 말해 인도, 중국, 일본의 3국으로 세계의 구성을 이해하고 있었다. 그것은 『天竺國圖』 또는 『五天竺圖』라고 부른 불교적 세계관에 의거한 세계지도의 산물이었다. 그 지도의 모습은 '역마름모꼴의 부채모양'

126) 김혜경, 앞 논문, 23쪽; 김명섭·김석원, 앞 논문, 114쪽.
127) 김혜경, 위 논문, 21쪽.
128) ジョンアン ロドリーゲス(Joo Rodriguez), 『日本教會史』下(大航海時代叢書Ⅹ), 185쪽, 1970, 岩波書店.

과 같은 형태로서 전체 구성에서 1/3정도의 하단부는 오늘날 인도에 해당하는 5천축국의 영역이고, 중국과 일본은 오른쪽 상부에 하나의 지역으로서 도식되고 있을 뿐이다.[129] 심지어 일본과 조선의 경우는 불교가 한반도를 통해 전래된 사정을 반영하여 동북쪽의 위치를 공유하여 경우에 따라 탈락하기도 한다.[130] 그런데 이렇듯 불교의 발상지인 인도를 중심으로 하는 관념적 세계관을 반영한 세계인식이 '옛날의 일로 회상'되고 있었던 것이다.

그런데 아무리 지리정보가 잘 유통되지 않았던 사정을 고려하더라도, 세계의 구성을 천축, 진단, 일본의 세 나라로 이루어져 있다고 하는 이해를 어떻게 받아들여야 하는 것일까? 더욱이 『천축국도』 내지 『오천축도』를 살펴보면, 세계의 지리공간이 결코 세 나라만으로 구성되고 있었던 것은 아님은 물론이다. 거기에는 인도에 해당하는 5천축국 외에도 중국·일본을 비롯하여, 高麗·契丹·胡國·安息國 등 다수의 국가 명칭이 등장한다. 따라서 그 실상은 노부나가가 "인간이 태어나는 곳으로 세 나라 외에는 의심스럽다"[131]라고 한 말에서 알 수 있듯이, 중세의 일본인들이 자신들을 포함하여 우월적 세계관에 입각하여 동등하게 인식한 나라는 위의 세 나라였다는 의미로 받아들일 수 있을 듯하다.

이렇듯 중세 무가정권시기의 불교식 3국세계관에 의거하면 세계의 공간구성을 1/3이상 차지하고 있던 인도가 위의 [그림 1]에서는 상당히 작은 공간을 차지하는 것으로 왜소화되었음을 볼 수 있다. 오히려 세계의 1/3을 차지하기는 커녕, 일본의 1/3에도 못미치는 듯한 모습이다. 중국의 경우는 면적의 측면에서도 상대적으로 축소되어 보이지만, 종래 '해지는 나라의 天子國'[132]로서 西方의 끝까지 이르는 것으로 인식되었던 반면에, 그 위로 더

---

129) 권정, 「古地圖에 나타나는 일본인의 세계관」『일본문화학보』13, 2002, 한국일본문화학회; 배관문, 「'신국 일본'의 이미지 변천사-중세 일본의 중세적 국토 표상과 관련하여-」『동아시아문화연구』53, 2013, 한양대 동아시아문화연구소.

130) 권정, 앞 논문, 59~61쪽.

131) 『信長公記』권13, 「無邊の事」, 奥野高廣 校註, 1996, 角川文庫.

광활한 대륙이 펼쳐져 있다는 사실이 더 충격적이지 않았을까 추측된다. 반면에 일본은 동북쪽 바다 한 가운데에 당당한 모습으로 압도적인 공간으로 도식되고 있음을 볼 수 있다. 마치 쇼쿠호(織豊)시기 이전의 세계가 '해지는 나라의 천자'가 중심이 되었던 천하라면, 이제는 '해뜨는 나라의 良將[133]'이 그 지위를 대신하여야 하는 시대가 도래했음을 웅변하는 듯한 모습이라고 할만한 듯하다.

히데요시정권은 중국 정복이 가능하다는 실질적인 비교우위의 측면, 즉 군사적으로 중국을 능가할 수 있다는 논리로써 일본이 '무력이 강한 나라(弓箭きぴしき國)'인 반면에 중국은 '나가소데국(大明之長柚國)', 즉 '장삼을 입고 있는 문관 중심의 나라'로서 유약하기가 '처녀와 같은 나라(如處女大明國)'라는 표현을 구사하고 있었다. 따라서 명나라를 정복하는 것은 '산으로 계란을 누르듯 간단한 것'[134]이라고도 하였다. 이러한 武威, 즉 군사력에 대한 자신감도 위의 [그림 1]의 서구식 세계지도에서 볼 수 있듯이, 인도·중국이 상대적으로 축소된 지리공간을 차지하고 있는 모습으로부터 見取된 측면이 다분하다고 한다면, 서구식 세계지도의 전래에 따른 세계관의 변화도 상정하여 볼 수 있을 듯하다. 또한 그 과정에는 불교적 세계지도인 『천축국도』·『오천축도』의 평면적 세계 이해와는 달리 球體說에 입각한 공간 세계를 보여주었던 '地球儀'에 대한 경험[135]이 보다 충격으로 다가왔을 것으로 생각된다.

그렇다면 이제 히데요시정권의 조선을 포함한 대륙정복 구상을 상징적으

132) 권정, 앞 논문, 55쪽.

133) 박수철, 앞 책, 428쪽 참조.

134) 荒野泰典, 「日本型華夷秩序の形成」『日本の社會史1-列島內外の交通と國家』, 1987, 岩波書店; 高橋公明, 「十六世紀の朝鮮·對馬·東アジア海域」『幕藩制國家と異域·異國』, 1989, 校倉書房; 윤유숙, 2005, 앞 논문, 76~77쪽.

135) 기록상으로는 노부나가는 1580년, 히데요시는 1592년에 지구의를 증정받았다고 한다(海野一隆, 앞 책, 128쪽).

로 반영하고 있는 지도로 평가되어온 '삼국선면지도' 또는 '삼국부채면지도'에 대해 살펴보기로 하자. 특히, 앞서 언급했듯이, 이 지도는 '히데요시가 평소에 지녔던 것(秀吉所持の三國地圖扇面)'으로 전해오면서 일찍부터 관심대상이 될 수박에 없었던 자료이다. 그러면 우선 해당 지도를 제시해보면, 다음의 [그림 2]와 같다.136)

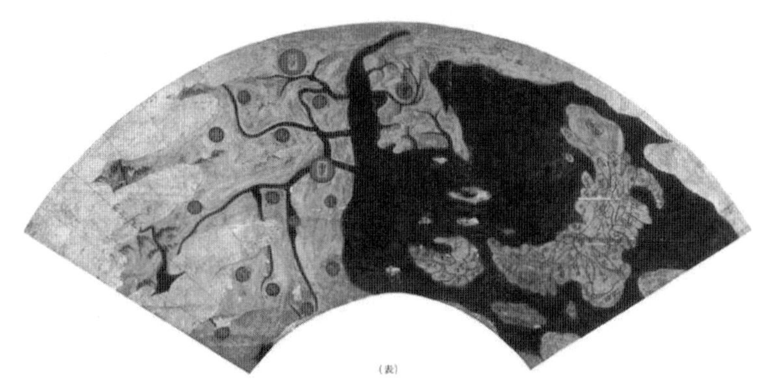

〔그림 2〕 삼국선면지도

위 지도는 누가 보더라도 우선 전체적인 인상에서 히데요시의 대륙정복 구상을 매우 강렬하게 그려낸 지도라고 보는데 이의가 없을 만한 시각적 효과를 보여주는 자료라고 할 수 있다.137) 중국과 조선의 형상과 비교할 때 상대적인 크기라던가138) 살아 움직이듯 패기만만하게 자세를 취한 듯한 일본지도의 형상에서, 마치 히데요시의 대륙 정복의 야망이 그대로 느껴지는

136) 兒玉幸多 編, 앞 책, 48~49쪽; 이케 쓰스무 편, 앞 책, 화보 8쪽, 「三國地圖扇面」; 구로시마 사토루, 앞 책, 7쪽; 岡本良知, 앞 책, 117~131쪽, 「豊臣秀吉の扇面圖(제5장 제1절)」.

137) 이케 쓰스무 편, 앞 책, 화보 8쪽, 「三國地圖扇面」, "…(前略) 秀吉の「征明」構想の青寫眞のようにも見えてくる".

138) 岡本良知, 앞 책, 211쪽.

듯하다고 할 만하다. 전체적인 구성에서는 지도의 왼쪽 반은 중국 대륙을, 오른쪽 반은 조선과 일본을 도식하고 있다. 특히, 일본 지도의 형상은 금방이라도 조선 반도를 뒤쫓아 잡을듯이, 목표물을 향해 살아 움직이듯 패기만만한 자세로 도식되고 있다는 데에 누구라도 동의할 수 있을 듯하다.

앞서 살펴보았듯이, 히데요시정권은 그 출범과 더불어 중국 대륙의 정복을 대외정책의 목표로 선언하면서, 그 침략루트상의 교두보에 해당하는 조선에 대해서는 대마도주를 내세워 장차 전개될 중국 원정의 嚮導役을 담당할 것, 즉 '征明嚮導'를 교섭하도록 하였다. 그런 측면에서 보자면, 위 [그림 2]의 지도는 히데요시의 征明構想과 征明嚮導 요구를 그대로 반영하고 있다고 하는 데에 손색이 없는 구성을 보여주고 있다고 할 수 있다. 우선 이 지도는 한·중·일 3국만을 도식 대상으로 삼고 있는데, 당시에 일반적으로 조선을 중국에 복속된 존재로 인식[139]하고 있었다는 점에서 히데요시의 '征明構想'을 묘사한 지도라고 할 수 있을 것이다. 게다가 조선과 비교해서 규슈·일기도·대마도 등 조선으로 출병하는 루트가 보다 뚜렷하고 규모있게 도식되고 있기도 하다는 점에서 '征明嚮導'를 연상하기에도 무리가 없다고 할 수 있다. 다른 한편 조선의 동북쪽에서 일본의 동북쪽 방향으로 연장된 대륙이 '에조(えぞ)'라는 점에서,[140] 그야말로 일본이 대륙 정복의 과정에서 복속 대상으로 삼은 周邊 異域을 망라하여 도식화한 자료라고도 할 수 있지 않을까 생각된다.

한편, 위 지도에서 주목해야 할 형상 중의 하나는 일본 열도의 모습으로 오늘날의 일본지도와 별반 다름없이 동북쪽이 위로 꺾여 올라가는 형태를 취하고 있는 점이다. 왜냐하면 종래 불교세계관에 따른 중세 이래의 일본지도인 '「行基圖」 또는 「行基式 日本圖」'에서는 실제 모습과는 상관없이 불교의 大日如來를 상징하는 세 가지 法具 중의 하나인 '獨鈷杵 또는 金剛

139) 위와 같음.
140) 위와 같음.

杵'를 약식화한 형태로서 '一字形'으로 일본 열도를 도식하고 있기 때문이다.[141] 따라서 일본 열도의 모습이 오늘날과 같이 동북쪽이 위로 꺾여 올라가는 형상은 새로운 현상, 즉 서구식 일본지도와 그 제작법의 영향을 받아서 새롭게 제작된 지도라고 할 수 있다는 사실이다.[142] 다시 말해, 이렇듯 당시 일본 사회는 쇼쿠호(織豊)시기를 거치면서 남만문화, 즉 서구문화의 영향으로 새로운 자기 인식과 세계관을 형성하고 있었던 것이다.

끝으로, 위 [그림 2]의 지도와 관련하여 무엇보다도 우선되는 관심사항의 하나는 그 제작 시점이라고 할 수 있을 듯하다. 그런데 위 지도는 1593년 6월에 히데요시가 히젠나고야성에서 최초로 일본에 파견된 중국사절인 謝用梓·徐一貫을 접견할 때 그들에게도 제공되었다고 한다. 당시 히데요시는 1593년 4월 이후 전황이 停滯되고 있던 사정을 미처 모른 채, 이들을 정식 사절로 誤認하고 환대하였다. 따라서 위 지도는 그 이전부터 제작되었음이 분명하다고 할 수 있으며, 이미 히젠나고야성에서 귀족들 사이에 공유되었다고 한다. 심지어 그 뒷면에는 중국어와 일본어를 對譯한 간단한 會話用語가 히라가나(平仮名)으로 쓰여 있기도 하다.[143] 요컨대, 히데요시는 센고쿠(戰國)시대의 와중에서 평민에서 출발하여 통일 일본의 盟主에 올랐던 탓으로 일부 무지와 오만의 소산으로[144] '조선의 대마도 종속론'과 같은 오류를 보이기도 하였지만, 그의 征明構想에 걸맞게 충실히 관련 정보를 수집하고 재가공하고 있었던 것도 사실이라고 할 수 있다.

---

141) 배관문, 앞 논문, 47~50쪽; 권정, 앞 논문, 488쪽.
142) 海野一隆, 앞 책, 116~120쪽, 「新型日本圖の登場」.
143) 岡本良知, 앞 책, 128쪽,
144) 윤유숙, 2005, 앞 논문, 68쪽.

V. 맺음말

이상으로 히데요시의 조선 인식 및 그에 바탕하여 전개된 두 차례의 입공교섭에 주목하여 임진왜란을 보다 실체적이고 역동적으로 분석하여 보고자 하였다. 또한 히데요시가 중국 정복을 넘어 인도 복속까지 표방하고 있었다는 점에서 그 세계관 내지 국제관계 인식에도 주목하였다. 그리고 세계관 내지 국제관계 인식은 지도 제작과 연계되기 마련이라는 점에서 히데요시 주변의 지도 자료의 발굴에도 유의하여 보았다. 그 분석 내용을 정리해 보면, 다음과 같다.

첫째, 임진왜란과 연관된 히데요시의 조선에 대한 기본 인식은 종래 일본 내부적으로 조선을 일본의 조공국으로 취급하던 논리를 넘어서, 일본의 일개 지방세력인 대마도에 종속된 존재로 설정하는 '조선의 대마도 종속론'이 전개되었다. 다만, 그 인식은 실제로는 도리어 조선에 복속되어 있던 대마도와의 관계를 의식적으로 逆轉시켜 이해하였던 것이라기 보다는, 대외정책의 목표를 '가라이리(唐入り)'로 설정하고 국내 통일을 일종의 분쟁조정령인 惣無事令과 일종의 以夷制夷論에 해당하는 先驅의 방식을 통해 추진해갔던 논리를 그대로 조선에도 적용하였던 데서 비롯되었다. 총무사령과 선구의 논리에 의한 국내 통일은 기본적으로 무사정권의 구성원리인 봉건적 주종관계를 재편성 하는 방식으로 해당지역을 통합하는 바탕 위에서, 중층적으로 중앙의 통일권력을 구축하는 논리였다. 이에따라 대마도와 연계되어 있던 조선을 대마도에 종속된 존재로 인식하는 오류가 발생하였다고 할 수 있다.

둘째, 조선과 대마도의 관계를 실상과는 정반대로 인식하였던 상황에서 총무사령과 선구의 논리에 따라 조선 정부를 상대로 입공협상을 맡게된 대마도주 또는 대마도그룹은 두 차례에 걸쳐 '통신사 파견'이라는 기만책을 통해 문제를 해결하고자 하였다. 대마도주 단독으로 교섭하였던 제1차 교섭의 실패를 사실대로 보고함에 따라, 정사 다치바나 야스히로가 히데요시에 의해 일족이 죽임을 당했다. 이에따라 제2차 교섭은 새로이 고니시 유키나가, 시마이 소시츠 등 사카이와 하카타의 호상세력을 중심세력으로 구성된 대마도그룹이 주도하였다. 그 결과 이들이 조선 정부의 사전 조건이었던 당시 대마도주의 대항세력으로 고토열도의 왜구세력이었던 손죽도왜변의 조선인 향도인 '사화동의 압송과 피납민의 송환'을 충족함으로써 비로소 통신사가 파견되었다. 그러나 뒤늦게 그 사절이 자신의 요구였던 '복속 사절', 즉 입공 사절이 아님을 알게된 히데요시로서도 이미 국내외에 선취적으로 조선의 복속을 선전하고 있었던 까닭에 '진실 또는 진의를 은폐'하지 않을 수 없었다.

끝으로, 히데요시의 해외원정 구상이 중국 대륙을 넘어서 인도 정복까지 표방하고 있었던 까닭에 단순히 과대망상으로 치부하기는 적절치 않다는 측면에서 그 세계관 내지 국제인식 및 관련 지도에 대해 살펴보았다. 그 결과 히데요시의 해외원정 구상은 대항해시대 이후 일본에 전래된 서구식 세계지도와 지구의 등의 영향으로, 종래 중세 무사정권의 인도 중심의 불교식 3국세계관을 벗어나 새로이 서양을 중심으로 하는 쇼쿠호(織豊)시기의 과도적 3국세계관으로 전환되면서, 상대적으로 위상이 축소된 인도와 중국에 대해 무위적 우월의식이 고양됨에 따라 나타난 결과임을 확인하였다. 이 과정에서 히데요시의 조선 침략 내지 대륙 정복 구상을 상징적으로 반영하고 있던 것으로 평가되어온 시각자료로서 '삼국선면지도 또는 삼국부채면지도'를 새롭게 인식하는 성과를 거둘 수 있었다.

이상의 논의를 종합할 때, 히데요시의 조선 침략, 즉 두 차례의 입공교섭과 7년간의 전쟁은 '조선의 대마도 종속론'이라는 분명히 실상과는 정반대되는 인식상의 오류에서 출발함으로써, 처음부터 성공을 기대하기 어려웠다고 할 수 있다. 그렇지만 한 번 설정된 인식에 따라 이후 '진실 또는 진의가 은폐'되는 상호관계가 다시금 지속되었다는 점에서, 새삼 인식 내지 관념의 영향력을 환기해볼 수 있었다. 특히, 조선의 대마도 종속론이 '당대에는 이루어지지 못할 지라도 후대에 이름을 남길 수 있다'고 했던 히데요시의 말처럼, 일본 사회의 경우 시간이 흐르면서 훗날에 하나의 역사적 典據 내지 實體로 작용하는 모습을 확인할 수 있다는 점에서, 관념을 단순히 관념으로만 치부하지 않는 혜안이 필요한 듯하다. 덧붙여, 더이상 히데요시를 우리의 방식대로 자의적으로 인식하는 태도를 이제는 과감히 폐기해야 할 것임을 지적하고 싶다.

〈토론문〉

전호수 「히데요시(秀吉)정권의 조선인식과 入貢交涉」

김문자 | 상명대학교

1. 논문의 의의

본 연구에서는 히데요시가 조선을 침략하기 전, 대마도주를 통해서 '조선국왕의 입공 교섭'을 한 것과 관련하여, 그 바탕을 이루고 있는 히데요시의 조선관 또는 조선 인식을 국내 학계에 알려지지 않은 새로운 지도 자료를 통해 살펴보았다. '당입'의 목적을 '새로운 동아시아 국제질서의 재편'이라고 파악하고 있다.

히데요시의 입공 요구와 관련해서 그가 '조선이 쓰시마의 속국'이라고 한 부분은 향후의 목표를 선취(先取)하기 위한 것이었으며, 히데요시가 이역(異域)·이국(異國) 등 국제 정세에 둔감하지 않았고 지리, 외교 정보에 민감했던 점에 비추어 정치적 군사적 관점에서 선전하면서 새로운 세계질서를 재편성하려 의도에서 위와 같은 주장을 한 것이라는 지적은 의미 있는 견해라 생각합니다.

특히 히데요시 정권기에 실제로 활용된 지도라는 시각적인 자료를 통해서 그의 새로운 세계관을 살펴본 점은 〈圖像 역사학〉〈다양한 역사학〉 접근이라는 측면에서도 흥미롭고 신선한 연구 방법이라 봅니다.

2. 질의 및 논의사항

1) 지도를 통해 본 히데요시의 조선인식은 연구주제의 중요한 부분인데, 인용한 지도에 대한 년도, 소장지 등 구체적인 내용 보완이 필요하다고 봅니다. 예를 들어 [그림 2]의 삼국지도 선면의 경우에는 주 (48)처럼 히데요시가 히젠 나고야성에서 출우(出羽)의 다이묘인 戶澤氏에게 선물로 준 것이라는 설도 있고, 1593년 명사절과의 회견할 때 만들어졌다는 설도 있습니다. 1593년 전후에 만들어진 것이라 추정됩니다. 또한 [그림 4] 천정견구사절단 '세계지도' 병풍도 동아시아 부분이나 [그림 5] 천정견구사절단 '세계지도' 병풍도 전체이 일본에 전래 시기는 1590-1591년으로 파악됩니다만, 위의 지도들을 단순히 히데요시정권시기 세계관의 변화를 알아보기 위한 근거로서 파악한다면 모르겠으나, 전체 논문의 틀인 〈히데요시(秀吉)의 '입공(入貢) 요구'와 조선 인식〉과 연관지어 본다면 전후 시기적으로 맞지 않는 부분이 있습니다. 히데요시의 입공요구는 이미 1587년 전후에 있었지만 지도의 전달시기는 이보다 후에 일어난 일이라 이 부분은 어떻게 설명할 것인지?

2) 대마도주의 입공요구 문제와 히데요시의 천하통일 방식에서 발표자는 '총무사령(惣無事令)을 언급했고, 그 연장선상에서 당입, 즉 대륙정복을 대외정책의 기본과제로 선언하였던 것이다'고 파악하고 있다. 이 부분은 78~90년대까지 히데요시 정권의 기조를 이루는 정책으로 간주되어 일본에서 많은 호응을 받았던 학설이지만 최근에는 히데요시 권력의 강대함을 과도하게 평가한 '총무사령(惣無事令)'은 수정되어야 한다는 것이 중론입니다. 친밀한 관계에 있는 다이묘에게 그 친밀을 연줄로 히데요시에게 복종할 것을 권하고 인질파견, 본인 상경, 영토확정이라는 과정을 통해서 통일정책이 이루어졌음에도 불구하고 이 방식을 임진왜란 직전의 대마도가 자행했던

방식에 그대로 적용하는 것은 문제가 있는 것은 아닌가 합니다.

3) 또한 6쪽 이하부터 히데요시의 천하통일 방식을 서술할 때 사츠마번과 류큐의 예를 들어서 복속, 입공을 요구하는 방법이 동일했다고 설명하고 있습니다. 물론 이런 부분도 있으나 히데요시는 그때 그때마다 정복의 논리가 달라졌습니다. 즉 시마즈씨가 섭관가인 고노에(近衛家)와 친분이 두터울 때는 전황이나 관백의 지위를 이용해서 이들을 제압하였고, 천하통일의 마무리 단계인 호조씨를 제압할 때는 '천명(天命)'의 논리를 이용하면서 이후 동아시아 제국 등에 복속을 요구하는 문서를 보내기도 합니다. 즉 일본의 국내 통일 과정에서는 '천명(天命)'을 근거로 하고 있고, 대륙침공이 있어서는 일륜신화(日輪神話)의 논리를 이용하고 있습니다. 즉 천하통일 과정에서 사용한 자기 정당화의 논리가 상대에 따라 강조하는 내용의 차이가 있는데 발표자는 너무 단순하게 천하통일 방식을 서술하고 있는 것은 아닌가 싶습니다. (호리신, 「동아시아 국제관례로 본 임진왜란」『임진왜란과 동아시아 세계의 변동』 경인문화사, 2009 참조)

4) 노부나가, 히데요시를 비롯해서 중세 일본인들이 가지고 있었던 '삼국세계관(인도 - 중국 - 일본)'은 중국과 인도까지 정복하겠다는 의미보다는 일본보다 더 넓은 세계로의 지향을 의미하는 것으로 보입니다. 따라서 16세기 일본에서는 새로운 지도제작의 붐이 일어나면서 '서양·중국·일본' 3국으로 재구성된 근세적 3국 세계관이 도식적으로 나타난 지도가 출현했다고 해서 이것을 '인도에서 서양으로의 세계관의 전환'한 것이라든가, 새로운 세계질서의 재편이라는 구상에 도전해볼 만한 인식이 보여졌다고 추론한 점은 재고할 필요가 있다고 생각됩니다.

5) 기타

① 1쪽: '임진왜란은 1990년대 이후 한·일 양국의 교류 협력을 중심으로 활발한 연구가 이루어져 그 경과 및 결과, 영향 등에 대해서는 대체적인 합의가 이루어지고 있다고 할 수 있다'는 표현은 무리가 있지 않은지?

② 2쪽: '이를테면, '명청교체(明淸交替)'를 자연스럽게 논의하고 있다면, '일명교체(日明交替)' 또한 의문시 될 까닭이 없다고 할 수 있기 때문이다. 실제로도 일본의 경우 그것을 '화이변태(華夷變態)'로 규정하면서, 환영해 마지 않았던 점을 상기할 필요가 있을 것이다.'는 예시는 무엇을 의미하는 것인지?

③ 3쪽: '임진왜란은 왜 발발했는가? 다시 말해, 히데요시는 왜 조선을 침략하였는가? 그 이유는 일차적으로는 조선이 히데요시의 '정명향도(征明嚮導)' 요구를 거부했기 때문이다.'라는 서술은 전쟁원인이 전적으로 조선이 있는 것으로 오해하기 쉬운 표현이 이라 생각합니다. 보완이 필요합니다.

雨森芳洲의 誠信論

다사카 마사노리 | 선문대학교

Ⅰ. 머리말

아메노모리 호슈(雨森芳洲)는 조선에서 우삼동(雨森東)으로 알려졌으며 현재 한일 우호관계의 상징으로 평가 받고 있는 쓰시마번(對馬藩)의 유신(儒臣)이다. 출생지는 미상이지만 1668년에 교토(京都)에서 의사로 활동한 기요노리(淸納)가 아버지이며, 1755년에 쓰시마(對馬)에서 생을 마감했다. 18살 무렵부터 기노시타 준안(木下順庵)을 스승으로 유학을 공부하는 중에 스승의 추천으로 쓰시마번에 출사(出仕)하게 되었는데 호슈 22세 되던 1689년의 일이다. 당시 조선과의 교역으로 부를 축적한 쓰시마번이 유교 국가였던 조선과 원활한 관계를 유지하기 위해 우수한 유학자를 필요로 해서 호슈를 고용한 셈이다. 조선과 관련한 임무를 맡게 된 것은 1698년에 "조센무키 고요 수케야쿠(朝鮮向御用佐役)"에 임명된 후부터이며, 62세인 1729년에도 부산 왜관에 차왜(差倭)로 파견되어 오랜 기간 직간접적으로 조선과의 일에 관여했다. 본분은 유학자이지만, 실제 조선과의 교섭에 많은 공로가 있어, 특히 1728년에 저술한 『교린제성(交隣提醒)』 54조항 중에 "성신지교(誠信之交)"로 시작되는 마지막 54번 째 조에서 이른바 "성신론(誠信論)"을 주장하여, 조일 우호관계의 기본 철학을 제시하였다며 높이 평가 받고 있다.

성(誠)은 『순자(荀子)』 권제3 제6 비십이자편(非十二子篇)의 "이러한 사

람을 진실한 군자라고 이르는 것이다(夫是之謂誠君子)"의 예로 보는 것처럼 "진실"이라는 뜻이며, 신(信)도 『논어(論語)』 권지1 학이제일(學而第一)의 "벗과 사귀면서 진실하지 않았는가(與朋友交而不信乎)"라고 하는 등, 역시 "진실"이라는 뜻이다. 성신(誠信)도 『예기(禮記)』 제통(祭統) 제25에서 "몸소 성신을 다하는 것이다(身致其誠信)"라는 예로 보는 것처럼 역시 "진실"을 뜻한다. 호슈도 『교린제성』 제54조상에서 "성신이란, 실의(實意)라고 하여 서로 속이지도 싸우지도 않으며, 진실을 바탕으로 사귀는 것을 성신이라고 한다(誠信と申候ハ實意と申事ニて互ニ不レ欺カ不レ争ハ眞實を以交り候を誠信とは申候)"고 저술한다. 유교의 전통적 가치관에 입각한 서술이다. 또 현대적 가치관으로 볼 경우에도 지극히 상식적이며 당연한 또 모범적인 외교 철학으로 널리 공감할 수 있는 주장이다.

호슈의 성신론이 주목을 받은 초기에는, 전 근대의 일본에서 그것도 변방의 작고 작은 쓰시마번의 한 유학자가 "진실을 가지고서 이웃 나라와 사귀어야 한다"는 주장을 한 것이 놀라움으로 받아들여졌다면[1)], 그 후에는 진정성을 검정하는 차원에서의 검토가 이루어졌고, 호슈의 진의를 밝혀내

1) 信原修(1990), 「雨森芳洲と玄德潤 -『誠信堂記』をめぐって-」, 『總合文化研究所紀要』 제7권, 3~18쪽. "당시의 외교 기조의 논제였던 "성신"의 정신은 호슈와 현덕연이라는 두 사람의 국경을 넘은 교류 속에서 현실화되며 양육되어, 두 사람이 던진 수면에 이는 파문은 시간과 장소를 초월하여 확대되어 갔다. 이러한 한일 양국의 쉽지 않은 역사의 현실을 초월하여 맺어진 두 사람의 아름다운 우정은 오늘날에도 우리의 심금을 울리지 않을 수 없다.(15쪽)" 또한 上垣外憲一는 『雨森芳洲 元祿享保の國際人』, 中央新書, 1993, 5쪽에서 "한국과의 평등하고 대등한 관계를 전제로, 힘으로 상대를 굴복시켜서 조공을 강요하는 외교를 배제했다. 상호 주권을 존중하여 평등을 원칙으로 하는 근대적 국제관계의 기본을 제시했다고" 논했다. 米谷均(1993), 「雨森芳洲の對朝鮮外交 -「誠信之交」の理念と實態-」, 『朝鮮學報』148, 朝鮮學會, 1~32쪽. "「誠信之交」는 상대에게 무위(武威)로 강요하는 것이 아니라 양쪽의 합의를 전제로 한다. 그 기준은 전례(前例)이며, 국가 간의 약조였다. 그런 틀 안에서 쓰시마번의 이익이 되도록 하는 것이 호슈가 이상(理想)으로 여긴 이른바 「誠信之交」였다.(24~25쪽)"고 했다.

려는 노력들이 이어져 왔다.[2)] 호슈의 "성신론"은 지극히 이상적이며 상식적인 주장이지만, 현실과 이상 사이에 넓고 깊은 괴리가 있는 것이 외교임으로, 호슈의 진의에 의구심을 가지고 들여다 볼 수밖에 없는 것도 사실이다.

호슈의 "성신론"을 논할 때, 호슈의 여러 저작을 분석하는 식으로 이루어지는 것이 보통이다. 그러나 그 중심은 역시 『교린제성』이다. 본고도 결국은 『교린제성』의 특히 54조의 이해를 충실히 하려는 것을 목적으로 삼으려고 한다. 그런대 『교린제성』은 번주 소 요시노부(宗義誠)에게 제출한 문서이다. 따라서 쓰시마번의 대조선(對朝鮮) 외교정책을 피력한 것이라는 문서의 성격에 제한을 받는다. 호슈가 주장한 "성신"은 지극히 단순하다. 『순자』 및 『육도』에서 제시한 바와 같이, "진실"이자 "실의"이자 상대를 속이지 않는 것이다. 그런데 "성신론"은 "성신"을 기본 원칙으로 한 대조선 외교정책 혹은 외교사상이라고 규정한다면, 역시 『교린제성』의 마지막 54조에 나타난 내용을 뜻하는 것으로 보고, 본고를 구상했다.

기존에 많은 선학들이 거론해 온 호슈의 성신론을 2020년에 다시 논하는 의미를 되새기는 의미에서 본고는, 도대체 "성신"을 조선과 일본에서 어떤 뜻으로 인식했는지를 분명히 하는 것을 시작으로, 호슈의 "성신론"의 바탕이 된 것으로 생각되는 호슈의 조선관이 어떻게 형성되었는지를 밝히려고

---

2) 田代和生(2014), 東洋文庫852『交隣提醒』「解說『交隣提醒』が語る近世日朝交流の實態」, 平凡社, 307~389쪽. "호슈가 주장한 "성신"이란, 조일 간의 실태를 우선 이해하는 것에 있다고 한다. 조일 외교 및 무역 현장의 상황을 파악하여 시대의 풍조를 읽고 분석하며, 최선의 방책을 찾는 것이 중요하다는 것이다. (중략) "성신지교"란, 표면적인 우호관계가 아니라, 실의(實意)를 암으로써 서로의 차이를 이해하고 존중한다면 저절로 형성되는 관계라고 할 수 있다.(389쪽)"고 논한다. 같은 평가를 하는 국내 논문에 김준형(2017), 『酉年工夫』의 형성과 한국어 문화 교육 교재, 『인문사회과학연구』제18권 제3호, 부경대학교 인문사회과학연구소, 1~27쪽. 가 있다. "성신"이 아니지만, "교린"이라는 말이 우호적인 인상을 줌으로써 조선이 일본과 "교린"관계를 맺은 시대는 일본과 우호적인 관계만을 가지고 있던 것처럼 인식하는 것에 경종을 울리는 견해를 일찍이 손승철(1993), 「朝鮮時代 交隣體制의 분석과 그 문제점」, 『한일관계사연구』1, 한일관계사학회, 188~200쪽이 제기했다.

한다. 그래야 『교린제성』의 54조를 다시 읽고, 그 의미를 확인할 수 있을 것으로 보는 것이다.

Ⅱ. 조선의 "성신"과 일본의 "성신"

양자 간에서 다툼이 발생하는 것은 사소한 오해가 원인인 경우가 많다. 특히 한자문화권에서 같은 한자를 사용하면서도 국가별로 미묘하게 존재하는 뜻의 차이로 인해 오해가 생기고 다툼으로 이어질 경우가 있을 수 있다고 본다. 일본과의 관계를 기록한 조선의 기록물 - 『통문관지』 제5권과 제6권, 『변례집요』, 『동문휘고』, 『증정교린지』, 각종 등록류 및 일본사행록류 등 - 과 일본 쓰시마번의 방대한 『종가문서』에서 "성신"이란 말이 자주 등장한다. 난해하지도 않는 단어이지만, 무엇을 가지고 "성신"의 기준으로 삼았는지 따져볼 필요가 있다. 따라서 여기서는 조선과 일본에서 기록한 "성신"의 예를 알아보기로 한다.

1) 조선의 "성신"

조선은 오랜 역사를 통해, 늘 중원과의 관계가 국가의 흥망에 큰 영향을 끼쳐 왔다. 조선은 동아시아 지역의 특징인 책봉관계에 가장 신경을 써야 했었다. 한반도는 오래 전부터 중원 또는 북방의 정권에 사대(事大)하는 외교정책을 펴고 왔다. 또한 동시에 중원의 정권과 조공 책봉관계를 맺은 나라 혹은 민족과는 교린관계를 맺고 성신을 교린관계의 지침으로 삼았다.

기록상 확인할 수 있는 오래된 기술은 『삼국사기』에 있는, 신라 제19대 눌지왕의 동생을 왜와 고구려에서 구한 박제상에 관한 기술이다. 박제상이 고구려 장수왕에게 가서 눌지왕의 바로 아래 동생 복호를 구했는데, 이때 고구려 장수왕에게 박제상이 "제가 듣기에 '이웃 나라와 교제하는 길은 성신뿐(交鄰國之道 誠信而已)"'[3]이라고 호소했다는 기록이다. 박제상이 "교린국지도 성신이이(交鄰國之道 誠信而已)"라는 개념을 알고 있었다. 이에 고구려왕 장수왕도 공감하고 복호를 풀어줬다. 당시 한반도에서는 "교린국지도 성신이이"라는 개념을 공유했었다는 것이다.

신라시대부터 당시의 문신의 명시문(名詩文)을 수록하여 1478년에 편찬된 『동문선』에 김부식이 금 태종에 보낸 서표(誓表)에도 다음과 같이 동일한 표현이 보인다.

> 주관(周官)에 사맹(司盟)을 두어 맹약(盟約)하는 법을 관장(管掌)하게 하였으나, 나라와 나라 사이의 화협(和協)되지 못함과 만민(萬民)의 명령을 거역한 자들을 맹세하게 하여 그 배신을 저주(咀呪)할 뿐이러니, 쇠퇴한 말엽인 춘추(春秋) 때에 이르러는 열국(列國)이 서로 시의(猜疑)하여 반드시 성신만을 지키지 않고 오직 맹세를 앞세웠으므로 시인(詩人)은 그 자주 맹세함을 기롱하였고, 공자는 서명(胥命) 을 옳다 하였나이다.[4]

1126(인종 4)년에 고려가 금에 칭신상표(稱臣上表)를 올림으로써 고려는 금과 사실상 책봉조공관계를 맺은 후, 1128년에 금이 고려에 번속국(藩屬國)으로 서표(誓表)를 올리도록 요구했다. 위 글은 금의 요구에 따라 다음해에 고려가 금에 올린 서표이며 김부식이 지은 것이다. 주(周)의 통치제도가 그 유래인 책봉제도를 이야기하면서 춘추시대에는 "열국이 서로 시의하여 성신을 지키지 않았다(列國交相猜疑 不能必於誠信)"라고 했다. 이웃 나라끼리 서로 시기하고 의심하여 성신의 관계를 실천하지 않았다는 것을 이야기한 것이다. 이 서표는 『고려사절요』 권9, 1129(인종 7)년 11월조에도 기재되어 있다.[5] 조선에서는 교린이 바로 성신이라는 것은, 『동문선』에도

3) 김부식 찬 坪井九馬三 등 교정, 『삼국사기 권7』, 吉川弘文館, 1913,72쪽.
4) 『동문선』 제39권, (한국고전종합DB http://db.itkc.or.kr/dir/item?itemId=BT#/dir/node?dataId=ITKC_BT_1365A_0390_010_0190, 검색일 2020.08.05.)

실려 있어 과거를 응시하여 급제한 문신들에게는 당연히 알고 있는 상식과 같다고 할 수 있다. 인종이 훙거(薨去)한 후에 사신(史臣) 김신부(金莘夫)가 "대개 천성(天性)이 자애롭기만 하여 우유부단하였"다며, 또 "놀이와 잔치를 좋아하지 않았고 환관[宦豎]을 줄였으며 공손하고 검소함으로 몸을 삼갔고 성실과 신의로 이웃나라와 우호를 유지한[交隣] 것은 비록 옛 제왕(帝王)이라 할지라도 어찌 이보다 더하겠는가."[6]라고 인종을 평(評)했다. 여기서 선왕(先王)들 중의 누구보다 "성실과 신의로 이웃나라와 우호를 유지(誠信以交隣)"했다고 칭찬한 듯 기록되어 있는데, 한때 여진족으로부터 조공을 받았던 고려가 그들이 세운 금나라에 번신임을 자칭하는 굴욕적인 사대관계를 맺은 것을 비난하는 말로 들리는 것이 아쉽다.

조선도 "성신이교린"의 전통을 계승했다. 이에쓰나(家綱) 관백직 취임을 축하하는 을미 신사(信使)가 파견된 전년인 1654(효종 5)년 12월에 효종이 "두 나라가 이미 화호(和好)하고 있으니, 성신의 뜻으로 말을 만들어 도주(島主)를 잘 타이르면 (도주도) 허락하지 않을 이치가 없다."[7]고 발언한 기

5) 『고려절요』 권9, 인종 7년 11월. (국사편찬위원회 한국사데이터베이스 http://db. history.go.kr/KOREA/item/level.do?itemId=kj&types=r#detail-kingYear/kj_009r_0010_0080_0120_0010/17/1129/11, 검색일 2020.0805)

6) 『고려사절요』 권10, 인종 24(1149)년 2월, "왕이 유조를 남기고 사망하다", (국사편찬위원회 한국데이터베이스 http://db.history.go.kr/KOREA/search/searchResult.do? sort=levelId&dir=ASC&start=-1&limit=20&page=1&pre_page=1&codeIds=PERIOD-0-3&synonym=off&chinessChar=on&searchTermImages=%E9%87%91%E8%8E%98%E5%A4%AB&searchKeywordType=BI&searchKeywordMethod=EQ&searchKeyword=%E9%87%91%E8%8E%98%E5%A4%AB&searchKeywordConjunction=AND#searchDetail/kj/kj_010_0010_0150_0020_0060/1/0/1/o, 검색인 2020.08.05)

7) 『국역비변사등록』 17책, 효종 5년 12월, "通信使의 행차에 대해 承文院에서 執政에게 보낼 國書를 짓도록 아뢰는 禮曹의 啓", (국사편찬위원회 한국데이터베이스 http://db.history.go.kr/item/level.do?sort=levelId&dir=ASC&start=1&limit=20&page=1&pre_page=1&setId=-1&prevPage=0&prevLimit=&itemId=bb&types=r&synonym=off&chinessChar=on&brokerPagingInfo=&levelId=bb_017r_001_12_0160&position=-1, 검색일 2020.08.06.)

록이 있다. 효종이 청이 중원에서 세력을 확장하는 위협 속에서 일본과 성신으로 교류한다는 것을 밝히고 있으며, 이는 조선말까지 이어진다.

이러한 조선 조정의 "성신이교린"의 정신은 실제 통신사에 참여한 왜학 역관들이 일본과의 성신을 판단의 기준으로 삼았던 기록이 회답겸쇄환사(回答兼刷還使)의 부사로 1624(인조 2)년에 에도를 찾은 강홍중이 그의 『동사록』에 기록했다. 12월 19일에 삼사(三使)가 국서를 전달하여 24일에 귀국길에 올라 다음 해 1월 2일에 오이천(大井川)를 건너 5일 요시다(吉田)를 떠난 날에 기록이다. 이날 강홍중이 11월 17일에 부산 훈도 최의길이 보낸 여러 집의 평서(平書)를 받아, 50일도 되지 않은데 6천 리를 유실도 없이 전달 받은 것에, "왜인도 또한 성실하고 믿음이 있었다(倭人亦誠信哉)"[8]라고 의외로 생각하면서도 칭찬한 기록이 있다. 강홍중이 일본과의 교류에서 성신을 기준으로 일본인들의 행동을 평가하고 있는 모습을 볼 수 있다.

조선은 일본과 달리 육지를 통해 북방 및 중원의 직접적인 영향을 받아왔다. 그 세력이 나라에 큰 위협이 될 경우가 많았다. 게다가 남방 바다에서 해안을 위협한 왜구의 피해도 컸다. 그래서 조선은 교린과 성진으로 교류할 것을 가장 중요시해 왔다. 또한 "성신이교린"은 중국을 중심으로 한 동아시아 국제관계의 핵심 요소이기도 했다. 히데요시(秀吉) 다음 시대를 연 에도 막부(江戶幕府)가 화호(和好)를 바라며 조선에 수교를 요청한 이상 조선은 성신을 교린의 원칙으로 삼았으며 일본에도 이를 요구한 것은 자연스럽고 당연한 일이었다.[9]

조선은 삼국시대 때에 이미 이웃 나라와의 관계를 "성신이교린"의 이념

---

8) 강홍중, 「동사록」, 『해행총재』, 을축년 1월 5일조, (한국고전종합DB, http://db.itkc.or.kr/dir/item?itemId=BT#/dir/node?dataId=ITKC_BT_1384A_0030_010_0050, 검색일 2020.0807)

9) 조선 후기의 일본에 대한 조선의 외교에 관해서는, "대체로 조선은 여진족에 대해서는 '羈縻的 交隣'을 조선 후기의 일본에는 '積極的 交隣'을 전개하고 있지 않았는가 여겨진다."라고 민덕기(1998, 「조선시대 交隣의 理念과 국제 사회의 交隣」, 『민족문화』21, 한국고전번역원, 54쪽)는 평가했다.

을 원칙으로 삼은 역사를 가지고 있었다. 조선은 유교를 국가 이념으로 삼으면서, 민덕기(1998)가 1463(세조 9)년에 세조가 일본국왕사에 "교린하는 데에 어찌 재물로써 할 수 있겠는가?"라고 한 것을 인용하면서 "조선의 교린 외교는 신의·도리·의리·예의라는 유교적 가치 기준을 가지고 예(禮)에 합당한 사절 왕래를 희망했으며, 재화나 무역 이윤을 추구하는 외교는 배척했다고 할 수 있다."고 지적하고,[10] 조선 후기의 일본에 대한 조선의 외교는, "대체로 조선은 여진족에 대해서는 '羈縻的 交隣'을 조선 후기의 일본에는 '積極的 交隣'을 전개하고 있지 않았는가 여겨진다."[11]라고 논한 바와 같이 이루어진 배경에는 "성신이교린"의 오래된 전통이 있었기 때문이다.

2) 일본의 "성신"

성신이 진실을 뜻한다고 한 『예기』가 일본에서 향수(享受)된 것이 후지와라노 다다히라(藤原忠平)의 『데이신코키(貞信公記)』라는 일기에 기록되어 있다. 938(고려 태조 21)년의 기사이다.[12] 중국의 대표적 병법서(兵法書)이자 무경칠서(武經七書)의 하나인 『육도(六韜)』에도 "성신"을 논하고 있다. 『육도』「상현(上賢) 제9」에, 주나라 문왕이 태공망여상(太公望 呂尙)에게 '왕은 어떤 사람을 등용하고 어떤 사람을 버려야 하는지' 묻자, 여상이 답하기를 '성신의 사람을 등용하고 속이는 사람을 버려야 한다.'고 했다는 기술이 있다. 『육도』는 930년 무렵에 오에노 고레토키(大江維時)가 당나라에 유학하고 가지고 돌아왔고, 다이카 개신(大化の改新)을 이끌어간 나카토미노 가마타리(中臣鎌足)가 암기할 정도로 숙독했다는 이야기도 전해오

---

10) 민덕기(1998), 32~33쪽.

11) 민덕기(1998), 54쪽.

12) 東京大學史料編纂所編, 『大日本古記錄』 第8卷, 동경;岩波書店, 1956, 178쪽. 938년 11월 5일조에 기밀문서 보관을 담당한 일왕 직속 기관인 그로도도코로(藏人所)에서 읽혔다.

고 있다.[13)]

이와 같이 『예기』 및 『육도』를 통해 "성신"의 뜻은 일본에서도 인식된 것으로 판단된다. 하지만 그 용도는 관리(官吏)가 임무를 수행하거나 치세(治世)를 말할 때 사용되었으나, 이른 시기의 외교자료에는 "성신"이 거론하는 경우가 많지 않다. 일본 최초의 외교사서(外交史書) 『善隣國寶記』에는 "성신"의 표현이 없다. 이 책은 모두 3권으로 이루어져 있으며, 서문에 1466년, 후기에 1470년의 연호가 기재되어 있고, 일부 문서는 1486년에 작성되어 후일에 가필(加筆)된 것으로 알려져 있다.[14)] 상권은 59년에서 1392년까지 주로 승려들의 왕래에 관한 기록이 있으며, 중권에는 1398년부터 1475년까지 명나라 및 조선과의 외교문서가, 하권에는 1433년부터 1486년까지의 외교문서 별폭이 수록되어 있다.

다음으로 일본 근세 초기의 외교기록문서인 『異國日記』는 1608년부터 1655년까지의 기록을 수록하고 있는데, 1629(인조 7)년에 두 번째로 쓰시마번이 조선에 파견한 가하쿠 겐보(規伯玄方)가 한성에서 선위사와 주고받은 서장 중에 "성신"의 기술이 두 군데에 보이지만,[15)] 두 번 모두 선위사가 겐보에게 보낸 서장 중에 보일 뿐, 겐보가 "성신"의 표현을 하는 것은 주고받은 서장에는 없고, 한성의 예빈관에서 이루어지는 필담을 기록한 '예빈관필화(禮賓館筆話)'에서 다음과 같이 사용하고 있다.

> 양국 통교의 길은 성신이 가장 중요하다. 국서가 오갈 때, 귀국에서는 늘 그렇게 주장한다. (중략) 귀국은 매년 임진왜란의 죄를 쓰시마에 돌린다. 이는 하나만 알고 다른 한쪽을 모르는 처사이다. 임진왜란은 히데요시가 폭정의 힘과 범이 먹이를 노리고 아주 사나운 기세로, 싸우면 필승하고, 공격하면 반드시 쟁탈했다. 그러니 생각할 것도 없이, 모두가 신복하지 않는 사람

---

13) 沖森卓也외 번역, 『藤氏家伝』, ちくま學藝文庫, 2019.
14) 田中健夫編, 『善隣國寶記』, 集英社, 1995. 참조.
15) 辻善之助(1933), 「異國日記(二〇)」, 『史苑』 8卷1号, 立教大學史學會, 86~87쪽.

> 은 없었다. 이때에 가령 귀국이 쓰시마에 있다면, 그 명을 거역할 수 있었겠는가. 치란과 흥망은 모두 하늘이 주관한다. (중략) 어찌 옛날의 나쁜 기억을 생각하는가. 이제 일본의 지도자는, 현명함과 덕을 지니며, 문무 모두 갖추고, 예와 낙으로 백성을 다스려, 빛을 발해 나날이 새로워지고 있다. (중략) 엎드려 청하기를 이제부터는, 모든 일에서 망설임과 의심에 빠지지 않고, 성신으로 사귀기를(通交誠信). 옛 선례를 되돌아보면, 귀조와 쓰시마는 견고한 관계에 있다. 이것이야 말로 영구한 복이 커다란 것이다.[16)]

임진왜란, 정유재란으로 단절된 조선과의 관계를 회복하는 것이 쓰시마번의 살 길이며, 마침 새로 들어선 에도막부가 새운 외교정책이기도 했다. 조선과의 우호관계를 회복하기 위해 겐보가 파견되어 한성까지 찾아온 것인데, 조선이 양국 통교에 "성신"이 중요함을 늘 주장한다고 말문을 열어, 히데요시의 폭정에 당시 그 누구도 저항하지 못했고, 만약 조선이 쓰시마번의 입장이었어도 마찬가지였을 것이라고 변명 아닌 변명을 늘어놓는다. 일본이 선린에 "성신"으로 임해야 한다는 외교철학을 갖고 있지 못한 것이 분명해지는 대목이다. 역지사지로 쓰시마번이 히데요시를 따를 수밖에 없던 자신들의 입장을 조선에 헤아리기를 바라는 것은, 쓰시마번이 또한 조선의 입장을 헤아리지 못한 언사이다. 그러면서 조선이 늘 주장하는 "통교성신"까지 일방적으로 요구한 것이다.

이후에도 이른바 야나가와 잇켄(柳川一件)이 수습된 1635(인조 13)년 10월에 쓰시마번이 조선에 보낸 서계(書契)에 '귀국을 왕래하여 사리(私利)를 도모한 야나가와 시게오키(柳川調興)를 축출하고 막부의 지휘 아래 수습이 되어 쓰시마번도 평정을 회복했으니, "성신"으로 수교하자'는 내용이 기록되고 있다.[17)]

이와 같이 일본 - 쓰시마번은 조선과의 수교가 아쉬울 때면 "성신"을 내

---

16) 앞의 책, 87~88쪽. 泉澄一(2002),『對馬藩の研究』, 關西大學出版部, 317~320쪽 참조.
17)「고문서2358」, 국사편찬위원회 소장, 소장문서번호 2358-1.

세우며 조선의 양보 내지 호의를 요구하는 모습을 보여 왔다. 조인희(2018)[18]가 조선의 “성신”은 구례존중을, 쓰시마의 “성신”은 좀 더 가변적 성향을 띠고 있다고 지적하면서, 이 이유를 서로 이익을 추구하기 때문이라고 논하고 있는 바, 본고와 맥락을 같이 하는 부분이다.

Ⅲ. 호슈의 조선관

호슈의 성신론 형성에 그의 조선관이 영향을 끼쳤다는 지적이 가능하다. 그래서 호슈의 조선관이 어떻게 형성되었는지 생각해 보고자 한다.

주지하다시피, 호슈는 “木門十哲” 중의 한 사람이다. 즉 기노시타 준안 문하생이었다. 스승인 준안은 후지와라 세이카(藤原惺窩)의 제자인 마쓰나가 샤크고(松永尺五)에게 사사(師事)했다. 세이카가 중국 및 조선의 유학을 열렬이 동경했던 것은 잘 알려져 있다. 그러한 세이카로부터 이어져 온 조선의 유학을 동경하는 학풍을 계승한 호슈의 조선에 대한 인식도 호의적이었다.

호슈는 1689(숙종 15)년 4월 14일에 스승 준안의 추거(推擧)로 쓰시만번에 출사(出仕)하게 되면서 쓰시마번의 에도번저(江戶藩邸)에서 20명의 녹과 금 10냥을 하사 받았다.[19] 그리고 1693(숙종 19)년에 처음으로 쓰시마에 부임하고, 12월 22일에 녹 200석 및 후츄바바스지(府中馬場筋)에 거주하게 되었다.[20] 호슈의 쓰시마번 출사가 결정되고 1692(숙종 18)년 11월에 나가사키로 가기 위해 에도를 떠나기 전까지 에도에서 지낸 3년 반은 그의 조선

---

18) 조인희(2018), 「18세기 初 朝日間 ‘誠信外交’에 대한 고찰」, 『역사와 실학』66, 역사실학회, 325~353쪽.

19) 「雨森家系」, 芳洲會所藏.

20) 상게사료.

관 형성에 중요한 시기였을 것으로 생각된다. 당시를 회상한 기록이 다음에 인용하는 『交隣提醒』 52조에 있다.

> 도고로[東五郎]가 22살 때 쓰시마번에 채용되어[奉公] 에도에 있을 무렵 같이 근무하던 사람들이 "조선인만큼 아둔한 자는 없다"고 하였다. (조선인 중에는) '탄토진(炭唐人)'이라 하여 (왜관에) 숯을 공급하는 사람들이 있었는데, 만약 숯을 가져오지 않아서 손에 도장을 찍어 주고 내일 가져오도록 분부하면, 다음날에는 반드시 숯을 가져와서 손에 찍힌 도장을 지워 달라고 한다. 사람들이 많기도 하거니와 누구라고 외우고 있지도 않기 때문에, 손에 찍힌 도장을 자기가 씻어서 지워버려도 될 터인데, 반드시 이런 식으로 씻어 달라고 하니 우스운 일이라고 말하고 있었다.
>
> 이에 (그 말을 듣고) 내가 생각해 보건데 (조선인들이) 어리석을 리가 없다. 아마 당시는 왜란 후 (일본의) 무력을 앞세운 위세[餘威]가 강하게 남아 있어서 그러했을 것이라고 생각했다.[21)]

준안에 사사한 호슈가 22살에 쓰시마번 출사가 결정되어 계속해서 에도에서 학문을 이어가고 있었을 때의 일이었다. 같이 근무하는 사람들이 조선인이 아둔하다는 말을 하고 있었는데, 호슈는 이에 동의하지 않았다. 그 이유를 "亂後之餘威" 때문으로 생각했다. 사물을 객관적으로 판단하는 법을 이미 습득한 유학자의 면모를 보여준 기록이다.

호슈가 번유(藩儒)로서 구체적으로 조선과 관련한 임무를 수행하게 된 것은 1698(숙종 24)년 7월 19일에 "朝鮮支配役佐役"에 임명된 후부터였다.[22)]

---

21) 雨森芳洲 저 한일관계사학괴 편, 『譯註 交隣提醒』, 국학자료원, 2001, 67쪽. "東五郎廿二歲之時御奉公ニ被召出江戸ニ罷有候所在勤之面々咄被申候ハ朝鮮人ほと鈍なるもの無之候。炭唐人と申炭を持來候者有之候所若も炭不持來候へハ其手ニ印判いたし明日持來候へといひ付候へハ翌日ハ必炭を持來リ右之印判を除ケくれ候樣ニと申候。大勢之事ニ候へハとれと申覺も無之事ニ而殊ニ其印判を手前ニ而洗落し候而も相濟事ニ候所必ハケ樣いたしおかしき事ニ候と被申候故, 東五郎存候ハ鈍なるニ而ハ有之間敷候, 定而于今亂後之餘威强キ故ニ而可有之候と存居候."

그리고 芳洲가 자신의 조선관을 확립한 것은 1702(숙종 28)년 3월 2일에 도주퇴휴고지차왜(島主退休告知差倭)의 부사(副使)로 약 4개월의 왜관 체류를 계기로 해서이다.[23] 芳洲가 당시를 회상한 기록이 1736(영조 12)년에 작성한 『詞稽古之者仕立記錄』[24]에 있다.

一, 조선어 학습 지도를 위임받았다. 나는 35살에 도주퇴휴고지차왜 부사로 조선을 처음으로 방문했다. 그곳의 모습은 보고 들은 바, 다시 통신사가 내빙할 때에 조선어를 못하면 임무 수행이 어려울 것으로 사려 되어, 귀국 후 바로 조선어에 능숙한 사람에게 조선어를 배웠으며, 이듬해 36살 때에 조선에 2년 체류하면서, 『교린수지』 1책, 『유년공부』 1책, 『을유잡록』 5책, 『상화록』 6책, 『권징고사언해』 3책을 저술하고, 그 외에 『숙향전』, 『이백경전』을 빳겨 썼다. 매일 훈도가 근무하는 곳을 찾아가서 공부하고, 비 오는 날은 수문(守門)에서 근무하는 군관 혹은 통사를 불러서 공부했다. 지금도 잊지 않지만, 아주 더운 날, 훈도가 근무하는 곳에서 돌아와 그날 배운 말 등을 서사(書寫)할 때에 정신을 잃을 뻔했던 적도 있다. 하지만 목숨을 5년 단축하는 각오로 임한다면 못할 것이 없다는 생각으로, 밤낮을 불문하고 부단한 노력을 했다. 그러나 (조선어 학습에 좋은 환경인) 쓰시마 출신자도 아니며 또한 나이도 많아 발음을 정확히 구별할 줄도 모른다. 단어가 아니라, 말이 이어진다면 알아듣기 힘들다. 미숙한 조선어 실력이지만, 그 후에 통신사 호행 때에 6개월의 여정에서 공사(公私) 모두 조

22) 「日乘」, 芳洲會所藏.

23) 泉澄一(1997)도 187쪽에서, 첫 부산 왜관을 다녀온 후 8월 2일에 組頭 寺田市郎兵衛에게 제출한 朝鮮支配役佐役을 면하게 해 달라는 청원서 및 앞에서 인용한 『交隣提醒』 52조를 인용하면서 조선의 실정을 알게 된 당시의 芳洲를, 「この使行がなければ芳洲は平凡な一儒者としてその生涯を終えていたことと思う.」(189쪽)라고 분석하고 있다.

24) 국사편찬위원회 소장, 소장문서번호 5367. 關西大學東西學術研究所「日中文化交流の指摘研究」歷史班編, 雨森芳洲全書三 『芳洲外交關係資料書翰集』, 關西大學出版部, 1982, 281~309쪽).

> 선인과의 소통에 통역자의 조력을 받지 않고 뜻을 통했다. 이번에 여러분을 지도하도록 임무를 받고 왔으나 특별히 지시할 것은 없다. 여러분도 내가 한 것처럼 노력하도록 바란다. 여러분은 나이도 젊고 똑똑한 사람이다. 노력한다면 모두 잘하게 될 것으로 생각한다. 번을 위해 도움이 되도록 노력하기 바란다.[25)]

이 글은 조선어통사 육성을 주제로 한 글이어서 조선어 학습에 초점이 맞춰져 있다. 35세라는 나이는 새로 외국어를 습득하기에는 늦은 나이이다. 처음으로 조선에 가보니 다음 통신사 내빙을 위해 조선어를 못하면 일본의 입장을 대변하는 데 어려움이 있을 것을 절실히 느끼고 귀국 한 호슈는 귀국하자마자 조선어 공부를 시작했고, 다음 해부터 통산 만 2년 동안 부산 왜관에 채류하면서 매일 같이 조선의 왜학역관 등을 상대로 조선어를 익혔다는 경험담을 피력하고 있다. 수명을 5년 단축시키는 각오로 조선어 습득에 매진했다고 했다. 끝으로, 조선어통사가 되려는 후학들에게 격려의 덕담

---

25) 雨森芳洲全書三『芳洲外交關係資料書翰集』, 308쪽. "一朝鮮言葉稽古之仕様, 某ら令指圖候様ニと被仰付候. 某義三十五歳之時, 參判使都船主ニ而朝鮮へ初而罷渡, 彼地之様子令見聞候處, 重而信使有之候節朝鮮詞不存候而者, 御用可難辯候と心付候付, 罷歸候已後早速朝鮮言葉功者之衆中ニ下稽古いたし, 翌三十六歳之時, 朝鮮江罷渡丸年二年令逗留, 交隣須知一册·酉年工夫一册·乙酉雜錄五册·常話錄六册·勸懲故事諺解三册仕立, 其外淑香傳二, 李白瓊傳一册自分ニ寫之. 毎日坂之下へ參り令稽古, 雨天之節者守門軍官又ハ通事を呼相勤候. 于今失念不致候者, 炎暑之節坂之下ち罷歸り習ひ候言葉なと書寫候時, 目之くらみ候事も有之候へとも命を五年縮候と存候ハヽ成就せさる道理やあるへきと存, 晝夜無油斷相勤候. 乍去某儀御國素生にても無之, 殊ニ年長し候而之稽古ニ候故, 五音之分レ可申様も無之, 言葉つゝきてには合可申様も無之, 不埒千萬成朝鮮言葉には候へとも其後信使護行之御供いいたし候節往來半年之間公私ともに朝鮮人と申談候義, 人を賴候事ハ無之, 志を達し申候. 此度皆達ハ稽古之義令指圖候様ニと被仰付候へとも別而外ニ可令差圖事も無之, 隨分共某相勤候様ニ精出可被申候. 皆達ニ者年若ニ候上, 得方ニ有之候と申事ニ候へ者, 精さへ被出候ハヽ何レも上手ニ成り被申候段, 務も無之事ニ候間, 御用ニ相立候様相勵ミ可申候." 필자 번역.

을 전하고 있다. 누구나 처음으로 다른 문화를 체험하면 크고 작은 충격을 받을 경우가 있다. 유학에 전념해 온 호슈가 조선어 학습에 모든 노력을 기울이게 된 것은, 그가 첫 조선 체류를 통해 자신의 생활을 바꿀 만큼 새로운 충격을 받았기 때문으로 생각할 수 있다. 그 충격은 새로운 조선 인식으로 이어져서 실제 경험을 바탕으로 형성된 새로운 조선관을 갖게 했다. 그가 실제 조선 체험을 토대로 세운 조선관을 그의 서장 및 저서를 통해 알아보기로 한다.

먼저 막부의 유학자 하야시 호코(林鳳岡)의 요청에 따라 1720(숙종 46)년 1월에 제출한 『朝鮮風俗考』[26]를 알아본다. 여기에는 '대체로 조선 사람은 끈질기고 모략을 선호하기 때문에 힘으로 밀어붙이는 전투는 일본에 미치지 못하나 시간을 끌고 모략을 세워 맞붙게 되면 일본인은 맞설 수 없습니다. (중략) 일본의 무력이 쇠퇴하게 될 때에는 반드시 모욕을 당하게 될 것으로 사례됩니다.'[27]라고 적어놓았다. 일본인은 근시안적인 데 대해, 조선인은 사고가 깊고 지려(知慮)가 있어 장기전에 강하다는 평가를 하고 있다. 그리고 "임진왜란 후의 일본의 무력을 앞세운 위세(亂後之餘威)"가 쇠퇴하여 일본이 조선의 공격으로 모욕을 당할 가능성을 제기하고 있다. 1702(숙종 28)년의 실제 조선 체류 이후, 호슈는 22살부터 3년 반 동안 쓰시마번 에도번저에 근무한 시기에 "임진왜란 후의 일본의 무력을 앞세운 위세가 강하게 남아 있(亂後之餘威强キ故ニ而可有之)"는 것으로 생각했던 것을 완전히 부인하게 된 것이다. 실제 조선의 모습을 알아가면서, 호슈는 무력에서는 일본이 차지했던 우위를 상실하는 국면을 맞이하고 있는 한편, 문학에서는 조선이 압도적 우위를 차지하고 있는 것을 심각하게 체험한 것

---

26) 雨森芳洲全書三 『芳洲外交關係資料書翰集』, 40~44쪽.

27) 雨森芳洲全書三 『芳洲外交關係資料書翰集』, 44쪽. "總體朝鮮人は其の姓(性)しぶとく謀を好ミ候故, 手詰の戰ひ日本に不及候共, 久を持たるの謀ニ成り候而ハ, 日本人は却而相當り申間布候. (中略)日本の武備衰へ候節に成り候はゝ, 必は其侮弄を受候事可有之と存候."

이다. 이와 같은 호슈의 조선 인식은 『交隣提醒』 49조[28]에서, 또 1735(영조 11)년에 번주(藩主) 소 요시유키(宗義如)에 올린 『治要管見』[29]에서도 변함이 없다.

호슈는 결코 낙관적이고 자국우월주의에 빠진 사람이 아니라 조선에 대하여 객관적이고 냉철한 인식을 가지고 있는 사람이었던 것으로 생각된다.

Ⅳ. 『交隣提醒』 54조로 본 "성신론"

『교린제성』은, 당시의 조일 관계의 현실을 객관적으로 파악하고 있던 것으로 생각되는 호슈가 61세 때에, 40년 가까운 세월, 대조선(對朝鮮) 교섭 현장을 지켜본 경험으로 완성한 저작(著作)이다. 田代和生(2014)는 "「交隣」은 「조선과의 교류」, 「提醒」은 「주의를 환기(喚起)하다. 암시(暗示)를 주다」의 뜻이며, 단순히 조일(朝日) 관계를 유리하게 이끌어가는 의견서가 아니라, 조일 간에서 실제 발생한 다양한 사항을 거론하면서 어떤 주의환기 혹은 암시를 주는 내용이다"라고 평가했다.[30] 그런데 이에 앞서 泉澄一(1997)[31]은, 호슈가 『교린제성』에서 주장한 것은 이미 가시마 헤이스케(加嶋兵助)가 1687(숙종 13)년에 번주 소 요시자네(宗義眞)에게 올린 『言上書』에

---

28) 雨森芳洲全書三 『芳洲外交關係資料書翰集』, 79쪽. "惣体一時之勝を主とし後來を不慮候ハ日本人之風義、当時は穩便ニいたし置後來之勝を取候ハ朝鮮之深計ニ而智慮之優劣無是非事ニ候."

29) 門池久榮해독, 『治要管見·朝鮮風俗考』, 芳洲會, 1992, 10~11쪽에 "朝鮮の義は, 大事小事によらず, 後來をふかく慮り候國風". 12쪽은 "朝鮮の人は古今の記錄をもおほくおぼへ, ものごとふかく思慮するものにさふらふゆへ. 我國の人よりは其智十倍せりと, つねにこころえなば, あやまちすくなかるべく候とうけ給り候."

30) 田代和生, 「解說『交隣提醒』が語る近世日朝交流の實態」, 『交隣提醒』, 平凡社, 2014, 312쪽 참조.

31) 泉澄一(1997), 『對馬藩藩儒雨森芳洲の基礎的研究』, 關西大學出版部.

서 지적한 것이어서 호슈의 독창이 아님을 지적하면서, 『교린제성』은 조선의 실정 및 외교 현장을 경험한 호슈가 가시마 헤이스케가 지적한 것을 재인식해서 엮어냈다는 것이 실정일 것이다는 견해를 피력한 바 있다.[32)]

『교린제성』 중에서도 호슈의 "성신론"은 마지막 제54조에 요약되어 있다. 호슈의 "성신론"을 논하기 위해 대단히 중요한 내용이기 때문에 전문을 인용한다.

> 많은 사람들이 성신지교(誠信之交)를 말하는데, 이 글자의 뜻을 잘 모르고 말하는 경우가 많다. 성신이란 것은 진실된 마음[實意]이라는 뜻을 가지고 있으며, 서로 속이지 않고 다투지 않으며 진실을 가지고 교제하는 것을 성신이라고 말한다.
>
> 조선과 참된 성신지교를 하기 위해서는 송사(送使)를 전부 사퇴시키고 조금도 그 나라(조선)의 번거로움이 되지 않도록 해야 한다. 그렇게 하지 않고서는 참된 성신이라고 말할 수 없는 것이다. 그 나라(조선)의 서적을 보면 그 밑에 깔려 있는 이런 숨은 뜻을 알 수 있다.
>
> 그러나 이 문제는 말처럼 쉬운 것은 아니다. 지금까지 내려온 것만 보더라도 조선으로서도 쉽게 고칠 수 있는 바가 아니다. 그러므로 관계는 우선 그대로 두고, 그 위에 진실된 마음을 잃지 않도록 해야 할 것이다.
>
> "일본인은 그 성질이 난폭하고 사나워서[狂悍] 의(義)로써 굴복시키기 어렵다."고 신숙주의 글에도 적혀 있다. 그 나라의 폐해[弊竇]가 상당한데도 불구하고, 송사 접대를 비롯하여 지금까지 별다른 문제없이 이어지고 있는 것은 (일본인의) 난폭하고 사나운 성질을 (조선측이) 두려워하기 때문이다.
>
> 임진·정유왜란 후에 남아 있던 일본의 무력을 앞세운 위세[餘威]가 지금에 와서는 매우 옅어졌으니, 앞으로 쓰시마 사람들이 종전의 무의(武義)를 잃고 학습을 태만히 하게 되면, 반드시 위에서 말한 바와 같이 '아무개의 나무칼'[何某之木刀]처럼 사태는 흘러갈 터이다. 그러므로 조선과의 업무를 담당하는 사람들은 그러한 마음가짐이 매우 필요하다.
>
> 하여튼 조선의 사정을 상세히 알지 않으면 일이 닥쳤을 때 뭔가 결단을

32) 泉澄一(1997), 437쪽.

> 내리지 못하게 되며, 뜬소문과 잡다한 얘기[浮言雜說]만 난무하여 아무런 이익이 되지 못할 터이니, 『경국대전』, 『고사촬요』 등의 책과 아비루 소베에[阿比留惣兵衛]가 쓴 『선린통교』, 마츠우라 기우에몬[松浦儀右衛門]이 쓴 『통교대기』 그리고 『분류기사』 『기사대강』을 항상 자세히 살펴보고[熟覽] 앞뒤를 생각하여 처치하여야만 한다.[33)]

여기서 호슈는, "성신"이란 "서로 속이지 않고 다투지 않으며 진실을 가지고 교제하는 것"이며, "조선의 번거로움이 되지 않"는 실천, 구체적으로는 "송사 철폐"를 주장한다. 그러나 현실적으로 불가능하므로, 조선과 쓰시마의 서적을 통해 교린의 역사를 익히 알고 앞뒤를 생각하여 처치하기를 당부하고 있다.

그런데 호슈는 "성신"을 이야기하면서 동시에 몇 가지 문제를 제기하고 있어, 다음에 나열한다.

> ① 성신의 뜻을 모르고 말하는 경우가 많아.
> ② 송사 철폐해야.
> ③ 조선의 서적에서 숨은 뜻을 알아야.
> ④ 관계는 그대로 두고.
> ⑤ 학습을 태만하지 않도록 해야.
> ⑥ 조선 및 쓰시마 서적을 숙람하여 앞뒤를 생각하고 처치해야.

『교린제성』은 쓰시마 번주께 상표(上表)한 문서이다. 따라서, 첫 번째로 "성신의 뜻을 모르고 말하는 경우가 많아"라고 하는 것은 쓰시마번에 대한 지적이다. 즉 쓰시마번에서는 성신이란 말을 잘못 사용하고 있다는 것이다. 그러면서 성신이란 "진실된 마음[實意]이라는 뜻"이며, "서로 속이지 않고 다투지 않으며 진실을 가지고 교제하는 것"이라고 그 뜻을 풀이한다. 이미

---

33) 雨森芳洲 저 한일관계사학회 편, 『譯註 交隣提醒』, 국학자료원, 2001, 70~71쪽.

앞서 성신이 진실이란 뜻임을 『순자』 등을 인용하면서 확인했다. 『육도』 상현 제9에, 문왕이 태공에게 어떤 사람을 취하고 어떤 사람을 버려야 하는지 물으니, 태공이 답하기를 “성실한 사람을 등용하고 진실하지 못한 사람은 제거해야 합니다.(取誠信去詐僞)”라고 했다는 이야기가 있는 것도 보았다. “성신”의 반대의 개념으로 “속이고 거짓을 꾸밈(詐僞)”라는 표현이 사용되고 있다. 호슈도 “사위(詐僞)”를 “성신”의 반대 개념으로 이해하고 있다. 그래서 “성신의 뜻을 모르고 말하는 경우가 많아”라고 지적한 것은 쓰시마번 번신(藩臣)들이 조선에 “사위”를 품고 대할 경우가 종종 있다는 것을 우려하는 말로 이해가 된다. 또 2.에서 논한 바와 같이, 조선이 “성신지교”를 교린의 원칙으로 삼은 전통이 있는데 비해 일본 - 쓰시마번은 무언가를 조선에 요구해야 할 때만 “성신”을 앞세워서 “성신론”을 전략적으로 활용하고 있는데, 호슈는 유교적 가치관에 입각한 조선의 “성신”과 별도의 전략적 수단인 “성신”으로 쓰시마번이 조선을 상대한다면 결국 쓰시마번에도 바람직하지 못한다는 것을 주장한 것으로 이해된다.

두 번째로 “송사 철폐”를 주장하고 있다. 물론 이것은 현실적이지 않아서 호슈도 네 번째에 “관계는 그대로” 둘 것을 주장한다. 두 번째와 네 번째는 모순하는 주장이다. 송사란, 1443(세종 25)년에 체결한 계해약조(癸亥約條)에 기인한다. 조선은 왜구의 피해를 면하기 위해 쓰시마 도주에게 왜구의 단속을 요구하면서 매년 쌀과 콩을 합한 세사미두(歲賜米豆) 200석을 주기로 하고, 무역을 위해 조선을 왕래하는 세견선(歲遣船)을 50척, 그 외에 특송선(特送船)은 선박 수에 제한 없이 허락했다.[34] 이것이 1512(중종 7)년 임신약조(壬申約條)를 거쳐서 1609(광해군 1)년에 기유약조(己酉約條)를 체결함으로써 세사미두는 100석, 세견선은 특송선을 포함하여 20척으로 제한하게 되었다. 송사는 세사미두를 받거나 조선과의 무역으로 이익을 보기 위해 파견되는 세견선의 정관(正官)이다. 즉 왜구 단속의 대가로 조선이 허락

34) 김건서 저 하우봉 홍성덕 역, 『증정교린지』, 민족문화추진회, 1998, 126쪽.

한 경제적 지원 및 경제적 활동으로 발생할 이익을 취하러 간 것이 송사의 임무인 셈이다. 쓰시마번은 조선과의 교역(交易)을 관리함으로써 왜구를 통제하고 있다는 명분을 내세우고 조선이 허락한 세사미두 및 조선과의 교역으로 경제적 이익을 챙길 수 있는 상황을 당연시(當然視)하고 있었다. 하지만, 호슈는 이러한 상황을 당연시하지 않고 송사를 보내는 것도 "성신지교"의 정신에 맞지 않다고 지적한 것이다. 또한 호슈가 "송사 철폐"를 주장한 이유는, "조선의 서적에서 숨은 뜻을 알아야"한다고 하면서, 신숙주의 『해동제국기』에서 "일본인은 그 성질이 난폭하고 사나워서[狂悍] 의(義)로써 굴복시키기 어렵다."는 글을 언급하는 부분에서 찾을 수 있다. 이어서 "(조선의) 폐해[弊竇]가 상당한데도 불구하고, 송사 접대를 비롯하여 지금까지 별다른 문제없이 이어지고 있는 것은 (일본인의) 난폭하고 사나운 성질을 (조선측이) 두려워하기 때문이다"라고 "숨은 뜻"을 밝히고 있다. 호슈는 송사 접대가 조선에게 폐해가 된다는 것을 인식하고 있었다. 쓰시마번이 보고 있는 경제적 이익은 바로 조선의 부담이며, 그 부담은 왜구 대신의 새로운 부담으로 작용되어 있는 것이다.

이와 같은 외교 현실의 어쩔 수 없이 발생할 알력(軋轢)을 최소한 줄이고, 문제가 분출하는 것을 미리 막기 위해, 후학들에게 권장하는 것이 "조선의 서적 - 『경국대전』, 『고사촬요』 - 및 쓰시마번의 서적 - 아비루 소베에(阿比留惣兵衛)의 『선린통교』, 마츠우라 기우에몬(松浦儀右衛門)의 『통교대기』 그리고 『분류기사』, 『기사대강』 - 을 늘 자세히 살펴보고 앞뒤를 생각하여 처치하여야만 한다."는 것이었다.

Ⅴ. 맺는말

"성신"이란 말이 어려운 말이 아니다. 속이거나 거짓이 없는 실의(實意) 즉 진실을 뜻하는 것이다. 하지만 실천하기에는 어려운 말이다. 조선은 이웃 국가와의 외교원칙을 "성신지교"로 삼은 삼국시대 때부터의 전통을 이어갔다. 일본은 "성신"은 국내를 다스리는 이념으로는 거론한 바 있으나 "성진지교"라는 외교사상에는 익숙지 않았다. 그런 상황에서 호슈가 "성신지교"를 주장하고, 쓰시마번에서 "성신론"을 외교사상으로 부각시킨 것은 획기적인 일이었다. 이것은 특히 조선의 입장에서 보면 교린에 있어서 일본과 공통의 외교사상을 공유할 수 있게 된 좋은 일이었다. 교린에 있어서 하나의 큰 보증을 마련한 샘이다.

조선은 "성신"에 입각해서 쓰시마번에 엄격하게 구례존중을 요구했다. 쓰시마번은 구례존중을 고집하는 조선을 반가워하지 않았다. 쓰시마번은 자신들의 요구를 어떻게든 관철하기 위해 왜관에 집거하고 자주 역관들을 괴롭혔다. 그런 상황에 의구심을 가지고 조선을 관찰한 호슈는 구례존중을 주장하는 조선에는 "성신지교"의 외교원칙이 있다는 것을 이해하게 된 것이다. 조선과의 갈등을 최소화하기 위해서 호슈가 찾아낸 외교방책이 "성신론"이었다. 하지만 새로운 이념이 현실에서 작동되기에는 쉽지 않았다. 호슈 자신이 조선과의 교류에서 "성신론"을 실천했는지 의구심을 가지고 거론되기도 한다. 쓰시마번이 조선에 부담이 되는 요구를 조선이 받아들이도록 하기 위해 조선이 교린에 늘 주장하는 "성신"을 역으로 이용해 들이대는 횡포를 보이고 있었다. 그러나 입장을 바꿔서 보면 쓰시마번이 조선에 구례존중에 반하는 무리한 요구를 할 수 밖에 없는 사정이 있었다. 국정 운영이 조선과 일본에서 다른 만큼 서로 이해되지 않은 요구를 주고받는 경우가 발생하는 것이 당연한데, 국가 간의 교류가 빈번하지 않은 당시에는 체제와 관습의 차이를 극복하기가 어려웠던 것이다.[35] 호슈의 "성신론"은 당시 최대로 현실적이면서 가능했던 최선의 외교방책이었다.

35) 조선의 구례존중에 쓰시마번이 이와 반한 요구를 하며 서로 갈등한 문제에 관해서는 다음 졸론에서 논한바 있어 참고하기 바란다. 졸론(2019), 「무진년 통신사행 절목 중 구관백전(舊關白前) 예단 및 배례 강정에 관한 고찰」, 『열상고전연구』69, 열상고전연구회, 119~143쪽. 졸론(2020) 「무진년 통신사행 절목 중 집정 인원수 강정에 관한 고찰」, 『한일관계사연구』67, 한일관계사학회, 207~236쪽.

참고문헌

1. 사료

『詞稽古之者仕立記錄』, 국사편찬위원회 소장, 소장문서번호 5367.
「고문서2358」, 국사편찬위원회 소장, 소장문서번호 2358-1.
「雨森家系」, 芳洲會所藏.
「日乘」, 芳洲會所藏.

2. 저서

김건서 저 하우봉 홍성덕 역, 『증정교린지』, 민족문화추진회, 1998.
雨森芳洲 저 한일관계사학회 편, 『譯註 交隣提醒』, 국학자료원, 2001.
김부식 찬 坪井九馬三 등 교정, 『三國史記』, 동경;吉川弘文館, 1913.
東京大學史料編纂所編, 『大日本古記錄』第8卷, 동경;岩波書店, 1956.
下見隆雄, 『禮記』, 동경;明德出版社, 1973.
關西大學東西學術研究所「日中文化交流の指摘研究」歷史班編, 雨森芳洲全書 三『芳洲外交關係資料書翰集』, 오사카;關西大學出版部, 1982.
門池久榮해독, 『治要管見·朝鮮風俗考』, 芳洲會, 1992.
上垣外憲一는『雨森芳洲 元祿享保の國際人』, 동경;中央新書, 1993
田中健夫編, 『善隣國寶記』, 동경;集英社, 1995.
泉澄一, 『對馬藩の研究』, 오사카;關西大學出版部, 2002.
林富士馬 역, 『六韜』, 동경;中央公論新社, 2005.
雨森芳洲 저 田代和生 교주, 東洋文庫852『交隣提醒』, 동경;平凡社, 2014.

3. 논문

손승철(1993), 「朝鮮時代 交隣體制의 분석과 그 문제점」, 『한일관계사연구』1, 한일관계사학회, 188~200쪽.
민덕기(1998), 「조선시대 交隣의 理念과 국제 사회의 交隣」, 『민족문화』21, 한국고전번역원, 28~55쪽.
김준형(2017), 『酉年工夫』의 형성과 한국어 문화 교육 교재, 『인문사회과학연구』 제18권 제3호, 부경대학교 인문사회과학연구소, 1~27쪽.
조인희(2018), 「18세기 初 朝日間 '誠信外交'에 대한 고찰」, 『역사와 실학』66, 역

사실학회, 325~353쪽.
졸론(2019),「무진년 통신사행 절목 중 구관백전(舊關白前) 예단 및 배례 강정에 관한 고찰」,『열상고전연구』69, 열상고전연구회, 119~143쪽.
졸론(2020)「무진년 통신사행 절목 중 집정 인원수 강정에 관한 고찰」,『한일관계사연구』67, 한일관계사학회, 207~236쪽.
辻善之助(1933),「異國日記(二〇)」,『史苑』8卷1号, 69~92쪽.
信原修(1990),「雨森芳洲と玄德潤 -『誠信堂記』をめぐって-」,『總合文化研究所紀要』제7권, 3~18쪽.
米谷均(1993),「雨森芳洲の對朝鮮外交 -「誠信之交」の理念と實態-」,『朝鮮學報』148, 朝鮮學會, 1~32쪽.

4. 인터넷

『동문선』, (한국고전종합DB)
『고려절요』, (국사편찬위원회 한국사데이터베이스)
『고려사절요』, "왕이 유조를 남기고 사망하다", (국사편찬위원회 한국데이터베이스)
『국역비변사등록』, (국사편찬위원회 한국데이터베이스)
강홍중,『동사록』, (국사편찬위원회 한국고전종합DB)

〈토론문〉

雨森芳洲의 誠信論(다사카 마사노리) 토론문

허지은 | 서강대학교

본 논문에서는 조선과 일본이 "성신"을 어떤 뜻으로 인식했는지를 역시 기록을 바탕으로 다루고 있으며. 아메노모리 호슈의 "성신론"에 대해 그의 성신론이 조선관련 업무를 수행하는 과정에서 형성된 조선관에 바탕을 두고 있다는 전제 아래 재조명하고 있습니다.

1. p. 1 "조선과의 교역으로 부를 축적한 쓰시마번이 유교 국가였던 조선과 원활한 관계를 유지하기 위해 우수한 유학자를 필요로 해서 호슈를 고용한 셈이다"

→ 1689년 아메노모리 호슈가 쓰시마번에 출사하게 된 이유를 쓰시마에서 유교 국가였던 조선과 원활한 관계를 유지하기 위해 우수한 유학자가 필요해서 그를 고용했기 때문이라고 하셨습니다. 1607년 회답겸쇄환사의 일본파견과 1609년 기유약조 체결이후 조·일관계가 정상 궤도에 올랐는데, 1689년 당시 쓰시마번에서는 왜 우수한 유학자가 필요했는지 당시 쓰시마번의 상황이나 조일관계와 관련하여 부연 설명 부탁드립니다.

2. p. 1 제 2장 조선의 "성신"과 일본의 "성신"에서 필자는 조선과 일본 특히 쓰시마번에서 기록한 "성신"의 예를 알아보겠다고 했습니다. 그러나 조선의 "성신"부분에서는 『삼국사기』, 『고려사절요』, 『동문선』

등 조선 이전 시대의 기록에 남아있는 "성신"에 대해 언급하면서 조선도 "성신이교린"의 전통을 계승했다고 했습니다. 각 시대의 기록에 남아 있다고 해서 계승했다고 볼 수 있는 것인지요. 계승했다고 볼 수 있는 구체적인 사례가 조선시대 기록에 남아 있는지 설명 부탁드립니다. p.5에 언급하신대로 "성신이교린"은 당시 중국을 중심으로 한 동아시아 국제관계의 핵심 요소였기 때문에 조선에서 성신을 교린의 원칙을 삼았던 것은 아닐까요.

p. 5 일본의 "성신"부분에서 『데이신코키(貞信公記)』와 『육도』에 기록된 "성신"의 사례를 소개하고, "이와 같이 일본 - 쓰시마번은 조선과의 수교가 아쉬울 때면 "성신"을 내세우며 조선의 양보 내지 호의를 요구하는 모습을 보여 왔다"고 해서 밑줄 친 부분처럼 일본 - 쓰시마번으로 표기하셨는데, 필자는 에도막부와 쓰시마번의 "성신"에 대한 인식을 동일하게 보시는지요. 일본 최초의 외교사서(外交史書) 『善隣國寶記』에 "성신"의 표현이 없는데, 에도막부에서 남긴 기록에 "성신"에 대해 언급한 사례는 없는지 없다면 그 이유는 무엇이라고 생각하시는지 질문 드립니다.

3. p. 7 "호슈의 쓰시마번 출사가 결정되고 쓰시마 부임까지 에도번저에서 지낸 4년 반은 그의 조선관 형성에 중요한 시기였을 것으로 생각된다"

→ 1689년 아메노모리 호슈의 쓰시마번 출사가 결정된 이후 1693년 9월에 쓰시마에 부임하기 전인 1692년 12월부터 중국어를 배우기 위해 나가사키에서 유학을 했습니다. "에도번저에서 지낸 4년 반"이라는 표현은 수정될 필요가 있습니다.

1689年	22歲	順庵의 추천으로 對馬島藩에 出仕하여 勉學에 열중함.
1692年	25歲	12月 中國語를 배우기 위해 長崎로 유학을 떠남.
1693年	26歲	9月 對馬島에 부임. 藩主 宗義倫에게 侍講. 俸祿 200石받음.
1694年	27歲	3月 藩主의 參勤에 따라 江戶로 가서 근무함.
1696年	29歲	3月 中國語를 배우기 위해 다시 長崎로 감.
		11月 譯官使를 맞이하기 위해 일시 귀국함.
		12月 小川新平妹와 결혼하여 夫婦同伴으로 長崎로 감.
1698年	31歲	對馬島로 돌아와 장남 顯之允이 태어남.
1702年	35歲	2月 參判使 渡船主 자격으로 釜山의 倭館에 감.
1703年	36歲	9月 朝鮮語 공부를 위해 釜山 倭館에 체재함.

4. 『교린제성』은 아메노모리 호슈가 61세 때 집필했다. 그런데 그 내용을 보면 여전히 쓰시마인들이 아직도 "성신의 뜻을 모르고 말하는 경우가 많다"고 지적하고 있다. 호슈의 성신론이 쓰시마번의 대조선정책과 쓰시마인들의 조선인식에 미친 영향을 파악할 수 있는 실례가 있다면 부연설명 부탁드립니다. 이 부분이 확인될 때 맺음말의 "호슈가 "성신지교"를 주장하고, 쓰시마번에서 "성신론"을 외교사상으로 부각시킨 것은 획기적인 일" "호슈의 "성신론"은 당시 최대로 현실적이면서 가능했던 최선의 외교방책"이라고 한 언급이 설득력이 있을 것으로 생각됩니다.

제 3 Session

현대 일본의 한국, 한국인 인식

일본사회는 혐한과 배외주의를 어디까지 용납하는가?

김웅기* | 한림대학교

Ⅰ. 들어가며

본고는 일본사회 내지 일본 유권자들이 배외주의를 얼마나 사회적으로 받아들이고 있는지에 대해 논의할 것을 목적으로 한다. 이와 관련하여 다음과 같이 논의를 전개해 나갈 것이다.

첫째, 2012년 이명박 대통령의 독도방문과 천황 비하발언을 직접적 계기로 일어난 일본 혐한 현상이 가장 심각하게 표출되던 2010년 전반기에 출현한 혐오선동과 관련하여 등장한 '재일특권'이 과연 어떤 내용을 담고 있는지에 대해 검토해 볼 것이다.

둘째, 메이지시기부터 일제강점을 거쳐 현재에 이르기까지 일본사회에 뿌리 깊이 존재하는 조선 및 한국 멸시와 이 정서가 바탕에 깔린 상태에서 정치적 사건으로부터 촉발된 분노가 표출되었던 사회적 배경에 대해 논의해 볼 것이다.

셋째, 남북한에 대한 분노와 멸시감정이 공적영역인 선거에서 어떠한 평가를 받았는지를 2014년 중의원 선거 상황을 살펴 본 후 2020년 도쿄도지사 선거를 통해서 각기 논의해 나갈 것이다. 가두시위라는 행동으로 혐한과

---

* 한림대학교 일본학연구소 HK교수, 정치학 전공, 재일코리안 연구.

차별이 선거라는 공적영역에서 표출되어 일본 유권자들에 의해 어떠한 심판을 받게 되었는지를 검토해 보기 위해서다.

이들 과정을 거쳐 혐한 현상이 절정에 달했던 2010년대 전반 일본 유권자들이 과연 혐한과 차별을 공적영역에서 얼마나 허용했는지와 그것이 COVID-19의 유행으로 전세계가 술렁이는 2020년 시점에서 어떠한 변화가 일어났는지에 대해 비교 검토해 볼 것이다.

Ⅱ. 새롭게 포장된 오래된 차별로서의 '재일특권'

> 헤이트스피치(hate speech)를 떠들어대는 녀석들이 거리에 모습을 드러내며, 서점에 헤이트서적이나 자국(=일본, 필자 주) 예찬서적들이 쌓여 있는 추악한 광경은 도대체 언제부터 찾아볼 수 있게 된 것일까.
>
> 대략 돌이켜봐도 이웃나라에 대해 왈가왈부하며 이목을 끄는 만화가 출판된 것이 2005년. 재일 코리안을 향해 거무죽죽한 헤이트스피치를 퍼붓고 악명을 날리는 단체가 등장한 것이 2006년부터 2007년 사이. 반대선전이 되어버리는 일을 피하고 싶어 고유명사를 적시하지 않겠지만 이 같은 풍조는 물론 일부 사람들이 저지른 것이며 일부 출판사와 저자, 편집자들에 의한 것에 불과하다고 나는 생각한다.
>
> 다만 이 나라 일부라고는 하지만 추악한 차별이나 배타의 풍조가 일정한 규모로 확대 현상을 보이는 것 또한 부정할 수 없는 사실이다. 이와 동시에 일부 무리만이 폭주하고 있는 것도 아니다. 이 나라 정부나 관(官)이 증오와 편견의 풍조를 태연하게 방관하며 부추기고 이로 인해 우울감이나 번민을 느낀 이들이 선동되어 차별과 배제를 공공연히 실행으로 옮기고 있는 측면도 부정할 수 없다. 전술한 우열한 만화와 거무죽죽한 단체의 등장이 제1차 현(=아베, 필자 주) 정권의 등장과 궤를 같이하는 것은 우연이 아닐 것이다.[1)]

---

1) 前川喜平, 青木理, 「ヘイトを撃つ 第一回、官製ヘイトはいまにはじまった話ではない: 文部科學事務次官·前川喜平氏に訊く①」, 集英社新書プラス, 2019年6月12日.

일본 문부과학성에서 사무차관을 지낸 마에카와(前川喜平)의 말이다. 오늘날 혐한은 마치 한류와 야누스의 거울처럼 일본사회에 뿌리를 내렸다고 할 수 있을 것이다. 저작권을 주장할 우려가 없는 국가로서의 대한민국을 폄하하는 일은 영상물이나 서적 등 매체 콘텐츠들을 제작하는 데 '돈이 안 드는' 소재거리를 제공해 주고 있다. 적지 않은 일본 서점에서는 매장 한 가운데를 혐한 서적들로 가득한 코너로 마련되기도 하고 TV 와이드쇼에서는 2000년대 이후 북한을 폄하했던 것과 마찬가지로 한국때리기가 성행하고 있다. 주간지 등 잡지산업에서 빼놓을 수 없는 사건과 스캔들을 끊임없이 '공짜로' 제공해주는 자극적인 존재로서의 '대한민국'은 이제 빼놓을 수 없는 콘텐츠로 자리를 잡았다고 해도 무방할 것이다. 일본은 한류가 동시에 혐한류를 일으킨 세계에서도 유일한 나라가 되었다.

일본사회에 혐한이 확산의 계기가 되었던 것은 한류드라마 확산의 영향이 적지 않다. 일본 방송국들이 직접 제작비를 들여 드라마를 제작하는 것보다 몇 분의 일에 불과한 적은 비용으로 한국드라마를 통으로 사와서 광고가 어려운 시간대를 메우기만 하면 안정된 시청률 확보가 가능한 그야말로 킬러콘텐츠다. 한때 일본 공중파의 낮 시간대를 도배라도 하듯이 가득 메운 한류드라마는 '문화침략'이라는 선동을 불러일으킬 정도였다. 이는 일본인에 의한 기존의 한국·조선(チョーセン)에 대한 멸시감정이 '위에서 내려다 보는 차별'인 것과는 달리 이제 한국을 '아래서 위로 올려보는' 피해의식이 뒤섞인 차별이라는 새로운 현상이 나타난 것을 의미하고 있다. 이 같은 정서를 자극하여 세력을 확대시킨 것이 '재일특권을 용납하지 않는 모임(在日特權を許さない會),' 이른바 '재특회'를 비롯한 혐한 세력이다.

이들 혐한 세력은 도시 한복판에서 헤이트스피치(hate speech/crime)를 외쳐대는 시위를 벌이며 사회의 이목을 끌었다. 2012년 후지TV에 대한 '한류편파 편성'에 대한 항의시위에는 주체가 직접 온라인상에 집회 예고를 공지

---

https://shinsho-plus.shueisha.co.jp/column/hate/6013 (2020년 10월 15일 검색)

했을 뿐이었는데도 무려 7,000명이 모여들었다. 일견 평범한 일본 소시민들이 확성기로 "좋은 한국인도 나쁜 한국인도 모조리 죽여라" 등 혐한 구호를 외쳐대는 헤이트스피치는 그동안 재일코리안의 안위에 별 관심을 기울인 적이 없는 한국사회에서도 주목을 받기 시작했다. 자신들이 증오의 대상으로 적시되었다는 점을 감안하더라도 매우 이례적인 일이다.

한국에서 가장 먼저 관심을 가진 것은 언론이었다. 일본에서 활동하는 특파원 등은 혐한의 상징적 지역으로 지목된 신주쿠 신오쿠보 한인타운의 고객이자 이웃이기 때문이다. 후술하듯이 이들의 충격은 경제적 손실에도 있었지만 그동안 한국 출신자인 자신들은 차별당하는 대상이 아니며, 오로지 재일코리안들만이 멸시의 대상이라는 그동안의 자기인식이 무참히 깨져버린 데에서 비롯된다. 일본인 앞에서는 이들 역시 조센징(チョーセンジン)에 불과했던 것이다. 이는 한국사회에 팽배한 재일코리안에 대한 멸시감정을 반증하는 현상이라고도 읽어낼 수 있다.

한편, 일제강점기부터 일본에 정착해 온 올드커머들 눈에는 혐한 현상이란 그동안 끊임없이 반복되어 온 차별 현상의 연장선상에 불과하다고 비추어졌다. 이들의 충격은 한국출신자인 이른바 뉴커머들과는 달리 그동안 꾸준한 노력과 끈질긴 투쟁 끝에 점차 개선되어 온 재일코리안의 사회적 위상과 일본사회와의 공생노력이 소프트파워, 공공외교 등 용어 상의 화려함과는 너무나도 대조적으로 몇 십년동안 쌓아 올린 교류의 성과가 불과 몇 명의 기획으로 자행된 헤이트스피치 앞에 무너져 버릴 정도로 한일 간의 신뢰관계는 기반이 취약했다는 사실이 충격이었던 것이다.

2012년 당시 신오쿠보는 공생의 상징과 동시에 증오의 상징이 되었다, 미국 LA 사우스센트럴(South Central)에 한인타운이 형성된 것은 인근 타 지역에 비해 상대적으로 부동산값이 저렴하다는 이유 때문인데, 1990년대 일본 도쿄에서 이와 유사한 여건을 갖추던 지역이 바로 신주쿠구 신오쿠보였다. 일본에서 대학원을 다닌 유학생 출신 상인이 이곳에서 한인슈퍼와 간이숙소를 운영하다가 현금을 모은 다음, 부동산 투자로 크게 성공한 사례를 시작으로 한국에서 건너온 뉴커머들이 이곳으로 모여들기 시작하면서 오늘날 한류타운이 형성되었다. 일본사회에서 이질적 문화를 상징하게 된 신오쿠보는 2011년 동일본대지진 당시 일본 전역이 대규모 재앙 앞에 침체할 수밖에 없었던 상황에서 가장 먼저 활기를 되찾은 곳이었다. 이질적 존재이기 때문에 일본 주류사회의 정서로부터 자유로울 수 있었던 것이다. 오사카 츠루하시(鶴橋) 코리아타운에도 인파가 몰리기 시작했다. 2002년 한일월드컵 이후 다양한 채널들이 동원된 한일 간의 꾸준한 교류활동의 성과라고도 볼 수 있는 현상들이었다.

그런데 이러한 점들이야말로 혐한 시위가 이들 두 지역에서 가장 활발하게 그리고 집요하게 벌어지게 된 이유가 되었다. 혐한 세력의 목적이 바로 대중의 이목을 끄는 일 즉 선동에 있기 때문이다. 문제는 혐한시위 참가자들이 외쳐대는 헤이트스피치의 핵심이 언제나 한국이 아니라 '재일특권'이라는 재일코리안들이 일본사회에서 부당하게 누리고 있다는 특권이라는 것에 귀결된다는 점에 있다. 혐한시위가 2012년 이명박 대통령의 독도방문과 잇따른 천황 비하 발언이 도화선이 된 데 대해서는 오늘날 논란의 여지가 없을 것이다. 그런데 그 피해는 고스란히 감당해야 하는 것은 재일코리안이다. 언제나 그렇듯이 일본사회에서 혐오의 구실을 대한민국이 제공하고 재일코리안들이 피해자가 되는 구도가 이때도 출현한 것이다.

2002년 한일월드컵으로 한일관계가 크게 개선되었던 것과 대조적으로 평양회담에서 김정일이 북한공작원에 의한 일본인납치 사실을 시인하고 사과하자 일본의 대북 여론이 크게 악화했다. 이로 인해 조총련계 재일코리안들에 대한 반감이 최고조로 달했고 혐한 현상이 시작된 2010년대 초반까지 지속되고 있었다. 이 상황에서 2012년 이명박 전 대통령에 의한 잇따른 행동들이 일본사회를 크게 자극한 것이다. 독도방문보다도 천황이라는 국가상징의 비하한 데 대해 일본사회 전체가 분노를 감추지 않았다. 지극히 드문 일이 아닐 수 없다. 남북이 공히 일본사회의 증오와 혐오의 대상이 되었다는 점에서 '남북통일'이 이루어진 셈이다. 그동안 금기시되어 온 차별이 사회에 분출하기 시작했다. 차별에 대한 윤리장벽이 허물어진 것이다.

재특회를 비롯한 혐한 세력이 말하는 '재일특권(在日特權)'이란 재일코리안들이 일제강점으로 인해 정착하게 된 사실에 근거하여 마련된 각종 보상적 제도가 부당하다는 비판에 비롯된다. 재일코리안을 사회적 약자가 아니라 음모를 꾸밀 수 있는 강자로 부각시킨 것도 특징적이다. '재일특권'은 크게 네 가지로 요약된다. ① 특별영주자격 제도 폐지, ② 생활보호제도 수혜, ③ 조선학교에 대한 국고지원, ④ 통명 사용 등이 이에 해당된다.

① 특별영주자격 제도란 오늘날 올드커머 재일코리안들이 일본에서 거주하는 데 근거가 되는 체류자격이다. 한국인들 중에는 이처럼 재일코리안이 일본에서 외국인 신분으로 살아가고 있는 점을 모르는 이들이 적지 않다. 1965년 한일 국교정상화 과정에서 한국정부는 이들이 자국민이라고 거세게 주장했으며, 일본정부 또한 이들을 외국인 취급해야 복지수혜 등 각종 제도에서 혜택 부여를 피할 수 있고 차별적 구조를 유지할 수 있기에 한국 측 주장에 전향적으로 동의했다. 따라서 재일코리안에 대한 권익보호문제의 책임은 일차적으로 한국정부에게 있는 것이다.

특별하다는 점은 두 가지로 요약된다. 하나는 일제강점의 영향으로 이주하게 된 역사적 경위를 일본정부가 인정하여 제정된 영주자격이라는 점이며, 또 하나는 이것이 후손의 출생에 따라 자동적으로 상속된다는 점이다. 여타 외국인은 대상이 될 수 없는 이 체류자격을 놓고 재특회는 '특권'이라고 주장하지만 상술한 바와 같이 이는 특권이 아닌 보상적 권리 즉 일본국적 부여를 회피한 결과에 불과하다. 특별영주자격 제도 폐지 주장이 과거사를 지워버리는 역사수정주과 궤를 같이 한다고 볼 수 있는 이유를 이해할 수 있을 것이다.

② 생활보호제도 수혜는 오랫동안 일본에서 외국인에게 허락된 유일한

복지제도였다. 다만 법적으로 보장된 권리가 아니라 재량에 따른 것이다. 따라서 일본인처럼 재심사를 요구할 권리도 없다. 공적연금제도 등 그 외 제도에서 오랫동안 배제되어온 결과로 인해 일본인에 비해 당연히 수급율이 높아질 수밖에 없었다.

③ 조선학교에 대한 국고지원은 오늘날 많은 지자체들이 정지시킨 상태다. 일본에서 각종학교로 인가된 학교인만큼 단순히 북한과의 정치적 갈등을 이유로 자의적으로 지원을 중단하는 일은 인권 측면에서 심각한 문제다.

④ 통명은 오늘날 약 90%의 올드커머들이 창씨개명 그대로 일본식 이름(통명)을 사용하며 본명 사용을 꺼려 하고 있다. 차별 때문이기도 하지만 직장 채용이나 은행 융자 등 경제활동을 하는 과정에서 본명 사용을 고집할 경우, 불이익을 받는 일이 오래 지속되어 왔던 점이 배경에 있다.

이처럼 자세히 들여다 보면 전혀 '특권'이 아니라는 점을 이해할 수 있을 것이다. 이 허구의 '재일특권'을 일본사회 전반에 확산시킨 장본인인 재특

〈자료 1〉 '재일특권' 전단지

재특회가 작성한 전단지2)　　　　정보왜곡이 심화된 출처미상의 전단지

회 고위간부 스스로가 ‘재일특권’이 날조된 것임을 시인했을 정도다.[3]

그런데 이 거짓선동은 사라지지 않은채 오늘날 일본사회의 온라인공간에서 지금도 확산과 확대재생산되어 확산되는 일이 반복되고 있다. 〈자료 1〉에는 재특회가 허위선전을 확산하는 목적으로 제작된 네 가지 ‘재일특권’ 내용을 설명하는 전단지(왼쪽)와 더불어 이를 한층 심화시킨 내용을 담은 출처미상의 전단지(오늘쪽)도 제작되어 확산되고 있다. 여기에는 ① 일 안 하고 연 600만 엔 받으며 놀고 지내는 우아한 생활, ② 범죄 저질러도 실명 드러나지 않음, ③ 납세 안 함, ④ 상속세도 안 냄, ⑤ 의료, 수도 등 무료, ⑥ 주택비 5만 엔 선이면 전액 지급, ⑦ 각종 시험 면제도 각종 마련, ⑧ 공무원 취업도 가능, ⑨ 파친코산업은 거의 독점. 실은 위법이지만 따지지 못하도록 함, ⑩ 이런 특권계급이라 귀화할 수는 있어도 안 함 등으로 허구에 허구를 더한 황당무개한 폄하가 난무하고 있다.

2010년 전반 혐한 현상을 통해 확인된 것은 크게 두 가지로 요약할 수 있다. 하나는 기존의 조센(징)〈조선(인)〉을 영위(당연히 한국(인)이 포함)하는 모든 사상에 대한 차별이 혐한과 헤이트스피치라는 새로운 형태로 재생산된 점이며, 또 하나는 차별 극복이나 남북한과의 관계 개선이 일본 역사수정주의의 이익과 대치된다는 점이다. 일본 역사수정주의가 결코 보수진영의 전유물이 아니라는 점도 중요하다. 이것이 히구치(樋口直人)가 ‘일본형 배외주의’로 평한 내역이다.[4] 이 연장선상에 일본 공인들에 의한 헤이트스피치 및 정관계에 의한 소극적 대응이 있는 것이다.

---

2) 在日特權を許さない市民の會ホームページ http://www.zaitokukai.info/modules/about/bira/01.html (2013년 12월 2일 검색. 〈현재 접속 불가〉)

3) 「行動する保守vs行動右翼! 激論討論會行動する保守運動の矜持とは何なのか？」、2013年10月31日라는 토론회에서의 발언 내용. 상세한 발언내용에 대해서는 http://itokenichiro.tumblr.com/post/66344719795 (2020년 10월 22일 검색)

4) 樋口直人、『日本型排外主義: 在特會·外國人參政權·東アジア地政學』, 名古屋大學出版會、2014.

Ⅲ. 일본형 배외주의: 혐한과 재일코리안에 대한 헤이트스피치의 관계성

2012년 8월 최초의 신오쿠보(新大久保)[5] 혐한시위부터 7년이 지난 오늘날 일본은 이제 배외주의적 풍조가 사회전반에 걸쳐 자리를 잡은 상황이다. 특히 과거사와 연관되지어 일어나는 일련의 한일 간 갈등은 적지 않은 일본인으로 하여금 '피해의식'을 야기한다는 점에서 과거 한일관계와 확연히 달라졌다고 할 수 있다. 과거사문제를 둘러싸고 끊임없이 사과를 요구하는 한국의 교섭방식을 '골포스트를 움직인다(ゴールポストを動かす)'라는 인식이 점차 일본사회에 확산했으며, 언제까지 사과해야 할지 모르겠다는 피해의식이 일본사회에 팽배해진 것이 배경에 있다.

전쟁의 기억을 당사자로서 공유해온 세대가 하나 둘 세상을 떠나는 상황에서 이제 과거사는 기억의 영역으로 접어들었다. 이 기억은 다양한 요소에 의해 변질될 수 있는 특징을 지니고 있으며, 또한 권력을 가진 이들에 의해 좌지우지된다는 특징을 지니고 있다. 최근 국내에서도 점차 그 존재가 알려지기 시작한 일본회의 (日本會議)를 비롯한 일본 보수진영은 역사수정주의를 실현시키기 위해 대중운동 차원에서 꾸준하고도 끈질긴 활동을 지역사회 단위로 전개해 왔다.

역사교과서 기술 내용도 중요하지만 그 이상으로 영향이 있는 것은 일선학교에서 현대사를 거의 가르치지 않는 관행이다. 통사적 교과과정 편성으로 인해 현대사는 3학기에 몰리기 일쑤며, 그나마도 입시 등으로 인해 시간을 확보하기가 여간 어려운 일이 아니다. 일본 학생 대부분은 과거사에 대해 일절 배우는 일 없이 성인이 되고 있다. 다만 한편으로 한국 상황도 이와 크게 다르지 않다는 점도 중요하다. 이는 소수의 목소리에 의해 여론이

---

5) 도쿄 신주쿠구 신오쿠보는 신주쿠역에서 한 정거장 떨어진 곳에 있으며 옛 롯데제과 공장이 있던 곳이기도 하다.

좌지우지되는 구조가 한일 양국에 존재한다는 점을 의미하고 있다.

이리하여 역사의 기억은 이 문제에 관심을 갖는 일부 기득권자들의 전유물이 된다. 일본회의 자체가 출범한 것은 1997년이지만 그 원류는 1960년대 우파 학생운동과 신흥종교의 결합에 있다. 일본회의 또한 재특회와 마찬가지로 풀뿌리 운동을 전개하며 지역사회의 지지에 기반을 두고 있다. 일본회의의 핵심적 목표인 역사수정주의 완성은 처음부터 일본 대중들 사이에 침투할 수 없었고 오히려 패배를 거듭해왔다. 그러나 전쟁을 경험한 세대가 점차 세상을 떠나고 역사를 망각한 세대가 서서히 그 중심에 서게 됨에 따라 대중운동이 효과를 발휘하기 시작했다.

별도의 논고에서 논의해야 하겠지만 메이지 일본을 지상의 가치로 여기는 일본 역사수정주의에서 아시아 멸시는 빼놓을 수 없는 요소로 자리 잡고 있다. 따라서 한국을 비롯한 아시아국가들이 과거사 반성을 촉구하는 일 자체가 이들에게 위협이자 도전으로 받아들여지는 것이다. 진보, 보수를 막론하고 과거사 청산과 종속적 지위로부터의 탈피가 국가정체성 확립을 위해 빼놓을 수 없는 요소가 되고 있는 대한민국과는 이 점에서 충돌할 수밖에 없는 것을 의미하기도 한다.

이 같은 갈등을 부추기는 것이 한일 영국의 대중매체다. 막대한 광고수입으로 제작비가 풍부했던 1990년대 초반까지와는 달리 갈수록 프로그램 내용의 질적 저하가 지적되는 상황에서 TV 자체로부터의 이탈현상(テレビ離れ)마저 제기되고 있다. 이 같은 방송업계의 어려움을 지탱하는 것이 바로 한류드라마다. 주지한 바와 같은 한류 붐이 일본에서도 일어났고 한류는 이제 일본 대중문화에서 한 분야로 확실히 자리를 잡을 정도로 일본사회에서 널리 인지되는 존재가 되었다. 이 같은 긍정적 인식의 확산에 역작용한 것이 바로 혐한이라고 할 수 있다. 역사수정주의자들은 대중적 인지를 얻은 존재에 긍정적인 인상을 주는 것을 원치않았고 이에 대한 이들이 만든 부정적 정보의 확산은 그만큼 파장이 큰 반감을 야기한 것이다.

일본 대중 대부분에게 가장 익숙한 한국다운 것은 이웃에 살고 있는 (것으로 추정되는) 재일코리안이란 주로 일제강점 이전부터 정착한 올드커머들이다. '추정된다'의 함의는 평소 멸시의 대상으로 인식되기 때문에 대부분 재일코리안들로 이들은 정체성을 숨기며 살아가고 있어 불가시적(不可視的) 존재이기 때문이다. 이른바 자이니치(在日) 차별은 일본사회의 다양한 부정(不淨)의 이유를 귀결시킬 수 있는 희생양(scapegoat)으로서의 사회적 기능을 짊어지고 있다. 구미사회에 뿌리 깊게 남아 있는 유태인 차별과 유사하다고 할 수 있을 것이다. 일본사회에서 지극히 대중적으로 보편화되어 있는 차별어를 매개체로 은밀히 그러면서도 널리 일본인들 사이에서 공유되고 있는 차별의식은 원래 일본사회에 내재하는 현상이다.

그러나 한류라는 외적 요인이 부각됨에 따라 그동안 서로 다른 존재로 인식되어 오던 재일코리안과 한국이 적어도 일본인의 인식 세계에서는 결합된 것으로 이해할 수 있다. 혐한시위가 재일코리안을 겨냥한 헤이트스피치로 귀결되는 이유는 실체로 이들 다수가 여전히 한국국적이라는 점도 작용하지만 이 같은 맥락으로도 이해할 수 있다. 따라서 유럽처럼 이민자와 자국민의 일자리를 둘러싼 갈등이나 빈곤층 등 일부 사회계층이 품은 불안의 표출 등의 현상으로서의 배타와 다른 유형의 일본 나름의 배외주의가 출현한 것이라고 할 수 있을 것이다. 요컨대 혐한 정서는 일본의 사회계층이나 정치적 지향성과는 무관한 지극히 대중적인 현상이라는 것이다.

2012년 제2차 아베 정권의 재탄생과 그 이후 8년에 걸친 굳건한 지지는 민주당 정권 시절에 재일코리안 민족단체 민단(재일본대한민국민단)을 중심으로 하는 재일코리안들이 외국인 지방참정권 획득운동을 벌인 것도 적지 않은 영향을 미치고 있다. 당시 민주당은 2/3에 가까운 의석수를 차지하면서도 이 법안을 결국 통과시킬 수 없을 정도 일본 여론의 반감은 보수, 진보를 막론하고 거셌다는 점을 의미하며, 일본 대중에게 기존 사회질서 파괴로 비추어졌을지도 모른다. 이 같은 인식은 일본사회 내부의 소수자 문제에 국한되는 일이 아니라 일본의 국제질서 인식에까지 영향을 미쳤다. 즉 일본을 정점으로 하는 수직적 아시아 국제관계 구조를 그대로 유지해나가고 싶다는 욕구, 즉 미-일-한 관계가 수평화될 것을 우려하는 정서의 반영이라고도 볼 수 있다.

재특회는 앞장서서 한국을 비방했고 이를 바라보는 일본 대중들은 일본회의를 비롯한 보수진영의 꾸준한 대중운동의 효과로 조용히 그러나 강하게 그들을 지지했다. 이때 함께 조성된 인식이 앞서 언급한 '피해의식'이다. 한일관계에서 야기되는 모든 사건에 대해 일본인들은 일본을 향한 한국으로부터의 '부당한' 공격으로 무의식적으로 인식하는 스위치가 작동하는 구도가 형성된 것이다. 이제 한일 간의 국력 격차가 동등한 수준으로까지 좁혀짐에 따라 위기감을 느끼고 있는 점도 크게 작용했을 것으로 보인다.

TV를 비롯한 일본의 대중매체들은 한국에 대한 적대심을 촉발하는 내용을 담은 프로그램을 연일 쏟아내고 있으며, 대중들의 한국에 대한 반발과 적대심 그리고 재일코리안을 향한 증오를 확대재생산하고 있다. 그런데 이 같은 현상은 결코 새로운 일이 아니다. 2002년은 성공적인 한일월드컵 개최의 해인 한편으로 조총련계 재일코리안에게는 악몽 같은 해가 되었다. 김정일이 고이즈미 총리와 가진 평양회담에서 북한 공작원에 의한 일본인 납치 사실을 시인했기 때문이다. 김정일의 사과로 마무리될 것이라는 북한 측 기대와는 정반대로 이를 계기로 오늘날까지 지속되고 있는 '조선' 때리기가 일본사회 전반에 걸쳐 공공연히 자행되기 시작했다. 이때부터 10년 지난 2012년 이번에는 '한국'이 그 차례를 맞이하게 되었다. 이유는 역시 정치다. 이명박 전 대통령에 의한 독도 방문과 천황 비하 발언이 그 도화선이 되었다. 특히 후자에 대한 일본인의 분노는 이념의 여하를 떠나서 강렬했다. 그러나 한국정부 그리고 사회는 이 같은 일본인들의 분노의 강도와 함의에 대해 무감각했다. 필자에게는 이 점이 가장 충격적이었다.

Ⅳ. 일본 유권자는 공적영역에서 자행되는 혐오와 차별을 용납했는가?

2014년은 헤이트스피치로 상징되는 배타주의가 공적영역에까지 진출을 시도했던 해로 기록된다. 이 해 12월에 실시된 중의원 선거는 "자민당보다 우측"의 극우정당의 국정진출을 용인할 것인지에 대한 시금석이 되었기 때문이다. 결론부터 말하면 이때 일본 유권자들은 극우정당의 진출을 용납하지 않았다.

당시 이미 자민당보다 우측의 공당은 일본정계에서 일정한 세력 기반을 다진 상태였다. 일본유신당(日本維新の會)이 이에 해당한다. 재일코리안 최대의 집주지역인 오사카에서 지방정치를 장악한 오사카유신당(大阪維新の會)을 모체로 하는 이 정당은 오사카 등 관서지역에서 오늘날에 이르기까지 절대적 지지기반을 다지고 있다. 창립자 하시모토(橋本徹) 당시 오사카 시장에 의한 이른바 '위안부 발언'으로도 알 수 있듯이 이 정당은 보수, 심지어는 배외주의적 성향이 짙은 정당이다. 역사수정주의와의 친화성 또한 상당한 수준에 이르고 있다.

2014년 중의원 선거를 앞두고 일본유신당과의 분당(分黨)으로 탄생한 차세대당(次世代の黨)은 전 도쿄도지사 이시하라(石原愼太郎) 최고고문의 높은 지명도를 이용해 기존 (타 정당 당원 시절에 얻은 국회 의석 수) 20석으부터의 약진을 노렸지만 2석이라는 파멸적 패배로 끝나고 말았다. 이 선거에서는 차세대당 참패의 이면에서 독도말뚝사건으로 국내에 알려진 유신정당 신풍(維新政党新風)과 같은 포말(泡沫)정당이 이제 어엿한 공당(公黨)으로 일본에서 자리를 잡았다는 점도 잊어서는 안되는 사실이므로 일본 극우 내지 배외주의가 공적영역에까지 진출했다는 점은 결코 적지 않은 문제다. 그러나 공당이 과격한 배외주의적 주장을 공약으로 내걸어 선거를 치르게 될 경우에는 혐한 정서로 배외주의가 팽배한 상황에서조차 일본 유권자들은 이들에게 지지를 보내지 않았던 것이다. 여기서는 그 이유에 대해 살펴보고자 한다.

차세대당은 아래 〈자료 2〉와 같은 홍보영상으로도 알 수 있듯이 선거기간동안 "생활보호 수혜 외국인은 일본국민의 8배", "위안부문제의 터부를 깨뜨려 그 진상을 밝혀냈다"[6] 등 재특회의 선동 그대로의 슬로건과 홍보영상을 공당으로서는 처음으로 세간에 내보냈으며, 이에 재특회가 지지를 표명하기도 했다.[7] 또한, 사쿠라우치(櫻內文城) 차세대당 정책조사회장은 기자회견 자리에서 위안부문제와 관련해 일본군의 책임 소재를 밝힌 요시미(吉見義明) 교수를 두고 겨냥하듯 "(요시미 교수의 주장은) 이미 날조라는 점이 여러 증거에 의해 밝혀졌다"고 발언하여 요시미교수로부터 고소당하

〈자료 2〉 차세대당 홍보영상 캡처

↑ 일본의 생활보호인데도 외국인이 왜 8배냐? 웬 말이냐?

次世代の党は、どこの政党よりも
先に慰安婦問題のタブーに切り込み、
その真相を明らかにしました。

← 차세대당은 어느 정당보다도 먼저 위안부문제의 터부에 뛰어들어 그 진상을 밝혀냈습니다.

출처: 次世代の党チャンネル http://www.youtube.com/watch?v=R7ilGGkne-I&list=UUuayKkheYJwSAo3TFOmrbcw

6) 次世代の党チャンネル 홍보영상. http://www.youtube.com/watch?v=R7ilGGkne-I&list=UUuayKkheYJw SAo3TFOmrbcw (현재는 검색되지 않음)

7) 재특회 전 회장 사쿠라이(본명 다카다) 마코토는 2014년 12월 9일 자신의 트위터에 "소선거구·비례대표 모두 차세대 당에 한 표를 던지고 왔다"며 지지를 밝혔다. https://twitter.com/Doronpa01/status/542129020813340672(2014년 12월 21일 검색)

는 사태가 벌어지기도 했다.[8)]

이때 주목해야 하는 점은 차세대당이라는 공당이 말한 '외국인'이 명백히 재일코리안을 적시한 사실을 일본사회가 널리 인식했다는 점이며, 앞서 언급한 바와 같이 이 거짓선동에 대해 이미 재특회 관계자 스스로가 사실이 아니라는 점을 밝힌 상태였다는 점이다. 그럼에도 불구하고 차세대당은 이 같은 행보를 멈추지 않았다. 허위사실에서 비롯된 재일코리안에 대한 증오선동 중 하나인 위안부문제 비판의 급선봉 역할을 맡았던 차세대당 야마다(山田宏) 간사장은 한 라디오 프로그램에서 '재일외국인 생활보호 수급율'에 대해서 "당 차원의 공식견해"라고 밝힐 정도였다.

Q. 히라누마(平沼赳夫) 당수의 연설이나 '타부(taboo)돼지 노래' 등으로 생활보호수급율이 일본인에 비해 재일외국인의 그것이 8배에 이른다고 주장하고 있습니다. 이는 어떤 조사를 바탕으로 산출된 것인지요?

A. 보호율 '8배'에 해당하는 외국인이란 '한국 또는 북조선'[9)]적 사람들을 가리킵니다. 여타 외국국적자는 포함하지 않습니다.[10)]

---

8) 『Huffington Post』、2013年7月26日。http://www.huffingtonpost.jp/2013/07/26/yoshimi_yoshiaki_sakurauchi_fumiki_n_3657612.html (2020년 10월 20일 검색)

9) '북조선'적이라는 용어는 존재하지 않으며. 조선적(朝鮮籍)이 정확하다. 한때 재일동포 다수를 차지했던 조선적자는 오늘날 약 3-4만 명, 10% 정도에 그치고 있는 상황이다. 이는 북한 국적자를 가리키는 것이 아니라 한반도 출신자가 해방 후 일본국적을 일제히 상실한 후 현재까지 한국국적을 선택하지 않고 있는 자를 가리킨다. 조선적자들 가운데 북한 및 조총련을 지지하는 이들이 포함되어 있는 것은 사실이기는 하나, 재일동포 문학자들을 비롯해 통일을 지향하며 남북한 어느 쪽도 선택하지 않는 결과로서의 조선적자들도 포함되어 있다는 점에 대해서도 주목할 필요가 있으며 북한 및 총련 지지자들과는 구분해서 고려해야 재일동포사회에 대한 정확한 이해가 가능하다. 이와 관련된 주장에 대해서는 丁章、「無國籍者として生きて」、陳天璽編、『世界における無國籍者の人權と支援ー日本の課題ー國際研究集會記錄』國立民族學博物館調查報告118、39-43頁 참조.

10) 荻上チキSession 22、「在日外國人の生活保護受給率について、次世代の党への追加

이 같은 차세대당의 주장은 허구에서 비롯된 것이다. 차세대당은 산출근거에 대해 '한국·북조선'적에 대해서는 가구수급율(14.2%, 2012년)을, 일본인과 외국인을 합한 전체수급율에 대해서는 인원수급율(1.67%, 2012년)이라는 전혀 다른 기준을 두고 비교한 것이다. (이 경우 8.5배가 된다) 참고로 재일코리안 전체의 수급율을 일본인과 동일하게 가구수급율(3.10%, 2012년)로 바꾸어 비교해보면 4.58배가 되어 훨씬 낮은 비율이다.

〈표 3〉에서 보듯이 일본 총무성 통계에 따르면 재일코리안을 제외한 외국인까지 모두 포함한 전체외국인의 인원수급율은 일본인의 그것에 비해 3.28배(5.34%, 2012년)[11]이며, 심지어 외무성 통계에는 2.17배(3.51%, 2012년)에 불과하다는 점이 명시되어 있다. 재일코리안 생활보호 수급자들 중

〈표 3〉 재일외국인(전체) 생활보호수급 현황

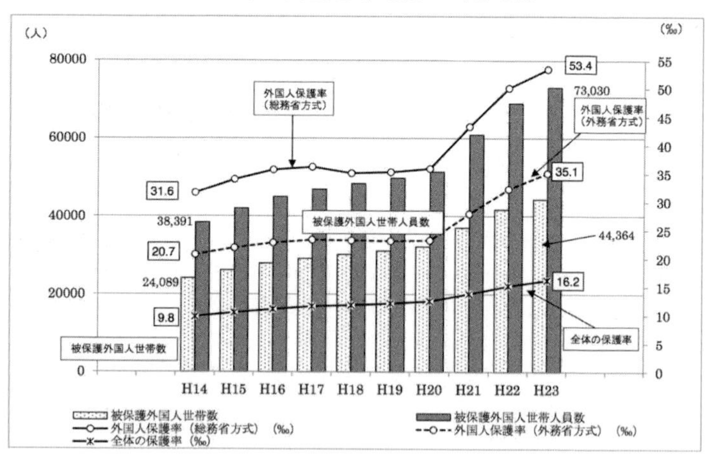

출처: 總務省行政評価局､「生活保護に關する實態調査結果報告書」､ 2014年8月､ 43頁｡ http://www.soumu.go.jp/main_content/000305409.pdf

---

質問」、2014年12月12日。http://www.tbsradio.jp/ss954/2014/12/2014jisedai2.html(2014년 12월 13일 검색)

11) 總務省行政評価局､「生活保護に關する實態調査結果報告書」､ 2014年8月｡ http://www.soumu.go.jp/main_content/000305409.pdf (2020년 11월 12일 검색)

상당부분이 취업차별을 겪고 연금제도에서 배제된 고령자라는 점을 감안한다면 오히려 적은 숫자라고 볼 수 있다. 차세대당의 '8배' 주장은 명백한 '선동적 루머'이자 "제도에 대한 잘못한 정보이며 편견을 부추기는 일"이라는 비판이 나온 것도 어쩔 수 없는 일이다.[12] 요컨대 2014년 중의원선거는 '허위선동에 의한 재일코리안 때리기'가 선거라는 공적영역에서 출현한 첫 번째 사례가 된 것이다.

그러나, 일본 유권자들에 의한 차세대당 외면의 원인을 재일코리안 배척으로 비롯한 배외주의에 대한 위화감에서만 찾으려 한다는 것은 무리가 있을 것이다. 재일코리안과의 교류도 없고 차별행위를 자행하는 것도 아닌 대다수인 일본 유권자들에게는 차세대당 관계자들의 품위 없는 여성비하나 호전적 발언들이 보다 크게 부정적으로 작용했을 것으로 보인다.

당시 차세대당에서는 "남녀평등은 절대로 실현될 수 없다. 반도덕적인 망상"이라는 발언으로 낙선한 스기타 미오(杉田水脈), "일본에 한국인 매춘부들이 우글우글하다"[13]는 발언으로 일본유신당에서 제명된 후 차세대당에서 출마하다 낙선한 니시무라 신고(西村眞悟) 전 중의원 의원, 가장 하고 싶어하는 일을 묻는 한 주간지의 질문에 "지나(支那, 중국의 비하어)와 전쟁을 벌여 이기는 일"[14]이라고 답한 이시하라 최고고문 등 '망언백화점'이나 다름없는 양상을 띠고 있었다. 재일코리안에 대한 혐오는 그 중 '한 꼭지'였던 것이다. 이후에도 차세대당은 온라인 전술을 적극적으로 활용해 '육아를 희생시켜서까지 왜 일하느냐,' '위안부문제는 날조' 등 여성 인권을 부정하는 발언을 일삼았다.

이 같은 차세대당의 주장은 재특회를 비롯한 배외주의자들의 주장과 완전히 일치한다. 아사히신문은 차세대당을 "자민당 우측에 기둥을 세운다",

---

12) https://twitter.com/ohnishiren/status/543607909180248065 (2014년 11월 16일 검색)
13) 『時事通信』、2013年5月17日。
14) 「次世代の党惨敗、ネット右派頼み限界理念先行薄い政策」、『朝日新聞』、2014年12月20日。

"국가나 민족을 중요시하는 본격적 우파정당"이라며, "인터넷에서 활발하게 발언하는 우파세력 등에 의지해 짙은 보수색을 전면에 내세우며 싸웠다"고 스스로 규정했다.[15] 차세대당은 선동적인 슬로건을 유튜브로 잇따라 올려 실제로 조회수 30만회를 상회하는 열람자 수를 기록하기도 했다. 재특회가 헤이트스피치로 혐한 현상이라는 사회현상을 창출한 것과 마찬가지로 차세대당 또한 넷우익들로부터의 지지가 득표로 이어질 것을 기대했던 것이다. 이 같은 정황은 야마다 간사장의 다음과 같은 발언으로도 알 수 있다.[16]

> 젊은 사람들은 신문이나 텔레비전보다 인터넷으로 뉴스를 얻고 있다고 생각한다. 우리 당은 인터넷상에서의 인기가 제1야당이다. 인터넷상에서는 젊은 사람들의 보수화경향이 강하다. 따라서 차세대당에 대한 지지가 높을 것 같다.

그러나 결과적으로 이 같은 온라인상의 지지는 득표로 이어지는 일이 없었다. 차세대당의 이 같은 행태는 보수논객들 사이에서도 비판의 대상이 되기까지 했다. 학생 시절 NHK 방송 프로그램에 관중으로 출연하다가 재일코리안 영화감독 최양일(崔洋一)을 공개석상에서 맹비난하며 주목을 받게 된 보수논객 후루야(古谷経衡)부터가 외국인 생활보호 수급율에 대해 "근거 없는 숫자"이며, "인터넷에 갇혀 있는 층의 호응이 일어날 것을 겨냥하며 '어처구니없는' 이야기를 휘둘러 본다고 해서 대중적 지지는 얻을 수 없다"[17]고 잘라 말할 정도였다.

후루야는 또한 차세대당의 또 다른 실패 원인을 자민당과 연립여당을 구성할 것을 지향하면서도 헌법 개정에 반대하는 공명단(公明黨)과 이간(離間)시키려 한다는 이른바 '자공이간론(自公離間論)'을 들었다.[18] 차세대당

---

15) 위의 기사.

16) 「「ネットでの人氣は野党第 1 党だ」次世代·山田幹事長」、『朝日新聞』、2014年12月3日。

17) 「次世代の党惨敗、ネット右派頼み限界理念先行薄い政策」、『朝日新聞』、2014年12月20日。

은 실제로 공명당 당수의 선거구(東京12區)에 자위대 최고간부 출신의 유명 보수논객 다모가미(田母神俊雄)를 후보로 출마시키는 등 공명당과의 대결색(對決色)을 분명히 했다. 그러나 자민당 입장에서 볼 때, 일본 최대의 신흥종교인 소카학회(創價學會)에 의한 일본 최대의 조직표를 잃어야 할 부담을 감수해서까지 차세대당과 연대할 이유는 어디에도 없었던 것이다. 당시 아베 총리는 공명당 당수의 응원유세에 가세하는 등 차세대당의 전략은 완전히 실패로 돌아가고 말았다. 이처럼 2014년 중의원선거에서는 어디까지나 온라인 상의 거짓선전 차원으로 출발하여 점차 공론화되기 시작하다가 공당관계자까지 거론하게 된 '재일특권' 담론이지만 일본 유권자가 선거라는 자신들의 대표자를 선출하는 과정에 있어서는 그 사실 여부가 신중히 검토되어 진실 여부가 검토되는 것이 일어났다고 이해할 수 있다.

후루야는 이와 관련하여 '넷보수(ネット保守)'로 불리는 아베 정권을 지탱하는 지지자들 중 우측에 속하는 이들조차 차세대당에 대해서는 외면했

〈표 4〉 '넷보수' 층의 투표행동(2014년 중의원 선거)

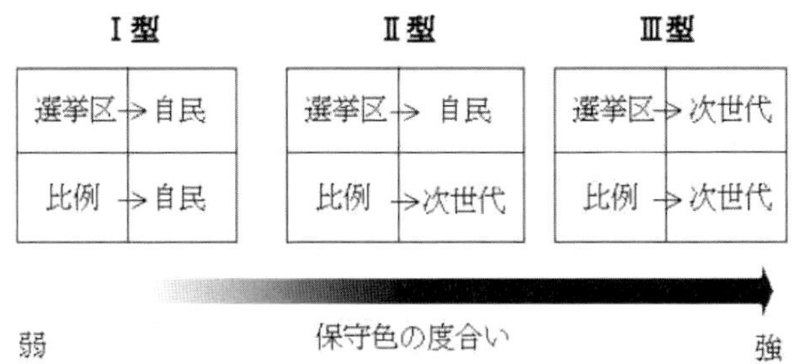

출처: 古谷経衡、「總選擧「唯一の敗者」とは？「次世代の党」壞滅の意味とその分析」、『BLOGOS』、2014年12月15日。http://blogos.com/article/101309

18) 古谷経衡、「總選擧「唯一の敗者」とは？「次世代の党」壞滅の意味とその分析」、『BLOGOS』、2014年12月15日。https://news.yahoo.co.jp/byline/furuyatsunehira/20141215-00041509/ (2020년 10월 20일 검색)

다는 분석을 내놓았다. 즉 헌법 개정이나 외교안보정책에 대해 강경자세를 취하는 이들로 구성되는 '넷보수' (〈표 4〉 중 Ⅱ형 또는 Ⅲ형으로 분류)조차도 차세대당의 두 가지 과오(過誤) -'자공이간론'과 "원체 사실이 아닌 재일코리안 등 외국인의 '부당하게' 높은 생활보호 수급율로 구성된 언설"-에 대해서는 지지를 보내지 않았던 것이다. 이 같은 차세대당의 완패는 유럽국가들의 사례처럼 극우정당의 약진이 일본에서는 일어나지 않았다는 점을 의미한다.

보수당인 자민당은 극우성향에 기반을 두고 있는 것도 사실이지만 이보다 훨씬 두터운 보수층의 지지기반을 침식시켜서까지 극우적 주장을 선제적으로 수용할 필연성이 사라지게 된 것이다. 과도한 우경화에 대한 경계라는 유권자의 판단이 일본 우경화의 상징으로 여겨지는 자민당을 지지함으로써 제동을 거는 쪽으로 작용되고 있는 것으로 읽어낼 수 있다. 당시부터 오늘날에 이르기까지 자민당 내각이 일본회의 및 관련단체 간부들이 대부분을 차지하고 있는 점으로 상징되듯이 자민당의 강경보수화 현상 자체가 변화된 것은 아니었으며, 아베 정권 말기인 2020년 하반기까지 이 추세에 변함이 없었던 것도 사실이다. 특히 남북한과의 관계에 있어서는 타협 없이 반론을 즉시 제기하는 자세로 일관했다. 이 같은 상황을 통해 자민당과 역사수정주의 간의 친화성과 이에 대한 일본 유권자들의 지지 내지 적어도 묵과(默過)가 존재한다는 것으로 이해할 수 있다. 요컨대 2014년 중의원선거에서 일본 유권자들은 남북한과의 관계에 있서서는 대결색을 분명하게 하는 것을 추인했지만 그렇다고 이 점과 일본 내부에 거주하는 외국인주민인 재일코리안 차별을 연동시켜 공적영역에서 차별이 횡행하는 일에 대해서는 부정했다고 평가할 수 있다.

V. 변화하는 시대의 변화하는 헤이트스피치 저지선

3장에서 거론한 바와 같이 아베 장기집권이 가능했던 것은 남북한에 대한 강경한 대결자세를 분명히 했던 점에 대한 일본 유권자들의 적어도 묵시적 지지가 있었던 점이 요인 중 하나로 작용했기 때문이라고 할 수 있을 것이다. 아베 정권 시절 일본을 향해 전향적인 과거사 반성을 촉구하는 한국과의 관계개선이란 기대 자체가 불가능했으며, 일본 측으로부터 어떠한 행동을 선제적으로 취해야 할 필요성 또한 존재하지 않았다.

한편, 역사수정주의와 연루된 혐오선동은 과거로부터 끊임없이 반복되어 온 현상인만큼 새로운 현상이 아니다. 거슬러 올라가 보면 앞서 언급한 이시하라는 도쿄도지사 시절인 2000년 이른바 '삼국인발언'으로 이미 크게 물의를 일으킨 바 있다. 당시 그의 발언 내용은 다음과 같다.

> 오늘의 도쿄를 보면 불법으로 입국한 많은 삼국인(三國人), 외국인이 매우 흉악한 범죄를 거듭하고 있다. 이제 도쿄의 범죄 형태는 과거와는 달라졌다. 이런 상황을 보면, 만약 큰 재해가 발생했을 때, 크나 큰 소요(騷擾) 사태조차 상정된다. 이에 대처하기 위해서는 경찰의 힘으로도 한계가 있으니 여러분(자위대)이 출동해 줄 것을 바라며, 도민의 재해 구호뿐만 아니라 치안유지도 큰 목적 중 하나로 수행 주었으면 한다.[19]

이 발언의 함의에 대해 살펴보기로 한다.

첫째, 삼국인이란 일제강점으로부터 해방된 조선인과 대만인을 가리키는 멸시어며, 제2차 세계대전의 당사자인 연합군과 패전국 일본 어디에도 속하

19) 竹村泰子、「政府の國際人權條約履行義務に基づく東京都知事發言への對応に關する質問主意書」、質問第四一号、第147回國會(常會)、2000年5月26日。
質問趣意書、石原愼太郎による創隊記念式典における演說、陸上自衛隊練馬駐屯地、2000年4月9日。(朝鮮史硏究會幹事會、「石原都知事發言の歷史認識の誤りを批判する聲明에서 재인용)

지 않는다(the Third Nations)라는 함의를 지니고 있다. 이들의 독립민족으로서의 지위를 모호하게 만드는 의도가 깔려 있었다고 볼 수 있으며,[20] 멸시감정이 투영된 것이다.

둘째, 삼국인의 함의는 '적(敵)'으로서의 이미지와 부합한다. 전후 일관되게 삼국인은 패전으로 인한 열등감의 분출구로서의 역할을 일관되게 강요당한 조선인 등에 대한 증오의 표현이자 내부의 적의 상징하는 용어로 기능해 왔다. "최대의 적은 일본의 패전에 따라 세상을 얻은 것처럼 하이에나처럼 맹위를 떨치기 시작한 이른바 제삼국인이었다!!," "죽임을 당하기 전에 죽여야 한다, 삼국인들을!!"[21] 등의 자극적인 표현은 일본 대중매체에서도 일상적으로 나타나났다. 이시하라는 공개석상에서 재일코리안 강상중 도쿄대학 교수에 대해서도 "수상하다," "건방지다" 등의 폭언을 퍼부은 적이 있다.[22]

셋째, 이시하라는 여러 번 외국인의 높은 범죄율을 언급해 왔지만 외국인 범죄율은 일관되게 일본인의 그것과 거의 유사하거나 낮은 수준이다. 이 같은 주장은 편견에서 비롯된 것이다. 공인(公人)에 의한 이 같은 발언은 차별을 공인(公認)하는 격이 되는 만큼 지탄받아야 마땅하지만 일본사회에서는 그를 비롯하여 수많은 이들이 이 같은 발언을 일삼고 있다. 일본에는 공인의 차별발언을 처벌하는 규정이 여전히 존재하지 않다는 점이 크게 작용하고 있다.

그런데 이 같은 이시하라마저도 관동대지진에서 일어난 조선인학살에 대해서까지는 부정하지 않았다는 사실은 매우 중요하며, 이 점에서 지금까지의 이시하라의 차별적 행적과 오늘날 상황과의 결합이 가능해진다. 이시하

---

20) 『朝日新聞』、2000年4月12日。

21) 만화 원작가 가지와라 잇키(梶原一騎)가 1970년에 발표한 극화「おとこ道」(『少年サンデー』連載)에 등장한 대사.

22) 『민단신문』, 2006년 9월 7일.

라보다도 공인 입장에서 노골적으로 차별적 태도를 드러내고 있는 것이 현 도쿄도지사 고이케 유리코(小池百合子)이기 때문이다.

도쿄도의 소유지인 요코즈나쵸공원(横綱町公園)에는 학살로 사망한 조선인들의 넋을 기리기 위한 위령비가 세워져 있다. 이 위령비는 1973년 도쿄도 의회가 만장일치로 세금을 들여 건립한 것이다. 이후 이곳에서 해마다 위령제가 거행되고 있다. 도쿄도는 그동안 이시하라가 집권한 16년을 포함하여 지속적으로 추도문을 위령제 주최 측에 보내왔다.

그러나 고이케가 도쿄도지사로 당선되자마자 한반도와 관련하여 두 가지 일이 일어났다. 하나는 도쿄 제2한국학교 설립을 위한 폐교 건물 임대허가 취소된 일이며, 또 하나는 관동대지진 조선인 위령제에 대한 추도문 발송 중지 결정이다.

이에 관한 고이케의 주장은 과거 고이즈미 준이치로(小泉純一郎) 전 총리가 재임기간 동안 한 번도 빼놓지 않고 야스쿠니신사를 참배했을 때 밝힌 "모든 이를 위한 위령"과 흡사하다. 그는 추도문 발송 중지 결정과 관련하여 기자회견에서 이렇게 말했다.

> 재해로 돌아가신 분들은 국적을 불문하고 많았을 거라고 생각한다. 모든 분들에 대해 법회를 해나가고 싶다는 의미에서 특별한 형태의 추도문 제출을 자제했다.[23)]

이 같은 언행과 행실을 역사수정주의 그리고 헤이트스피치와 연관지어 논의하지 않을 수 없는 이유는 고이케가 추도문 발송을 중지시킨 2017년부터 해마다 위령제가 열리는 9월 1일에 불과 30m 떨어진 곳에서 재특회와 밀접한 관계에 있는 여성 극우혐오단체 '일본 여성 모임 소요카제(日本女性の會そよ風)'의 집회 허가를 도쿄도가 내주고 있기 때문이다. 뿐만 아니

23) 『東京新聞』、2020年8月27日。

라 이 단체는 '진정된 관동대지진 이시하라쵸 위령제(眞實の關東大震災石原町犠牲者慰靈祭)'를 자칭하며 관동대지진 당시 "불령선인(不逞鮮人)들이 지진을 틈타 약탈, 폭행, 강간을 저질렀고, 일본인이 학살당했다" 등 유언비어에 근거한 헤이트스피치를 일삼고 있다.24)

이에 앞서 2019년 12월 위령제 주최 측에 대해 도쿄도는 소요카제와 함께 "관리상의 지장을 일으키는 행위를 하지 않겠다"는 서약서 제출을 요구하기까지 했다. 양측 사이에 다툼이 일어날 경우, 앞으로 사용허가를 내 주지 않기 위한 근거로 삼으려 했던 조치로 읽어낼 수 있다. 도쿄도는 증오선동단체와 위령제 주최 측에 대해 동일한 취급을 했다는 것이다. 이에 대해 소요카제 측이 다음과 같이 긍정적으로 평가했던 점도 이 같은 해석의 설득력을 높여준다.

> 비록 부조리하다는 하나, 서약서를 쓰면 앞으로 공원에서 당당하게 또 하나의 위령제의 존재가 인정된다는 것입니다. 작은 한 걸음이기는 하지만 지난 40년 동안 반일좌익들만이 언론공간이었던 공원이 양론병기(兩論併記)가 된 것입니다.25)

이 양론병기야말로 헤이트스피치를 일삼는 선동자들이 노리는 바며, 반대 측을 위축시키는 효과를 발휘하고 있는 것이다. 비기기만 하면 승리한다는 것이다. 정관계 입장에서 양론병기란 결정권자의 의도가 어디에 있든지간에 책임을 회피할 수 있다는 점에서 최선의 선택이 되는 경우가 흔하다.

고이케가 비판의 도마 위에 오르는 이유는 이에 그치지 않는다. 2010년 소요카제가 주최한 재특회 여성부 후원 모임에서 그가 강연을 한 바 있었던 사실이 세상에 드러난 것이다. 그럼에도 불구하고 지난 6월에 있던 도쿄

---

24) 위의 기사.

25) https://iwj.co.jp/wj/open/archives/474863 (2020년 10월 20일 검색)

도지사 선거 직전에 일본에서 영향력이 있는 한 주간지가 대대적으로 다루었지만[26] 선거 대세에는 영향을 미치지 않았다. 이는 2014년 당시보다 일본사회, 적어도 2020년 도쿄도지사 선거라는 지자체 선거에서는 사회 내부에서 일어나는 차별을 용인하는 저지선 수위가 낮아졌음을 시사하고 있는 것으로 이해할 수 있다.

그런데 이 선거에서 보다 충격적이었던 것은 재특회 회장에서 물러난 후 일본제일당(日本第一党)을 창설하여 출마한 사쿠라이 마코토가 무려 17만 8000표를 득표했던 사실이다. 2016년에 제정된 이른바 헤이트스피치대책법(정식명칭은 本邦外出身者に對する不当な差別的言動の解消に向けた取組の推進に關する法律)은 비록 이념법으로 처벌규정이 없는 한계를 지니고 있기는 하지만 헤이트스피치를 공공연히 자행할 경우, 헤이트스피치를 사회악으로 규정한 이 법을 원용하여 여타 법률로 처벌할 수 있는 길이 열리게 된 것이 큰 특징이다. 사쿠라이는 이 같은 상황 변화에 대응하기 위해 2016년에 정당을 설립한 것이다. 선거유세 중의 혐오발언에 대해서는 여전히 처벌이 불가능하기 때문이다.

2016년 도쿄도지사선거에 출마한 사쿠라이의 득표수는 11만 4000표였으며, 이 사실만으로도 충격적이었다. 그런데 2020년 선거에서 득표수는 이의 1.5배나 늘어난 것이다. 이 득표수가 COVID-19 사태로 인해 2016년 선거 대비 투표율이 5%나 떨어진 상황에서 나온 결과라는 점에 주목해야 할 것이다. 사쿠라이는 "비록 패배하기는 했지만 이번 선거에서 하나의 커다란 지침을 제시해낼 수 있었다. 가상공간에서 이루어지는 선거(운동)를 통해 인터넷의 힘을 느낄 수 있었을 것이다. 다음 선거에서는 이를 살려 나가야겠다"고 말한 것처럼 일본사회 여건이 2014년 상황과는 크게 변화했다는 인식을 밝혔다.

그렇다면 사쿠라이를 지지한 유권자는 어떤 사람이며 어떤 이유로 그를

---

26) 『週刊文春』, 2020年6月11日。

선택했을까 하는 의문이 떠오르지 않을 수 없다. 이 같은 궁금증을 가진 이들이 적지 않았으며, 일본 언론을 중심으로 분석들이 여러 개 나타나고 있다. 이들을 종합해 볼 때, 사쿠라이에게 한 표를 던진 유권자들로부터 공통되게 찾을 수 있는 특징이란 첫째, 평소 선거에 별 관심 없고, 둘째, 혐한, 재일코리안 비방 등에 대한 과격한 언동에 대해 지지도 비판도 하지 않았지만 셋째, '재일특권' 등에 대해 점차 공감하는 감정을 갖게 된다는 점, 그리고 넷째 COVID-19 상황을 염두에 두고 세금감면 공약을 지지한다는 점 등을 요약할 수 있다.

이들을 통해 희미하게나마 드러난 것은 사쿠라이를 지지하며 선택한 유권자들이 결코 이념적 극우나 적극적으로 사회를 개혁하기 위한 정당 또는 운동에 동참했던 것이 아니라는 점이다. 다만 차별이나 혐오에 관한 문제에 대해 별 관심이 없다는 것이며, 재일코리안 차별이 그만큼 일상화된 형태로 일본사회에 뿌리를 내리고 있는 반증이라고도 할 수 있을 것이다. 사쿠라이는 선거에 앞서 2017년에 재일코리안 기자 이신혜(李信惠)를 직시하며 폄하했다는 이유로 제소를 당해 민사소송에서 약 77만 엔의 배상 확정판결이 내려진 바 있다.[27] 이 사건을 비롯하여 '2009년 교토 조선 제1초급학교 습격사건'을 비롯한 그동안의 재특회의 활동에 있어 재특회 측이 승소한 적은 단 한 번도 없다. 그럼에도 불구하고 일본 유권자들이 그에게 지지를 보낸 것이다. 적어도 차별과 혐오의 문제보다 유권자들의 일상, 특히 COVID-19 상황으로 인해 위협받는 상황에 대응하여 사쿠라이가 내놓은 공약이 먹혀들었다고 볼 수 있을 것이다. 이들이 대체로 정치적 무관심과 더불어 사회

27) 『朝日新聞』、2017年11月30日。이에 앞서 1심 오사카지방재판는 "(가쿠라이가 이신혜를 폄하한다는 이신혜에 의한) 이들 발언은 피고 사쿠라이가 재일조선인에 대한 차별의식을 세상에 심어주기 위해 가두선전 등을 하고 있다는 사실에 기초한 원고의 의견 내지 논평에 해당한다"며 이신혜에 의한 사쿠라이에 대한 비판의 정당성은 물론 공익에 부합하는 공정한 논평이었다고 판시한 바 있다. 『神奈川新聞』、2016年10月10日。

문제에 대해서도 별로 관심이 높지 않은 계층에 속하는 것으로 이해할 수 있을 것이다.

Ⅵ. 나가며

지금까지의 논의를 통해 일본 유권자들은 혐한 현상과 배외주의가 가시적으로 절정에 달하던 2010년 시기에도 일본사회 내부에서 자행되는 차별행위, 구체적으로는 메이지시기로부터 지속되는 재일코리안에 대한 공격만큼은 용납하지 않았다는 점을 확인했다. 오늘날 혐한 현상이 한일관계이라는 국가간 관계로 인해 촉발된 것이며, 이에 따라 재특회와 같은 극우세력들이 가두시위를 벌이는 등의 행동이 뒤따르고 사회적 충격을 준 것도 사실이다. 그럼에도 불구하고 이 같은 정서와 행동이 공적영역인 선거에 영향을 미치는 데 있어서는 지극히 제한적이었던 것이다.

그럼에도 불구하고 본고가 역사수정주의와 결부된 일본형 배외주의에 대해 더이상 신경을 쓰지 않아도 된다는 것을 주장하는 것은 아니다. 혐한 현상은 이제 일본사회에 뿌리를 깊이 내린 만큼 한일간의 정치적 갈등이 또 다른 증오를 야기하고 헤이트스피치가 난무했던 2012-14년과 같은 상황이 변화된 형태로 재현될 우려를 불식할 수 없기 때문이다.

'반일' 국가 한국의 표상이 근거도 없는 과거사에 집착하며 사죄를 요구한다는 고착화된 이미지에 변화를 줄 수 있는 것은 결국 일본 유권자들의 선택에 달려 있다. 이를 이끌기 위해서도 지속적이고 끈질긴 시민교류가 필요할 것이며, 한국 측에서도 정교하고도 정교한 과거사와 보다 세련된 형태의 일본 이해가 선결되어야 할 것이다. 경제력 측면만 본다면 머지 않은 미래에 양국은 수평적 관계가 될 개연성이 이미 가시화되고 있기 때문이다. 이 단계로 넘어와서부터는 양국간의 갈등요소는 이제 정체성을 둘러싼 경합이라고 표현해도 무방할 영역으로 옮겨갈 것이다.

그런데 간과하기 쉬운 것은 우리가 지금 단순히 한일이라는 양자 관계가 아니라 일본과 아시아 내지 아시아와 서구를 둘러싼 제국의 기억과 경험을 어떻게 극복해 나갈지에 대한 새로운 대안을 낳기 위한 진통을 겪고 있다는 점이다. 유럽이 1648년 30년전쟁과 베스트팔렌 체제를 거쳐 두 번의 세계대전을 겪은 후에야 유럽공동체가 가시화된 것을 감안한다면 한일 간의 공생은 그래도 갈등 속에서도 훨씬 빠른 속도로 한 걸음씩 앞을 행해 나아가고 있다. 이것 역시 역사를 통해 얻을 수 있는 교훈이 아닐까 생각해 본다.

참고문헌

『민단신문』; 『The Huffington Post』; 『朝日新聞』; 『時事通信』; 『東京新聞』; 『週刊文春』

總務省行政評価局､「生活保護に關する實態調査結果報告書」､2014年8月。http://www.soumu.go.jp/main_content/000305409.pdf (2020년 11월 12일 검색)

竹村泰子､「政府の國際人權條約履行義務に基づく東京都知事發言への對応に關する質問主意書」､質問第四一号､第147回國會(常會)､2000年5月26日。

丁章､「無國籍者として生きて」､陳天璽編､『世界における無國籍者の人權と支援ー日本の課題ー國際研究集會記錄』國立民族學博物館調査報告118､39－43頁。

樋口直人､『日本型排外主義: 在特會·外國人參政權·東アジア地政學』, 名古屋大學出版會､2014.

荻上チキSession 22､「在日外國人の生活保護受給率について､次世代の党への追加質問」､2014年12月12日。http://www.tbsradio.jp/ss954/2014/12/2014jisedai2.html (2014년 12월 13일 검색)

古谷経衡､「總選擧「唯一の敗者」とは？「次世代の党」壞滅の意味とその分析」､『BLOGOS』､2014年12月15日。https://news.yahoo.co.jp/byline/furuyatsunehira/20141215-00041509/ (2020년 10월 20일 검색)

前川喜平, 青木理,「ヘイトを撃つ 第一回､官製ヘイトはいまにはじまった話ではない: 文部科學事務次官·前川喜平氏に訊く①」, 集英社新書プラス, 2019年6月12日. https://shinsho-plus.shueisha.co.jp/column/hate/6013 (2020년 10월 15일 검색)

在日特權を許さない市民の會ホームページ http://www.zaitokukai. info/modules/about/bira/01.html (2013년 12월 2일 검색. 〈현재 접속 불가〉)

次世代の党チャンネル http://www.youtube.com/watch?v=R7ilGGkne-I&list=UUuayKkheYJwSAo3TFOmrb

http://itokenichiro.tumblr.com/post/66344719795 (2020년 10월 22일 검색)

https://iwj.co.jp/wj/open/archives/474863 (2020년 10월 20일 검색)

https://twitter.com/ohnishiren/status/543607909180248065 (2014년 11월 16일 검색)

〈토론문〉

김웅기 "혐한 현상 후 일본 배외주의와 정치 행동의 변화"

오가타 요시히로(緒方義広)ㅣ홍익대학교

김웅기의 발표는 '재일코리안'에 대한 '재특회'의 헤이트스피치를 소개한 다음, 일본사회의 '혐한'과 재일코리안, 그리고 헤이트스피치 간의 연관성에 대해 논의하고 있다. 또한 극우세력인 차세대당이나 일본제일당, 그리고 도쿄도지사 고이케 유리코를 사례로 들며, 일본 보수진영과 거짓선동에 근거한 배외주의가 가진 의미를 유권자와의 관계성을 통해 밝히고 있다. 발표자는 재특회를 비롯한 일부 세력이 주도한 혐한 현상은 일본 정관계 인사들에게 깊은 영향을 미쳤다고 분석한다. 그리고 결론적으로 일본사회의 뿌리 깊은 혐한 현상, 즉 한국(인)에 대한 일본사회 내 차별 의식은 앞으로 한일 간의 정치적 갈등을 또 다른 증오로 만들고, "헤이트스피치가 난무했던 2012-14년과 같은 상황"을 다른 형태로 재현할 우려가 있다고 지적한다.

본 토론자는 김웅기의 발표에 대해서 큰 틀로는 이론(異論)이 없다. 특히, 한국에 대한 일본사회의 왜곡된 인식을 변화시킬 수 있는 것은 "결국 일본 유권자들의 선택"일 것이고, 그것을 "이끌기 위해서도 지속적이고 끈질긴 시민교류가 필요할 것이며, 한국 측에서도 정교하고도 정교한 과거사와 보다 세련된 형태의 일본 이해가 선결되어야 할 것"이라는 결론 부분의 주장에 대해서는 공감한다. 그럼에도 불구하고 토론자가 낙관적으로만 볼 수 없는 것은 일본사회가 과연 그런 인식 변화의 필요성에 대해 얼마나 자각하고 있을지가 의문스럽기 때문이다.

발표자도 지적한대로 일본사회는 한국(인)에 대한 차별의식을 근대화 과정에서 정착시켰다고 볼 수 있다. 일본의 패전 이후 전후 보상 및 한일 국교정상화 교섭의 과정을 들여다보면 그러한 차별의식이 여전히 남아 있고, 그로 인해 현재 한일 간 역사인식 문제 또한 해결하기 어려운 갈등을 낳고 있다. 현재 일본사회의 배외주의적 상황도 그런 과정에서 쌓여온 차별의식이 큰 요인이라는 점은 분명한 사실이다. 하지만 한편으로는 일본사회의 배외주의를 형성한 요인으로 차별의식만을 들 수 없다고 생각한다. 발표자도 일본제일당의 주장에 대한 유권자들의 공감대가 재일코리안에 대한 비하나 혐오라기보다 자신의 삶에 대한 절실함이라는 점을 지적한 것처럼 일본사회의 배외주의라든가 '우경화'로 불리는 상황, 그리고 혐한 현상은 차별의식만을 그 요인으로 꼽기가 어렵다는 것이다.

그렇다면 다른 요인으로는 무엇을 생각할 수 있을까? 토론자는 발표에서도 언급되는 한류와 혐한의 공존이라는 점을 하나의 단서로 본다. 일견 모순된 두 가지의 현상이 공존할 수 있는 이유는 둘 다 일본사회가 필요로 하기 때문이다. '잃어버린 20년'을 경험한 일본사회는 이제 경제력만으로는 충분한 자신감을 가지기 어렵게 되었다. 뿐만 아니라 도덕성이나 문화적 우위성에 있어서도 민주주의의 후퇴가 지적되는 일본은 결코 선진국이라고 당당하게 말할 수 없는 상황이다. 물론 일본사회 스스로는 그런 현실을 애써 부정하려고 하나, 세계화 시대 속에서 현실을 외면하는 것은 쉽지 않다. 정치색이 없는 한류, 차별의식을 바탕으로 한 혐한, 이 두 가지를 활용해서 콘텐츠 부족을 메울 수 있었지만 그것으로 충분한 자존감을 충족할 수는 없었고 오히려 위기감이 고조되었다. 그런 위기감이 혐한과 배외주의에 박차를 가하게 한 것이다.

1997년쯤 일본에서 역사수정주의가 대두한 데에는 '위안부' 문제가 큰 요인으로 자리한다. '고노 담화'에 이어 '무라야마 담화', 비록 성공하지 못했으나 적어도 일본정부의 도의적 책임을 시인한 이른바 '국민기금'의 설립, 그리고 교과서의 '위안부' 기술에 위기의식을 가진 보수진영은 역시 자신감을 잃어가던 대중들의 지지를 얻어 성장했고, 김웅기의 발표에서도 언급된 2002년 북한의 일본인 납치 사건 시인을 계기로 일본은 처음으로 아시아에서 '피해자'가 되어 당당하게 비판할 수 있는 '우위'에 설 수 있게 되었다. 그것이 현재까지 이어진 일본의 배외주의 현상의 본질이 아닌가 생각한다.

한편, 원래 정치색이 제외된 한류가 일본사회에 변화의 계기를 줄 가능성도 지적될 수 있다. 한일 간에서 공유할 수 있는 사회적 과제는 적지 않다. 언론에서 자주 거론되는 경제협력이나 안보협력과 같은 국가차원의 문제도 물론 중요하지만, 경제적 양극화와 고용 문제부터 저출산과 초고령 사회의 문제나 젠더의식, 외국인 노동자 문제 등 시민 차원에서 공감이 가능한 문제들이 많고, 그것이 한류를 통해서 일본사회가 자극받는 계기가 될 수 있다는 것이다. 그것이 바로 토론자가 "지속적이고 끈질긴 시민교류가 필요"하다는 점에 공감하는 이유다. 관건은 정치색이 제외된 한류의 힘이 뿌리 깊은 차별의식을 기반으로 한 혐한을 얼마나 억제할 수 있는가 하는 것이다. 결국, 일본사회가 얼마나 스스로 변화를 추구하고자 할지 또한 문제일 것이다. 발표에서도 언급된 도쿄도지사 고이케의 평등주의를 위장한 후진적 차별을 용인하고 정당화하는 일본사회의 현황을 보면 역시 상황은 쉽지 않아 보인다.

이상과 같은 인식을 바탕으로 마지막으로 세 가지만 질문하며 토론을 마치겠다. 첫째, 2014년 중의원선거에서 유권자들이 차세대당을 외면한 것에 대해 "극우정당의 진출을 용납하지 않았다"고 하는 평가는 과연 타당할까? 물론 그 결과에 대해서 발표자도 "배외주의에 대한 위화감에서만 찾으려 한다는 것은 무리가 있을 것"이라고도 하지만, 양론병기와 같은 형식적인 평등주의가 지지를 받는 일본사회의 현황이나 일본제일당의 득표수 증가를 보면 2014년의 유권자들의 반응은 단지 극단적인 것을 일시적으로 기피하는 투표행동에 불과한 것이 아니었을까? 2014년 이후 변화가 있었다고 보는 것이 맞는지 발표자의 견해가 궁금하다.

둘째, 발표에서는 사회적 배외주의가 공공영역에 미치는 영향에 대해서 논하고 있으나 거꾸로 공공영역의 배외주의 또는 배외주의의 묵인이 사회적 배외주의를 조장하는 역할이 더 크지 않을까 생각된다. 물론, 닭이 먼저냐 알이 먼저냐는 이야기가 될 수도 있지만 일본사회의 경우 공공영역의 요인이 더 큰 것으로 보이는데, 발표자의 분석은 어떤가 궁금하다.

셋째, 발표자는 “일본 대중 대부분에게 가장 익숙한 한국다운 것은 이웃에 살고 있는 것으로 추정되는 재일코리안, 특히 올드커머들의 존재”라고 지적하고 있는데, 한류 시대인 현재, 일본 대중에게 재일코리안이 보다 익숙한 존재로 인지되고 있다는 것이 사실일까? ‘재일특권’의 파급으로도 상징되듯이 재일코리안에 대한 일본사회의 무지는 심각할 정도로 여겨진다. 또한 한국 사회에서 조선학교 지원에 치중되어 있는 문제 역시 재일코리안에 대한 무지가 그 원인이지 않을까 생각된다. 그런 의미에서 일본의 혐한 분위기 속에서 재일코리안이 겪고 있는 어려움의 정도가 한국에서는 충분히 알려져 있지 않다고 본다. 그렇기 때문에 “한국 측에서도 정교하고도 정교한 과거사와 보다 세련된 형태의 일본 이해가 선결되어야 할 것”이라는 발표자의 제안 속 ‘일본 이해’에는 재일코리안에 대한 이해도 포함되어야 하는 것이 아닐까 생각한다. 이에 대한 발표자의 견해를 듣고 싶다.

일본인의 한국, 한국인식의 개선 방안

신각수 | 전 주일대사

Ⅰ. 한일관계는 지금 어디에 와 있나?

1965년 국교수립을 계기로 제2차 세계대전 종전 후 20년 만에 정상화된 한일관계는 올해로 55주년을 맞았다. 한일관계의 복잡성은 이미 국교가 정상화되기까지 소요된 14년에 걸친 7차의 교섭과정에서 드러난다. 가장 핵심적인 쟁점은 35년간 일본의 식민통치를 어떻게 볼 것인가에 관한 것이었다. 한국은 일본의 강제병합이 '강박에 의한 조약'으로 원래부터(ab initio) 무효라는 입장이었던 반면, 일본은 한국에 대한 식민통치는 국제법상 합법적으로 이루어졌다는 입장을 견지하였다. 결국 양측은 오랜 줄다리기 끝에 외교적 타협을 통해 서로 달리 해석하기로 하는 '異見 합의(agree to disagree)'의 형태로 타결하였다. 2차 세계대전 후 다수의 식민지가 독립하였지만, 한국은 이스라엘과 함께 국가승계를 인정하지 않은 매우 드문 사례다. 대부분의 식민지 독립은 식민 모국과 식민지 사이에 승계협정(devolution agreement)을 체결하여 양자 간 권리·의무의 승계의 여부와 범위를 결정하였다. 그러나 한국은 식민통치 자체를 불법으로 보아 이런 협정을 체결하지 않고 기본조약과 4개 협정으로 정상화에 도달하였다. 이와 같이 합의에도 불구하고 한일 양측은 전혀 다른 입장을 가졌기 때문에 이후 과거사에 대한 끊임없는 시비를 불러왔고 시시포스의 신화처럼 관계가 발전하면서도 다시 분쟁이나 문제를 일으켜 관계를 악화시키는 원인이 되었다.

전체적으로 한일관계 발전은 정부 차원에서 시작하여 민간 차원으로 확산되는 과정을 밟았다. 이는 1965년 국교 정상화 당시 한국에서 격렬한 반대가 있었고 이를 정부가 계엄령을 통해 억누르면서 정부 주도로 한일관계가 발전하였기 때문이다. 일본에서도 사회당을 중심으로 한일수교에 반대하는 세력이 있었다. 또한 이미 전후 복구가 끝나 세계 2위 경제대국으로 부상한 일본과 분단·전쟁으로 겨우 경제개발의 첫발을 내디딘 한국의 국력은 인구가 2.5배, 1인당 소득이 9배에 달하여 상당한 격차가 있는 '비대칭적 관계'였다. 한국은 초기 경제개발 과정에서 일본의 자본과 기술에 크게 의존하였고 일본의 주요 시장으로 변화하였다. 따라서 이 시기의 한일관계는 냉전 시대 미국 동맹국으로서 한반도 안보협력과 경제협력을 중심으로 구축되었다. 한일관계가 민간 차원으로 확산되는 직접적 계기는 1988년 서울 하계올림픽의 성공적 개최로 한국에 대한 일본 내 인식이 크게 개선되고, 1990년대 초 한국에서 해외여행 자유화가 이루어져 양국 간에 국민왕래가 활발해진 데 따른 것이었다. 1990년대에 들어 한국은 빠른 경제발전을 기반으로 아시아에서는 일본에 이어 두 번째로 선진국 클럽인 OECD에 가입하였고 수원국에서 원조국으로 탈바꿈하는 데 성공하였다. 동시에 일본에서는 자민당 우월정당 체제가 무너졌고 자유주의 영향으로 과거사에 관해 전향적 태도를 보여 고노 관방장관담화, 무라야마 총리담화가 차례로 나오게 되었다. 물론 이에 대한 보수, 특히 우익의 반발로 1990년대 말 수정주의적 역사관을 가진 일본회의가 창설되어 2010년대 과거사를 둘러싼 한일 공방을 치열하게 만든 씨앗이 배태되었다.

한편 아시아 금융위기를 배경으로 1998년 김대중 대통령과 오부치 게이조 총리는 한일파트너십 선언과 행동계획을 채택하였고, 민간 차원의 한일관계를 비약적으로 발전시키는 원동력이 되었다. 다양한 조치가 취해졌지만 가장 중요한 것은 한국 국내에서 상당한 반대가 있었음에도 불구하고 과감하게 일본 대중문화 수입 금지를 대부분 해제한 것이다. 이를 통해 한국 문화계가 당시 앞섰던 일본 대중문화와의 경쟁을 위해 진지한 노력을 기울였고 2000년대에 꽃을 피운 한류의 싹을 트게 하였다. 또한 2002년 월드컵 한일 공동개최가 큰 성공을 거두면서 양국 국민 간의 상호 인식이 크게 개선되는 효과를 가져왔다. 덕분에 국교 수립 후 일본의 한국에 대한 호감도는 꾸준히 상승하였고 국교 수립 때와 대비하여 대강 30% 정도 개선되었다. 물론 그 사이에도 과거사와 관련 어려운 일이 없었던 것은 아니었지만 문제가 발생해도 짧은 시간 내에 해결되어 다시 앞으로 나아가는 과정을 밟았다.

그러나 2010년대에 들면서 한일관계는 더 이상 발전하지 못 하고 오히려 악화의 늪에 빠져 들어갔다. 2010년은 세계2위의 경제대국의 지위가 일본으로부터 중국으로 옮겨간 해이다. 일본은 '잃어버린 20년'으로 정치, 경제, 사회적으로 어려움을 겪고 있었다. 일본경제는 1980년대 말 부동산 버블이 붕괴되고 1990년대 말부터 인구 고령화와 출산율 저하로 경제활동인구가 줄어들기 시작하면서 장기간에 걸친 디플레이션으로 큰 타격을 입었다. 또한 정치적으로도 7년간 7명의 총리가 나와 거의 매년 총리가 바뀔 정도로 불안정하였다. 거기에다 2011년 3월 동일본대지진은 다수의 인명피해와 후쿠시마 원전 폭발사고로 일대가 봉쇄되고 30만에 달하는 피난민이 발생하여 사회적으로도 큰 충격을 주었다. 이런 제반 현상들은 일본 사회를 보수우경화의 방향으로 이끌었다. 이런 흐름에 따라 2009년 자민당 체제를 종식시키고 출범했던 민주당이 3년 만에 붕괴되어 자민당이 재집권하게 되었다. 2012년 말 출범한 2기 아베 정부는 오랜 정치·경제·사회 부진을 타개하기 위해 정권의 슬로건을 1기 정권 때의 '아름다운 일본'에서 '강한 일본'으로 바꾸었다. 그리고 국가주의적 성향을 띤 수정주의 역사관을 채택하면서, 일본군위안부의 강제성을 부인하기 위하여 1993년 고노 관방장관담화를 재검토하였으며, 침략의 정의가 없다는 이유로 침략을 부정하는 발언을 하고 2014년 말 야스쿠니 신사를 참배하였다. 이러한 일본 정부의 기존 입장을 뒤집는 퇴행적 역사관은 이웃인 한국·중국과의 관계를 악화시켰다.

한편 한국에서는 2011년 8월 헌법재판소에서 한국 정부가 일본군위안부 문제의 해결을 위해 한일 청구권협정에 따른 분쟁해결절차를 밟지 않는 것은 부작위에 의한 위헌이라는 판결을 내렸다. 그리고 2012년 5월에는 대법원 민사 1부(김능환 대법관 주심)가 고법 판결의 파기환송으로 강제동원 피해자에 대한 일본 기업의 배상을 명하는 판결을 하였다. 이로 인해 일본군위안부 문제와 강제동원 문제의 2개 과거사 문제가 한일관계의 전면으로 재부상하게 되었다. 2011년 12월 양국은 교토 한일정상회담에서 일본군위안부 문제의 해결을 꾀했으나, 일본의 고답적 자세로 아무런 진전 없이 결렬되면서 2012년 초부터 한일관계는 내리막길을 걷기 시작하였다. 또한 노다 정부는 독도에 대한 기존 방침에 대한 변경을 꾀하여 문제를 일으키기 시작하였다. 겐바 외무대신이 1월 국회 연설에서 독도 문제를 처음으로 제기하였고 2월 말 '다케시마의 날' 행사를 시마네 현에서 중앙정부 차원에서 도쿄로 옮겼고 외무성 정무관이 처음 참석하였다. 또한 역사·지리 교과서에서 독도에 관한 기술을 강화하고 외교청서·방위백서에도 독도에 관한 도발을 이어갔다. 8월 이명박 대통령은 국가원수로서는 처음으로 독도를 방문하였고 이어 일본의 국력 약화 발언과 천황 방한 시 사죄 요구 발언이 알려지면서 한일관계는 급격히 악화되었다.

2013년 2월 출범한 박근혜 정부는 비슷한 시기에 출범한 일본 아베 정부와 한일관계의 리세트를 꾀할 기회가 있었으나 상황은 반대로 전개되었다. 일본의 역사수정주의에 반발한 한국 정부는 일본군위안부 문제와 올바른 과거사 인식이 확보되지 않으면 원만한 한일관계를 진전시킬 수 없다는 원트랙 접근을 취하여 한일관계가 더욱 경색되었다. 미국의 막후 영향력 행사와 한일국교정상화 50주년을 계기로 2015년 말 일본군위안부 합의가 타결됨으로써 개선의 계기를 잡았다. 그러나 2016년에 들어 위안부 합의에 대한 한국 내 부정적 여론이 강해졌고 연말 부산 일본 총영사관 앞에 소녀상이

세워지자 일본 정부가 주한 일본대사 소환, 고위급 한일 경제협의 중단, 한일 통화 스왑 교섭 중단 등 대응조치를 취하면서 다시 악화되었다. 그리고 2017년 5월 문재인 정부가 출범하면서 2015년 일본군위안부에 관한 한일 합의를 재검토하여, 합의는 파기하지 않지만 흠결이 있다는 이유로 추가 이행을 하지 않는 무력화 조치를 취하였다. 일본이 정부예산으로 제공한 10억 엔 가운데 상당수 피해자에 보상하고 58억 원이 미집행 상태로 남아있는 상황에서 2019년 7월 화해치유재단도 해산시켰다.

그리고 2018년 10월 강제동원에 관한 대법원의 확정 판결이 내려지면서 한일 간에 가장 첨예한 대립 사안으로 부상하였다. 한일 양측의 입장이 평행선을 달리는 가운데 2019년 7월 일본 정부가 전략물자 수출통제 절차에서 한국을 백색 리스트에서 제외하는 통상규제 조치를 취하고, 한국 정부가 이에 반발하여 한일 군사비밀보호협정(GSOMIA)의 종료를 통고하면서 긴장 국면으로 발전하였다. 그동안 수수방관하던 트럼프 행정부의 막후 개입으로 한일 양국은 통상규제 관련 협의를 개시하는 대신에 GSOMIA 종료의 정지를 통해 수습하였다. 그러나 2020년 8월 압류된 일본회사 재산의 현금화를 위한 1단계 조치인 공시송달이 완료되면서 현금화를 향한 발걸음이 빨라졌으며 실현될 경우 양국의 상호 대응조치를 통한 파국의 위험이 있다.

이렇듯이 한일관계는 2012년부터 8년에 걸쳐 수교 이래 가장 장기간 악화의 내리막길을 걸었다. 과거에도 주로 과거사 문제를 중심으로 한일관계가 악화된 적은 6-7차례 있었지만 모두 단기간에 수습이 되고 다시 발전하는 방향으로 전개되었다. 그러나 이번의 장기 악화는 한일관계의 구조적 변환과 겹쳐 상당히 오래 지속되었고 그 여파로 회복의 동력을 상실한 채 표류하고 있다. 특히 가장 첨예한 대립 사안인 강제동원 문제의 원만한 해결을 보지 못 하는 한 더욱 한일관계를 경색시킬 우려스런 상황이다.

2020년 9월 아베 총리의 조기 퇴진에 따른 스가 정권의 출범은 한일관계의 회복을 위한 기회의 창을 열었다. 스가 정권이 아베 정권의 정책 계승을 내세우는 만큼 큰 변화를 예상하기는 어렵지만 이념형 아베 총리보다는 실용적이라는 점에서 변화의 계기가 될 수 있다. 다만 과거사 문제에 관한 일본 여론이 매우 부정적인 상황에서 내년 자민당 총재 선거와 총선을 앞둬 내치에 중점을 두어야 하는 스가 총리가 부담이 큰 대외문제에 적극적 자세를 취하기는 어려운 만큼 한국 정부가 어떻게 문제를 풀어 가려는가에 따라 모처럼 열린 기회의 창이 실제 회복의 길로 연결될지 정해지게 될 것이다.

Ⅱ. 최악의 상황은 왜 초래되었나?

최근 한일관계가 수교 후 최악의 상태가 된 원인과 배경을 찾는 것은 본고의 목적인 일본인의 한국과 한국인에 대한 인식을 개선하는 방안을 찾는 데 중요한 의미를 가진다. 현재의 한일관계 악화는 다양한 구조적 요인과 내부적 요인이 누적되어 발생하였다는 점에서 일종의 복합다중골절 상태와 유사하다. 오랜 관계악화가 악순환의 구조를 만들어 개선의 계기를 잡기 어렵게 만드는 형국이다.

우선 한일관계의 악화가 어떤 단층을 중심으로 형성되어 있는가를 살펴본다. 이번 한일관계 악화 이전부터 한일 간에 가장 빈번하게 관계악화의 불씨가 된 것은 과거사문제다. 1965년 국교정상화를 할 때 과거사문제는 관계수립이라는 시급한 당면 목표 때문에 정치적 타결을 통해 봉합되는 수준에 머물렀다. 가장 난관이었던 식민지배의 불법성 문제에서 서로 달리하는 해석을 통해 타협하였다. 군사쿠데타를 통해 집권하였고 최대 지원국이었던 미국이 경제적 지원 부담을 덜려고 하는 상황에서 절대빈곤 경제를 발전시킬 자본과 기술이 필요했던 한국 정부로서는 사실상 비대등한 입장에서 국교 교섭에 임할 수밖에 없었다. 그리하여 식민지배의 불법성을 근거로 배상을 요구했던 한국은 식민지배가 합법으로 배상이 아닌 재산·청구권을 청산하는데 그쳐야 한다는 일본과의 타협을 통해 '대한민국과 일본국 간의 재산 및 청구권에 관한 문제의 해결 및 경제협력에 관한 협정'을 타결하였다. 1965년 당시 일본의 식민지배에 대한 일본의 인식은 합법·정당이었다. 국교 수립과 관련 일본 정부가 과거사에 언급한 것은 1965년 2월 한일 간 제협정의 가서명을 위해 방한한 시이나 에츠사부로(椎名悅三郞) 외무대신이 김포공항 기자회견에서 '불행한 시기에 관한 유감과 깊은 반성' 표명이 유일하였다.

그리하여 이후 일본 각료의 망언, 교과서문제, 야스쿠니 신사참배, 일본군위안부, 강제동원 등 과거사문제가 한일관계의 발목을 잡는 주된 원인으로 자리 잡았다. 물론 제반 현안들은 망언의 경우 관련 각료의 경질, 교과서 문제의 경우 근린국 조항, 야스쿠니 신사참배의 경우 총리·외무대신·관방장관의 방문 자제, 일본군위안부의 경우 1993년 고노 관방장관 담화와 2015년 한일 합의 등을 통해 일정한 진전이 이루어졌다. 역사인식의 경우에는 1995년 무라야마 총리 담화, 2010년 칸 총리 담화를 통해 식민지배에 대한 합법·부당의 단계까지 진전되었다. 그러나 불법성에 관하여는 여전히 간극이 좁혀지지 않고 있으며, 일본의 입장에 비추어 앞으로도 쉽게 좁혀지지 않을 것으로 본다.

일본에서는 과거사 문제와 관련 전후 상당한 기간이 경과하여도 마무리가 되지 않는데 대한 일종의 피로증상이 있어왔다. 과거사문제가 지속적으로 제기되는 데 대한 반발 심리의 반영이며 소위 '골대 이동론'을 통해 불만을 표출해 왔다. 특히 2015년 일본군위안부 문제에 관한 한일 합의의 무력화와 2018년 강제동원에 관한 대법원 판결은 과거사 문제에 관한 양국의 합의를 무시하거나 어긴 것으로 보아 강하게 반발하고 있다. 그 결과로서 종래 한일관계에서 과거사 문제는 피해자인 한국이 일본에 대해 공세를 취하는 형식이었으나, 최근에는 오히려 가해자인 일본이 한국에 대해 공세를 취하게 되어 공수가 역전된 모습이다. 그리고 역사인식 문제에 있어서도 2015년 아베 총리담화는 무라야마 총리담화 이래 지속되어온 식민지배에 대한 반성과 사죄에 관한 언급을 빼고 전쟁에 관해서만 언급하고, 주체도 애매모호하게 하여 후퇴하였고, 후세에게 사죄를 계속할 숙명을 짊어지게 하지 않겠다고 함으로써 일방적 정리를 꾀하였다. 전체적으로 우파민족주의의 수정사관에 바탕을 둔 접근으로 역사의 수레바퀴를 거꾸로 돌리는 행보를 보였다.

둘째 단층은 영토문제, 즉 독도문제이다. 한국에서 독도는 일본 침략의 최초 희생대상으로 한국인이 가장 중시하는 과거사 문제이자 정체성(identity)과 관련된다. 반면에 일본은 독도가 자국 영토이며 한국과 영토분쟁이 있는 것으로 보아 국제사법재판소에 부탁하여 해결할 것을 주장하고 있다. 실제로 과거 세 차례 우리에게 부탁을 제안하였으나 우리가 수락하지 않아 실현되지 않았다. 영토문제는 성격상 영합게임(zero sum game)이고 우리가 실효적 지배를 통해 완전한 주권을 행사하고 있다는 점에서 일본이 우리 영유권을 인정할 때까지 해결이 어렵다. 일본은 중국·러시아와 센가쿠열도(타오위타오)와 북방 4개 도서(쿠릴열도)에 대한 영토분쟁을 가지고 있기 때문에 이와 연동하여 독도에 대한 도발을 증가시켜 가고 있다. 영토문제는 민족주의와 결부되어 감정적 대응을 촉발하여 쉽게 점화되는 속성이 있기 때문에 관리에 중점을 두어 다룰 필요가 있다.

셋째 단층은 지정학이다. 2010년에 중국이 일본 경제를 추월하여 2위 경제대국이 되고 지금은 거의 3배에 육박하는 경제력을 가지게 되면서 아편전쟁 이래 처음으로 중국이 일본을 앞서게 되었다. 이런 역학관계의 변화와 함께 한국의 중국 접근과 일본 소원이 맞물려 일본 내에서 한국의 '중국경사론'이 2013년부터 고개를 들기 시작하였고 미국에까지 전파되었다. 한국에서 사드 파동으로 한중관계가 경색되면서 이러한 의심은 다소 완화되었지만, 일본의 전략적 구도에는 여전히 남아 있다. 한국은 해외시장의 30%

이상을 중국에 의존하고 중국이 북한의 후원국이라는 점에서 한반도 평화와 통일 관점에서 중요하기 때문에 한국의 중국에 대한 전략적 이해관계는 일본과 다를 수밖에 없다. 일본은 외교안보정책의 중점을 중국 부상에 대한 대응에 두고 미국, 호주, 인도와 함께 Quad를 통해 중국 견제에 힘쓰고 있다. 따라서 한일 간 전략적 차이는 불가피한데 이를 원활한 전략 대화와 소통을 통해 이해의 폭을 넓혀 가는 노력을 소홀히 하면서 오해가 증폭된 것이다.

넷째 단층은 국민감정이다. 관계악화가 장기화되고 악순환의 구조가 정착되면서 양국 국민 간에 상호 이해·인식·기대·신뢰의 면에서 격차가 확대되어 양국 관계의 기반이 크게 침하하였다. 양국의 세대교체로 주류가 된 전후 세대는 한국의 경우 역사교육을 통해 과거사에 대한 이해가 깊은 반면, 일본의 경우 과거사에 대한 교육 자체가 충분하지 못 하여 과거사에 대한 접근 면에서 상당한 격차가 있다. 또한 인식 면에서도 일본은 과거사 문제는 거의 종결되었고 일본군위안부 문제나 강제동원 문제는 한국이 약속을 위반하고 골대를 옮겨서 발생한 것이라는 인식이 강하다. 반면에 한국에서는 일본이 과거사에 대한 반성과 사죄가 없거나 부족하다는 인식으로 보다 명확하고 진솔한 사죄와 반성이 필요하다는 입장이라 상당한 거리가 있다. 기대 면에서도 한국은 일본이 독일과 같은 수준의 과거사에 대한 반성과 사죄가 필요하다고 기대하는데 반하여, 일본은 1965년 체제를 기반으로 2015년 위안부 합의 등을 통해 이미 충분히 조치를 취하였다는 입장이다. 신뢰 면에서도 한국은 일본의 역사수정주의로 인하여 종래 일본의 과거사 관련 조치에 대한 신뢰가 떨어졌고, 일본은 한국이 이미 합의한 과거사 관련 약속을 어긴다는 이유에서 한국에 대한 신뢰가 떨어졌다.

한일관계가 이렇게 장기간 악화되게 된 배경은 무엇일까? 첫째, 한일 간의 국력차이가 많이 줄어들었다는 점이다. 국교수립 당시 1인당 소득은 일본이 한국의 9배에 달했으나, 지금은 물가를 감안한 소득은 거의 같게 되었다. 일본이 '잃어버린 20년' 동안 디플레이션으로 축소의 길을 걸었고 한국은 성장하였기 때문이다. 부의 측면에서는 아직도 격차가 크지만 이런 경제 격차의 축소는 종래 비대칭적 관계를 대칭적 관계로 전환하는 계기를 만들고 있다. 이와 함께 한국의 경제개발 초기 압도적 비중을 차지했던 일본의 존재가 한국의 경제가 고도화하면서 비중이 크게 준 것도 영향을 준다. 한국에 일본 시장은 줄곧 3위를 지켜왔으나 최근 베트남과 홍콩이 추월하면서 5위로 떨어졌다. 둘째, 양국 사회의 주류가 전후세대로 교체되었다. 전전세대는 과거사를 실제로 경험한 반면, 전후세대는 경험이 없이 교육, 독서, 대화 등 간접적으로 과거사를 인지하게 된다. 한국에서는 근세사 교육이 철저하여 전후세대도 과거사에 관해 잘 알고 있는 반면, 일본은 근세사 교육이 철저하지 못 하고 책임 의식도 옅다. 셋째, 한국에서의 좌파 민족주의와 일본에서의 우파 민족주의가 충돌하고 있다. 한국에서 진보 진영은 한일 국교정상화가 제대로 되지 못 했다는 입장의 연장선상에서 일본군위안부 합의 무력화나 대법원 판결 존중을 정당한 것으로 간주하고 있다. 반면에 일본의 경우 사회가 보수화하면서 과거를 미화하거나 왜곡하려는 역사수정주의가 기반을 넓혀갔고 아베 정부에 들어 더욱 심화되었다.

넷째, 법에 대한 양국의 인식 차이도 관련된다. 메이지 유신이래 일본은 법치를 중시하여 법은 지켜져야 한다는 인식이 강한 '法의 세계'다. 그러나 한국의 경우 정의롭지 못 한 법은 지키지 않아도 된다는 인식이 강한 '理의 세계'다. 따라서 과거사에 관한 합의를 실제 해석하고 적용하는데 있어서 한일 간에 편차가 생길 여지가 많다. 다섯째, 한일관계의 소통과 대화의 창구로서 문제가 발생할 경우 평형수(ballast water) 역할을 하던 한일의원연맹, 한일친선협회, 한일협력위원회 등 정치권과 각종 단체들이 세대교체 실패 등의 이유로 제대로 작동하지 못 하고 있다. 문제가 있으면 서로 만나서 대화와 소통으로 문제를 풀어야 하는데 오히려 관계가 악화되면서 대화와 소통의 채널이 닫혀 더욱 어려움이 가중되는 상황이다. 끝으로 양국 모두 외교당국보다는 청와대와 관저가 외교를 관장하게 되면서 국내정치적 고려가 더욱 작용하고 있다. 한일 간의 주요 외교 사안이 양국 지도자의 직접 관심을 받게 되면서 한국의 진보 정부와 일본의 보수 정부 사이의 거리만큼 문제의 해결에 어려움이 커졌다.

이러한 다양한 단층과 복잡한 배경이 얽히면서 현재 한일관계에는 전에 볼 수 없었던 다음과 같은 특징이 나타난다. 첫째, 이성보다는 감정이 앞서는 상황이 다수 연출되고 있다. 양국 사회 간에 상호불신이 깊어지면서 평소 원만한 관계라면 쉽게 수습될 문제도 눈덩이처럼 불어날 위험이 커졌다. 가장 대표적 사례가 2018년 12월 동해에서 북한 조난선박을 구조하던 한국 광개토대왕함과 일본 초계기 P-1 사이에 발생한 사격통제레이더 조사 여부와 저공비행을 둘러싼 갈등이다. 사실을 규명하고 이에 따른 조치를 취하면 될 사안을 서로 감정적으로 대응하다 보니 오랜 기간 걸쳐 쌓은 양국의 안보협력 기반을 흔드는 사태로 발전하였다. 둘째, 과거사가 더 이상 피해자인 한국에게 일본에 대한 도덕적 우위를 주지 않게 되었다. 가해자인 일본이 한국에 대해 과거사 관련 합의의 이행을 촉구하는 공수역전 현상을 볼 수 있다. 셋째, 양국이 상호경원의 늪에 빠졌다. 한국은 일본을 경시하고 일본은 한국을 무시하는데 따른 결과이다. 아시아에서 2개국밖에 없는 OECD 회원국인 한일 양국은 혼돈의 동아시아 정세를 헤쳐 나가기 위해 힘을 합쳐야 하는 데 오히려 상호경원으로 상호손실의 상황을 만들고 있다. 넷째, 한일관계의 악화가 그동안 정경분리의 방화벽으로 보호받던 경제 분야까지 확산되었고 착실히 진전되어온 안보 분야에까지 악영향을 미쳐 전반적으로 확산되고 있다. 한일 경제는 세계가치사슬(GVC)에 의해 긴밀하게 연결되어 있어서 과거에는 한일관계가 나빠져도 경제 분야는 서로 건드리지 않는 암묵의 자제가 있었는데 이것이 허물어졌다. 한일 안보관계도 미국을 매개로 하여 군 인사 교류, 정보교환 등 기반을 확대해 왔는데, 2018년 제주국제관함식 자위대함 불참, 광개토대왕함·초계기 사건, 2019년 한일군사비밀보호

협정 종료 조치로 상당한 타격을 받았다.

전체적으로 한일관계는 복합위기상태에 있다. 양국 정부 모두 정치적 결단이 없으면 회복 궤도에 올릴 수 없는 어려운 상황에 놓여있다. 특히 압류된 일본기업 재산의 현금화라는 결정적 악재가 관계 파국의 위험을 내포한 채 표류하고 있다. 회복되더라도 악화 이전의 상태로 돌아가기까지는 상당한 시일이 소요되거나 아니면 아예 다른 형태의 관계(뉴노말)로 바뀔 가능성이 있다.

Ⅲ. 일본의 한국, 한국인 인식은 어떤 상태인가?

이상에서 살펴 본 바와 같이 한일관계가 장기간 표류하면서 일본의 한국, 한국인에 대한 인식은 수교 이래 최악이라고 할 수 있다. 일본인의 대한 인식을 파악하기 위해서는 다양한 각도에서 상세한 분석이 필요하지만 본고에서는 주로 여론조사를 토대로 살펴보기로 한다. 한국에 대한 일본국민 인식의 변화를 추적하는 가장 좋은 자료는 매년 실시되는 일본 내각부의 여론조사다. 1978년부터 매년 연말 일본인을 상대로 주요 외교사안에 대한 여론조사를 해 40여 년간 축적된 결과물로 변화 추이를 쉽게 파악할 수 있다.

〈표 1〉에서 보는 바와 같이 일본인의 對韓 호감도는 한일관계의 부침에 따라 5개의 골짜기를 형성하였다가 짧은 시간 내에 다시 회복되어 봉우리를 형성하면서 2012년까지 완만히 개선되어 왔음을 알 수 있다. 2012년 이전에는 역사교과서 왜곡(1982년), 일본 각료의 과거사 망언(1986년), 일본군위안부 사건(1990년), 한일어업협정 파기(1996년), 독도 대립(2006년) 등 주로 과거사문제를 중심으로 관계가 나빠져 호감도 하락을 가져왔지만 35% 이하로 떨어지지는 않았다. 그리고 30여 년간 대강 20% 정도 개선이 되었다. 그러나 2012년부터 한일관계가 급전직하하면서 호감도는 30%를 밑도

〈표 1〉 한국에 대한 일본인의 친근감 조사결과(일본 내각부)

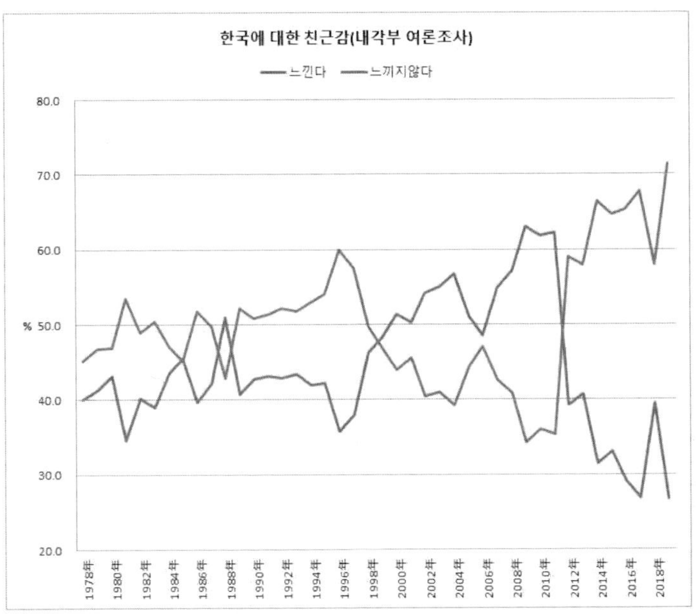

는 선까지 내려갔다. 1970년대 후반보다도 10% 정도가 낮아 역사의 수레바퀴가 거꾸로 후퇴하는 모습을 보였다. 2019년에는 여론조사 개시 이래 가장 낮은 수치인 26.7%까지 하락하였다. 그리고 부정적 인식도 역대 최고로 높은 71.4%를 기록하였다.

일본인의 대한 인식을 추적하는 데 좋은 또 하나의 자료는 한국의 동아시아연구원과 일본의 언론NPO가 매년 한일미래회의를 개최하면서 양국 국민의 상호인식을 조사해온 결과다. 다양한 항목에 관해 국민인식을 물었고 8년간 꾸준히 진행해 와서 추세 파악이 가능하고 신뢰도가 높다는 장점이 있다. 〈표 2〉에서 보듯이, 일본인의 한국 선호도는 2013-2020년간 10%-30% 박스 내에서 움직여 내각부 조사보다 10-20% 정도 낮은 수준을 기록하였다. 최근 일본의 대한 인식은 조금 개선된 반면, 한국의 대일 인식은 대

〈표 2〉 한일 상호호감도 추이(EAI-언론NPO 2020년 여론조사)

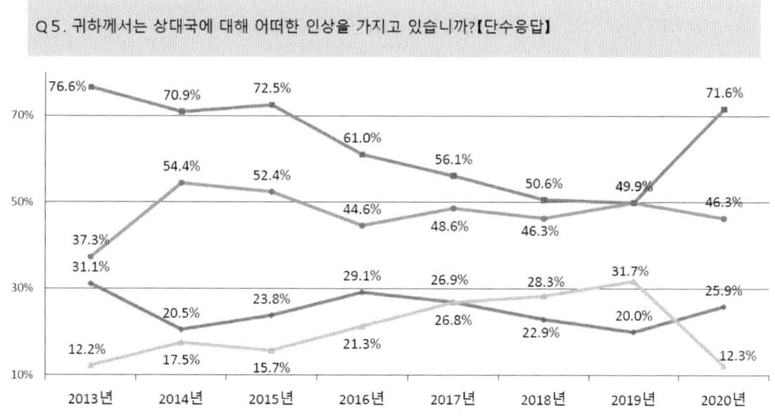

〈표 3〉 좋은 인상을 가지고 있는 이유(EAI-언론NPO 2020년 여론조사)

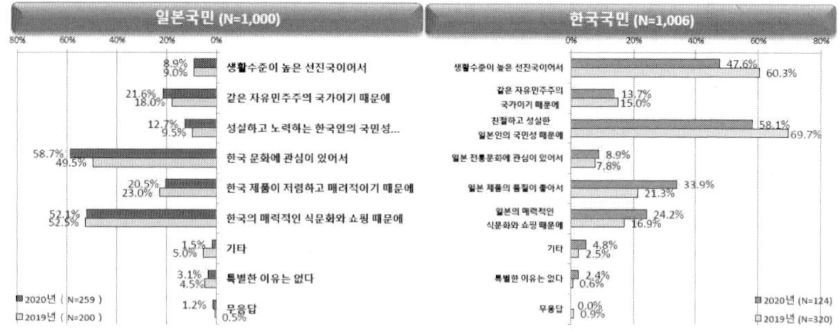

체로 개선 경향이었으나 올해 크게 나빠져서 2013년 수준으로 되돌아갔다. 일본의 통상규제에 따른 반발로 20-30대를 중심으로 선호도가 크게 떨어졌다.

한국에 대해 좋은 인상을 가지고 있는 일본인들의 이유로는 〈표 3〉에서 보듯이, 한국음식·쇼핑, 한국문화, 한국제품, 국민성, 자유민주주의 국가 순

〈표 4〉 좋지 않은 인상을 가지고 있는 이유(EAI-언론NPO 2020년 여론조사)

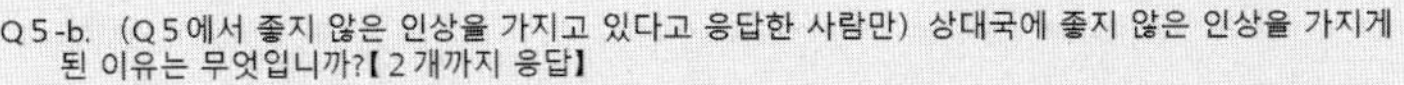

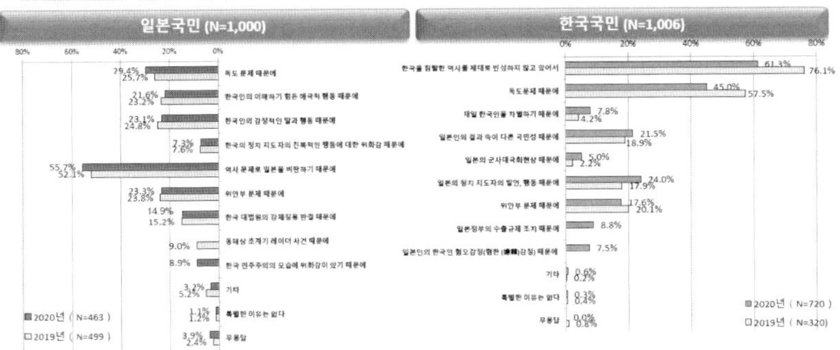

으로 나타나서 문화에 대한 관심이 한국을 좋게 보는 유력한 동인임을 알 수 있다. 한국에 좋지 않은 인상을 가지는 이유로는 〈표 4〉에서 보듯이, 역사문제 비판, 일본군위안부, 독도문제, 민족주의, 강제동원문제 등의 순으로 나타나 역사문제가 주된 이유로 나타났다. 역사화해를 촉진하고 문화교류를 증대시키는 것이 대한 인식을 개선하는데 필요한 노력임을 알 수 있다.

한편 일본인이 한일관계 개선에 필요하다고 보는 일들은 역사문제 해결, 독도문제 해결, 역사인식과 교육문제 해결, 정상의 소통과 신뢰 향상, 민간 차원의 소통과 신뢰 향상, 북핵문제 해결을 위한 협력, 반일 언론보도나 정치인의 발언 자제 등의 순이다. 역사문제가 주된 관심사임을 알 수 있다. 일본인이 한국을 중요하다고 보는 비율은 2013년 73.6%에서 2014년 60%로 떨어져 2018년 56.3%, 2019년 50.9%, 2020년 48.1%로 지속적으로 감소하고 있는데, 대체로 호감도가 하락한 비율과 거의 같으며 이 격차를 해소해야 한다. 그리고 일본인이 한국을 중요하다고 생각하는 이유로는 이웃국가, 역사·문화적 관계, 미국 동맹국, 경제의 상호의존, 공동의 가치, 미중 갈등에서 협력가능성 등 순으로 꼽았다. 양국의 중요한 자산인 공동의 가치나 미중 갈등에서의 전략적 협조에 대해서는 별로 높은 점수를 주지 않았다.

일본 정부의 대한 인식도 크게 후퇴하였다. 외교청서에서 대한관계를 언급하는 내용의 형식과 비중을 통해 그 변화 추이를 파악해 본다. 한일관계가 1998년 김대중 - 오부찌 한일 파트너십 선언 이후 꾸준히 개선되면서 한일관계에 관한 외교청서 상의 언급도 늘어나게 된다. 해마다 약간씩 변화가 보이지만 주된 언급 요소로는 '한반도의 지리적 근접성과 중요성', '가치와 이익의 공유', '미국의 동맹국', '한국의 정치, 경제적 중요성', '한일협력은 동북아 평화와 번영에도 중요' 등의 요소를 배합하고 있다. 관계 악화가 시작된 2012년부터 2014년까지는 아베 정부가 초기에 과거사와 한일협력을 구분하는 투 트랙을 기반으로 한일관계의 개선을 도모하였기 때문에 이전의 입장을 거의 답습하였지만, 2015년이 되면 한국이 과거사 해결을 선행하는 원 트랙 입장을 고수하는데 따른 반발과 좌절, 쓰시마 절도불상의 불인도 가처분, 강제징용 배상을 인정한 대법원 판결, 야스쿠니신사 방화범 류창의 중국인도 결정, 산케이 서울지국장의 명예훼손 기소와 무죄판결 등 일련의 한국 사법기관의 판단에 대한 불신, 일본의 중국 경사 경향에 대한 반발 등이 어우러지면서 전기 핵심요소들을 삭제하기 시작하였다. 한편 방위백서에서도 일본 정부는 안보협력의 우선순위를 종래에는 미국과 호주 다음으로 한국을 중시했으나, 2019년부터 인도, 동남아 뒤로 후퇴시켰다.

전체적으로 볼 때 일본 정부와 국민의 對韓 인식은 관계악화가 장기화됨에 따라 지속적으로 후퇴하였고, 민주사회에서 여론이 정치에 미치는 영향에 따라 일본의 對韓 정책에 투영되면서 선순환 구조로의 전환을 어렵게 만들고 있다.

Ⅳ. 일본의 대한인식을 어떻게 개선할 것인가?

일본의 대한 인식을 개선하는 길은 기본적으로는 장기 악화에 빠져있는 한일관계의 개선이 조기에 이루어지는 것이 중요하다. 그렇지만 한일관계의 개선에는 상당한 시일이 걸릴 가능성이 높고 對韓 인식개선과 한일관계 개선의 관계가 닭과 계란의 관계처럼 선후를 가리기 어렵다. 따라서 당분간 한일관계의 정상화가 쉽지 않다는 것을 전제로 어떻게 對韓 인식을 개선할 것인지 고민해 볼 필요가 있다. 한일 양국은 민주주의 국가로 여론이 외교정책에 미치는 영향이 크다는 점에서 일본인의 對韓 인식을 좋게 하는 일은 매우 중요한 의미를 가진다. 제2차 세계대전 이후 75년이 지났고 국교를 수립한 지 55년이 지났는데도 한일관계는 2012년을 정점으로 내리막길을 걷고 일본의 對韓 인식도 수교 당시의 상태로 되돌아 간 사실은 매우 엄중한 현실임이 분명하다.

이와 같이 극도로 악화된 환경 속에서 개선을 꾀하려면 이원적 접근(투트랙)이 필요하다. 관계와 인식을 악화시킨 주요 원인의 해소를 도모하는 대증적 양약 처방과 손상된 상호 이해와 신뢰를 복원하는 꾸준한 노력을 통해 체질을 강화하는 한방 처방을 병행시켜야 할 것이다. 그리고 對韓 인식을 개선하는 만병통치약은 없으며, 일관성을 가지고 꾸준히 정부뿐만 아니라 민간도 함께 노력하는 수밖에 없다. 이와 함께 일본의 對韓 인식 개선과 한국의 대일 인식 개선은 동전의 양면과 같이 상호작용을 하고 있기 때문에 한일이 협력적으로 추구해야 한다. 백짓장도 맞들면 낫다는 옛말처럼 어느 일방의 노력만으로는 선순환 구조를 만들기 어렵다.

양국관계를 악화시키는 가장 큰 원인은 과거사관련 현안들이다. 가장 시급한 발등의 불인 강제동원문제는 현금화 초기 과정에 있지만 현금화가 실현되기 전까지의 좁은 기회의 창을 활용해야 한다. 그러기 위해서는 한국정부가 스가 신정부의 출범으로 조성된 리세트 기회를 적극 잡아야 한다.

스가 총리는 아베 총리보다는 실용적 성향이고 아시아와의 관계를 중시하고 있다는 점에서 우리가 문제해결을 위한 적극적 자세를 보이면 호응할 여지가 크다. 가장 바람직한 방안은 기존의 한국 정부 입장처럼 원고들에 대한 보상을 하고 일본에 대해서는 분명한 반성과 사죄를 요구하는 것이지만, 대법원 판결이 나온 상황에서 국내 반발이 클 것이므로 양측 입장을 절충한 방식의 외교적 해결을 모색하는 것이 현실적이다. 구체적으로는 대법원 판결을 감안해야 하는 한국 입장과 1965년 청구권협정에 입각한 일본 입장을 타협하여 한국 정부, 청구권자금을 사용한 한국 기업 및 강제동원 한국인 노동자를 사용한 일본 기업(피고)이 원고들에게 보상을 하는 방안을 검토해야 할 것이다. 구체적 방식은 다양한 양태가 있으며 일본과 구체적 협의를 해 가면서 의견을 조율하고 합의가 이루어지면 이를 국회에서 특별법 제정을 통해 대법원 판결과의 상충을 해결해야 한다.

또한 현재 무력화 상태에 있는 일본군위안부 한일 합의도 양국 협의를 통해 본래 취지에 맞게 보충하는 방법으로 이행하여야 한다. 이 합의는 한일 간의 외교현안을 해결하는 데 있는 만큼 합의에서 얘기하는 '불가역적'이라는 표현은 다시 외교 현안으로 삼지 않겠다는 약속을 의미한다. 따라서 역사문제로서 일본군위안부문제를 연구하고 교육시키는 문제는 계속 추구해 가야 한다. 일본군위안부문제에 관한 기념관을 세워 연구를 지속하고 교과서에도 역사의 교훈으로서 반영시키는 노력을 기울여야 할 것이다. 이와 같이 2개의 큰 역사현안을 일괄타결로 마무리 짓게 되면 대국적 차원에서 한일관계의 회복을 위한 커다란 장애를 극복하기 위한 탄탄한 기반이 조성될 것이다. 이와 함께 역사를 교훈으로 삼기 위한 노력도 병행되어야 한다. 역사교육·연구에 더욱 무게 중심을 이동시켜야 하며 그 일환으로 중단된 한일역사공동연구를 재개하고 역사교육을 위한 공동 교과서 또는 보조교재의 집필도 추구해야 한다. 독일과 폴란드가 공동교과서위원회를 설치하여 48년에 걸친 작업 끝에 4권의 공동교과서를 만든 것은 좋은 사례가 될 것이다. 또한 독일과 프랑스도 2003년 독불청년의회의 제안에 따라 독일 외교부와 프랑스 교육부가 협력하여 양국 역사가들이 작업으로 2006년 공동교과서를 발간하였다. 한일 간에도 이런 노력이 이루어져야 한다. 초기에는 양국의 의견이 합치하기 어렵겠지만 지속적인 노력으로 이견을 병기하면서 좁혀나가면 진전이 있게 될 것이다. 그리고 지금까지 일본 정부가 식민통치에 관해 가장 진솔하게 반성과 사죄의 뜻을 표명한 2010년 칸 나오토 총리 담화가 일본 민주당의 실권으로 한일 양국에서 널리 알려지지 못 했는바, 양국 교과서에 반영시키고 이를 바탕으로 역사인식 문제를 해결해 나가야 할 것이다.

중장기적 관점에서의 역사화해도 중요하다. 임진왜란은 7년이라는 짧은 기간에 조선에 막대한 인명과 재산 피해를 입혀 100여년이 지난 조선통신사의 기록에도 나올 정도로 원한이 깊었다. 그럼에도 불구하고 당시 조선 조정은 에도 막부와 통교하고 조선통신사를 파견하여 빠른 수습을 하였다. 그리고 조선통신사를 파견하여 문화교류를 통한 신뢰조성을 하고 200여년에 걸친 평화시대를 연 것은 현대를 사는 한일 양국의 지도자와 국민들이 깊이 새겨야 할 역사적 교훈이다. 역사화해는 가해자의 진정한 사과와 반성이 피해자의 관용과 어우러지는 쌍방통행의 과정이다. 인접국간의 식민지배 관계는 매우 드문 사례로 화해도 어렵고 긴 과정을 거치지 않을 수 없다. 무엇보다도 한일 사이에는 과거의 불행한 경험으로 인하여 상대방을 보는 눈이 굴절·왜곡되어 있고 오해·무지·편견도 똬리를 틀고 있다. 특히 지리적, 역사적, 문화적 인접성으로 인해 상대방을 자신의 눈으로 해석하는 성향이 강하다. 외관상 비슷하게 보이지만 실제로는 많이 다르다는 점을 간과하여 상대방을 이해하기 위한 노력이 부족하다.

이런 잘못된 인식을 바로잡기 위해서는 끊임없는 접촉을 통한 대화와 소통이 필요하다. 한국을 여행한 경험이 있는 일본인이 그렇지 않은 일본인에 비해 한국에 대한 호감도가 높다는 사실은 인적 교류가 상대방을 올바르게 이해하고 호감을 가지게 되는 첩경임을 알 수 있다. 백문이 불여일견이라는 옛말처럼 상대방 국가를 방문하여 직접 느껴보는 것만큼 편향·왜곡된 정보를 통해 형성된 잘못된 인식을 고치는데 좋은 방법은 없다. 올해는 코로나 19로 단절상태에 가까운 상황이 지속되고 있지만, 양국 관광은 관계가 나쁜 상황에서도 교류 1000만 시대를 달성하였다. 저가항공사(LCC)의 등장으로 일일생활권 시대가 활짝 열려 양국 관광이 국내여행과 같은 상태로 발전하고 있다. 바람직한 현상으로 한일 역사화해를 위해서는 인적 교류를 보다 체계화하고 규모를 더욱 늘려야 할 것이다.

이런 맥락에서 과거 세 차례의 큰 전쟁으로 숙적관계에 있던 프랑스와 독일의 역사화해 과정에서 1963년 드골대통령과 아데나워총리가 체결한 엘리제 조약을 한일관계에도 시도해 볼 필요가 있다. 동 조약은 양국 간에 인적 교류를 다양한 차원에서 정례화를 통한 대규모 교류를 제도화하고 꾸준히 실천에 옮김으로써, 현재 매우 양호한 양국 관계를 구축하는데 크게 기여하였다. 이러한 밀도 있는 교류의 결과로 양국은 유럽 통합이라는 거대한 프로젝트를 이끄는 쌍두마차가 되었고 독일은 통일독일에 대한 유럽의 두려움을 극복하는 신뢰를 얻었던 것이다. 통일과 동아시아 지역통합이라는 큰 관점에서 한일관계의 안정은 필수이므로, 우리도 이를 위한 역사화해의 과정으로서 유사한 가칭 '한일 성신조약'을 체결하는 것을 적극 검토해 보아야 한다. 특히 미래를 책임질 세대인 청소년, 그리고 지방화 시대를 이끌 지방간의 교류를 적극 장려해야 한다. 한일관계가 어느 정도 회복궤도에 오르면 양국 정부와 시민사회는 이런 교류의 틀을 만드는 작업에 착수하여야 한다.

동시에 한일 관광교류를 장려하기 위한 기술적 조치도 검토해야 한다. 비자면제협정이 양국 교류 활성화에 크게 기여했지만 한걸음 더 나아가 일부 유럽 국가들이 실시하고 있는 사전 입국심사제를 도입하는 것도 좋을 것이다. 입국 시가 아니라 출국 시에 간편하게 절차를 마무리하게 하면 양국 국민들에게 한일관계가 가지는 특별한 이웃관계로서의 정체성을 피부로 느끼게 할 것이다. 젊은이들에게 이웃나라를 체험하는 좋은 기회인 수학여행이 관계가 악화되면서 거의 사라져버렸지만 빨리 부활시키고 장려해야 한다. 장려책으로 한일 학교 사이에 자매결연을 하게하고 기금을 조성하여 이런 학교의 수학여행에 대해서는 일정한 보조금을 지급하는 방안도 검토해 볼 필요가 있다. 또한 가장 많았던 1980년대보다 절반으로 떨어진 유학을 장려하기 위해 상호 학점인증 제도를 도입하고 한일 공통학위 제도도 시험해 보아야 한다. 한류로 인해 한국 유학을 원하는 일본 학생이 늘어난 만큼 이를 유도하기 위하여 장학금을 포함한 제반 편의조치도 검토해야 한다. 시민사회 간의 교류에도 양국 정부는 가능한 범위 내에서 지원을 하는 것도 탄탄한 민간 네트워크 구축에 도움을 주게 될 것이다.

일본의 대한 인식을 개선하는데 한류의 힘은 절대적이라고 해도 과언이 아니다. 관계가 악화되기 이전 일본의 대한 호감도를 견인한 것은 한류였다. 영화에서 시작하여 드라마, K-pop, 한식, 뮤지컬, 문학으로 확산된 일본에서의 한국문화 열풍은 일본 대중문화 개방으로 시작되어 대략 20% 정도 호감도를 올리는 성과를 거두었다. 관계악화로 한류 열풍은 식었지만, 최근 영화 '기생충'과 드라마 '사랑의 불시착' 등과 같이 드라마, 소설, K-pop을 중심으로 인기가 다시 살아나고 있다. 특히 이런 문화 작품에 식민지 시대의 역사적 사실을 녹여내서 과거사에 관한 지식과 인식이 얕은 일본의 전후세대들이 자연스럽게 알아가도록 하는 노력이 필요하다. 예컨대 박경리 작 '토지' 시리즈를 번역하여 출간 중에 있는데 유사한 우리 소설들을 번역하여 출간하거나, 신들러의 리스트가 유태인 학살에 대한 세계인의 공감을 불러 일으켰듯이 영화나 드라마 속에 녹여내는 것도 좋은 방안일 것이다. 최근 조선어학회 사건을 영화로 만든 '말모이'가 일본 전국 50개 영화관에서 상영될 만큼 호평을 받았는데 이런 시도가 계속되어야 할 것이다. 한일 문화교류를 보다 차원 높게 진행하는 방안으로 한일 양국의 스포츠 리그를 보다 결합시키는 조치들을 생각해 보아야 한다. 유럽에서와 같이 향후 중국까지 포함하는 방안을 염두에 두고 한일 리그 교류의 제도화에서 통합까지 축구, 농구, 배구, 야구, 아이스하키 등 다양한 스포츠 분야에서 교류와 협력을 제도화해 나갈 필요가 있다. 또한 한일 간의 공동의 오페라, 오케스트라, 합주단 등을 구성하여 아시아 내지는 세계를 무대로 함께 활동하는 것도 인식 개선에 도움을 줄 수 있다.

한편 일본에 대한 공공외교를 강화해야 한다. 지방이 강한 일본이니 만큼 주요 권역도시를 포함한 종합적인 대일 공공외교 계획을 세워 중장기적 관점에서 체계적으로 집행해야 한다. 바람직한 것은 한일 정부 당국이 상호 공공외교를 강화하는 내용의 합의를 하고 협력적 방식으로 추진하는 것도 한정된 자원의 효율적 이용에 도움이 될 것이다. 한일관계의 중요성을 일본 사회에 알리는 노력도 중요하다. 작금의 한일관계로 인해 양측이 상호 중요성을 간과하는 것도 악순환의 궤도에 머무르는 한 원인이다. 공공외교를 통해 일본 사회에 왜 한국이 일본에 중요한지를 꾸준히 알려야 한다. 앞서 언급한 여론 조사에서 양국이 가치를 공유하고 전략적 이해가 유사하다는 점에 대한 일본인의 인식이 낮다는 사실은 그 필요성을 뒷받침한다. 일본 여론이 일본에 있어서 한국의 중요성을 제대로 인식할 때 한일관계를 뒷받침할 수 있는 긍정적 분위기 조성이 가능하므로 다양한 채널을 통해 이를 달성해야 할 것이다.

그리고 한일관계는 과거사로 인해 부정적 스토리가 지배해 왔다. 관점의 차이가 결과를 달리 가져오고 균형적 시각이 중요하기 때문에 한일 간에 다양한 긍정적 스토리를 발굴하여 전파·교육시키는 노력을 기울여야 한다. 필자의 경험으로는 재해가 많은 일본에서는 태풍, 폭우, 지진, 쓰나미 등 자연재해가 발생하였을 때 도움을 준 것에 대해서는 매우 고마워하고 이를 오래 간직한다. 2011년 동일본대지진으로 일본 사회가 패닉에 빠졌을 때 한국 사회가 여러 면에서 도움을 준 것을 높이 평가하고 있다. 이런 사실들을 적절히 전파하고 교과서에도 실어서 한일 양국이 늘 다투기만 하는 것이 아니라 다양한 차원에서 협력의 틀을 넓혀갈 수 있다는 긍정적이고 희망적인 인식을 확산시켜야 한다.

최근 한일관계가 어려움에 빠지면서 '뺄셈의 관계'로 흐르고 있다. 한일관계를 양자관계의 관점에서만 보고 다양한 잠재력을 무시한 탓이다. 한일관계는 외교, 경제, 안보, 교육, 과학기술 등 다양한 분야에서 협력을 통해 상호이익의 '덧셈의 관계'를 창출할 여력이 크다. 몇 가지 예를 들어본다. 외교의 경우 한국과 일본은 유엔 무대에서 EU, 캐나다, 호주, 뉴질랜드 등과 함께 가장 입장이 유사한 관계에 있다. 이런 사실을 일본인들에게 알리는 것도 인식 개선에 중요한 의미를 가진다. 경제의 경우 한일의 상호보완적 관계로 제3국에서 인프라, 플랜트, 자원개발 등에서 협력사업을 수행할 여지가 크다. 2009-2011년의 3년간 한일 기업이 제3국에서 수행한 공동프로젝트가 1.6조 엔에 달했다는 사실은 큰 잠재력을 뒷받침한다. 안보 면에서도 전통적 분야뿐만 아니라 사이버, PKO, 재해구조, 긴급 시 역내 대응체제구축 등 비전통 분야에서도 다양한 협력이 가능하다. 교육도 4차 산업혁명에 발을 맞추는 교육 개혁에 서로 도움을 줄 수 있다. 과학기술은 국제네트워크 구축이 대세인 만큼 막대한 투자를 하고 있고 세계에서도 상당한 수준이 있는 양국의 협력 가능성은 매우 크다.

이런 맥락에서 한일 양국 국민들에게 협력의 힘을 보여주는 대표적인 메가 프로젝트를 구상해 보는 것도 좋을 것이다. 한일관계를 한 단계 격상시킨 것이 2002년 월드컵 공동개최이다. 아마도 한일 양국민이 가장 가깝게 느껴졌던 시기가 아닌가 생각된다. 이런 맥락에서 일본 국민이 쉽게 한일협력의 중요성을 피부로 느끼게 할 수 있는 공동의 사업을 구상하여 실현시키는 것이 중요하다. 양국 모두 에너지문제를 안고 있으며 지구온난화 대응 차원에서 동일한 상황에 놓여 있는 만큼 신재생에너지, 아시아 전력망, 에너지 효율화 등에서 공동프로젝트가 가능할 것이다. 내년으로 연기된 동경

하계올림픽의 성공 개최를 위한 상호협조도 일본인의 대한 인식 개선에 크게 기여할 것이다.

한일관계를 선순환 방향으로 유도하고 안정화시키는데 고려해야 할 사항은 인접국 관계에서 늘 일어나게 마련인 분쟁을 평화적으로 양국관계에 큰 부정적 영향 없이 해결하는 장치를 만드는 일이다. 상호 과도한 민족주의 감정에서 벗어나 객관적이고 공평한 해결을 모색하기 위해서는 세계적 기준(global standard)에 의한 해결의 문화를 만들어 가야 한다. 우리가 그런 노력을 선도하게 되면 일본 사회에서 한국에 대한 인식을 높이는데 많은 도움이 될 것이다. 동시에 가급적 분쟁을 중재나 국제사법재판소와 같은 제3자적 해결기관에 맡기는 것을 늘려가는 것도 양국이 지향하는 법의 지배에 도움이 되고 상호 인식을 개선하게 될 것이다. 일본은 이미 국제사법재판소 규정상의 선택조항(optional clause) 수락을 통해 동 재판소의 관할권을 수락하였으므로 한국이 선택조항을 수락하게 되면 국제사법재판소를 통한 분쟁해결이 보다 쉬워질 것이다.

한일 양국은 19세기 말 근대화의 물결 속에 조선과 에도막부 간에 2세기 동안 지켜왔던 평화의 길을 잃었다. 20세기에 들어 반세기 동안 일본 제국주의와 군국주의의 폐해로 한반도가 식민화되고 제2차 세계대전의 참화를 겪으면서 2000년 교류사에 가장 큰 오점을 남겼다. 아직까지 한일 양국 국민의 상대방에 대한 인식에도 커다란 영향을 미치고 있다. 1965년 어렵게 수교를 한 뒤 한일관계는 수차례 위기가 있었지만 잘 극복하면서 관계를 발전시켜 왔다. 그러나 최근 8년간 악화된 관계는 좀처럼 회복궤도에 오르지 못 한 채 양국 국민의 상호인식에 먹구름을 드리우고 있다. 국내적으로는 인구절벽과 4차 산업혁명, 대외적으로는 북한의 핵무장, 중국의 부상과 공세적 외교안보정책, 자유주의 국제질서의 기반 침하라는 복합적 대전환기 상황을 맞은 한일 양국은 관계악화로 인한 상호손실의 악순환을 빨리 끊고 상호이익의 선순환 구조로 바꾸어야 한다. 이를 추진해 가는데 있어서

양국 국민의 상호인식을 개선하는 일은 장기적 선린관계 구축에 빠질 수 없는 과제다. 우리로서는 과거사 현안관련 일본 내에 형성된 한국과 한국인에 관한 부정적 인식을 불식시키는 노력이 시급하며 정부와 민간이 협력하여야 한다. "뿌리 깊은 나무는 바람에 흔들리지 않는다."는 옛말처럼 한일 양국 국민이 서로를 존중하고 신뢰하는 것이야말로 건전하고 안정된 한일 관계를 만드는 지름길이다.

〈토론문〉

일본인의 한국, 한국인식의 개선방안

김동명 | 국민대학교

발표자는 1965년 한일국교정상화 이후 55주년에 이르는 최근까지의 한일관계를 개괄하고 2010년도 이래 「최악의 상태」에 빠져있는 양국 관계의 원인과 배경을 밝힘으로써 일본인의 한국과 한국인에 대한 인식을 개선할 방안을 제시하고 있다.

우선, 한일관계가 악화된 원인에 대해 과거사문제, 영토(독도)문제, 지정학, 국민감정 등 네 개의 단층을 중심으로 진단했다. 다음에, 양국 관계가 장기간 악화된 배경으로 한일 간의 국력 차의 축소, 양국에서의 사회 주류의 전후세대로의 교체, 한국의 좌파민족주의와 일본의 우파민족주의의 충돌, 양국 간 법에 대한 인식의 차이, 소통과 대화 창구의 미 작동, 국내정치적 고려의 과도한 작동 등을 제시했다. 그리고 이러한 다양한 단층과 복잡한 배경으로 인해 새로운 한일관계의 특징으로서 이성 보다 감정의 선행, 과거사로 인한 한국의 도덕적 우위 상실, 상호 경원으로 인한 상호 손실, 경제·안보 분야로의 악화 확산 등이 나타나 한일관계는 복합위기상태에 놓여있다고 판단했다.

이와 연동하여 일본의 한국, 한국인에 대한 인식은 「수교 이래 최악」임을 일본 내각부의 여론조사, 한국의 동아시아연구원과 일본의 NPO의 양국 국민의 상호인식 조사를 통해 밝혔다. 이에 근거하여 당분간 한일관계의 정상화가 어렵다는 것을 전제로 일본의 한국, 한국인에 대한 인식을 개선할 구체적인 다양한 방안을 제시했다. 「대증적(단기적) 처방」은 과거사 관련 현안인 강제동원과 관련된 일본회사 재산의 현금화 문제와 일본군위안부 한일합의 문제를 일괄 타결하는 것이다. 중장기적 처방은 역사인식 공유를 위한 역사 교육·연구 추진, 역사 화해를 위한 노력, 대화와 소통의 증진, 공공외교의 강화, 공동의 메가 프로젝트 구상, 세계적 기준(global standard)에 의한 문제 해결 등이다.

발표자는 현장에서의 생생하고 풍부한 경륜과 높은 국제법적 식견을 바탕으로 장기간에 걸쳐 진행된 악화일로의 방대하고 난해한 한일관계의 원인과 현상을 정확히 진단하고 설득력 있는 구체적인 방안을 제시했다. 이는 앞으로 일본의 한국에 대한 인식의 개선을 넘어 전반적인 한일관계의 정상화에도 매우 귀중한 시사점을 던져준다. 토론자는 발표자의 분석과 의견에 별다른 이견이 없으며 그 동안 나름대로 고민했던 문제를 풀 수 있는 실마리를 발견할 수 있어서 매우 감사했다.

다음 두 가지 문제에 대해 발표자의 고견을 듣고자 한다. 하나는 과거사 문제의 핵심이라고 할 수 있는 식민지 지배를 둘러싼 것이다. 한국(정부)은 일관되게 「불법·부당」의 입장이고, 일본정부는 「합법·정당」에서 「합법·부당」으로 변화했지만, 「불법성」에 관해서는 여전히 양국이 간극을 좁히기가 쉽지 않을 것으로 전망했다. 이에 대해 토론자는 식민지 지배가 이미 행해진 역사적 사실에 입각해서, 「불법」과 「합법」에 관한 논쟁은 국제법적 논의에 맡기고, 식민지 지배라는 역사적 사실은 어떠한 경우에도 결코 정당한 것으로 평가될 수 없다는 「부당성」에 대해 공동의 인식을 갖는 것으로 간극을 좁힐 수 있다고 생각한다.

다른 하나는, 「과거사가 더 이상 피해자인 한국에게 일본에 대한 도덕적 우위를 주지 않게 되었다. 가해자인 일본이 한국에 대해 과거사 관련 합의의 이행을 촉구하는 공수역전 현상을 볼 수 있다」는 중요한 지적을 했다.

이에 관련하여 토론자는 악화된 한일관계를 개선하기 위해 한국이 일본에 대해 「도덕적 우위」에 서는 것은 여전히 중요하다고 생각한다. 단지 그것을 식민지 지배의 피해자라는 「과거사」에서 찾을 것이 아니라 「과거사를 극복하는 과정」에서 이끌어내야 한다고 생각한다. 발표자도 김대중 정부의 일본 대중문화 수입 금지 해제와 같은 사례를 통해 이러한 점을 암시하고 강제동원 현금화 문제와 일본군위안부 한일합의 문제의 해결도 「피해자의 관용=도덕적 우위」에서 해결해야 한다는 점을 강조했다고 생각한다. 이에 대한 발표자의 의견을 듣고 싶습니다.

종합토론

〈종합토론〉

종합토론 녹취록

손승철 지금부터 종합토론을 시작하겠습니다. 오늘 주제는 '일본의 한국, 한국인에 대한 인식'인데 토론은 상호인식의 차원에서 하면 훨씬 나름대로 비교도 되고 판단하는데도 도움이 되겠습니다. 사실 당초에는 상호인식을 한꺼번에 하는 것으로 했었습니다만 도저히 하루일정으로 소화하기 어려워서 올해에는 일본의 한국, 한국인에 대한 인식을 하고, 내년에는 한국의 일본, 일본인에 대한 인식을 하기로 계획을 세웠습니다. 그래서 혹 제목만 보면 한일관계의 긍정적인 측면도 있고 부정적인 측면도 있지만 생각하기에 따라서 어느 한쪽에 치우치는 오해를 살 수 있습니다. 그러나 오늘 발표를 들어서 느끼시겠지만 우리는 기본적으로, 객관적인 입장에서 보자는 것이지 어느 한편의 입장에서 보자는 것이 아닙니다. 그리고 그렇게 하는 것은 아무 도움이 안 되기 때문에 의미가 없다고 생각합니다. 자 어쨌거나 10시부터 시작해서 개회사를 듣고 여섯 분의 발표를 들었습니다. 함께 자리를 다하셨기 때문에 구체적인 설명은 필요없습니다만 고대의 소위 신공황후의 삼한정벌에서 시작해서 현대의 혐한문제에 이르기까지 그리고 혹시 해법은 없는가에 이르기까지 2000년간의 일본의 한국, 한국인 인식에 관해서 사실 나름대로 주어진 주제를 시대에 따라서 진단도 했고요. 그리고 마지막에는 종합적으로 처방도 내렸습니다. 물론 우리 신 대사님의 처방입니다만 보니까 한방, 양방 다 동원해서 테스트를 했는데 글쎄요. 근데 치유가 잘 될지 모르겠네요. 그러나 어떡해서든 우리가 조금이라도 가능성이 있다면 우리 세대에 시도를 하고, 다음 세대에는 우리가 짊어진 만큼 조금 덜어줘야지

되지 않을까 그런 생각에서 이런 학술회의를 하는 겁니다. 그러면 지금부터 약정토론과 자유토론, 그래서 종합토론을 시작하도록 하겠습니다. 시간은 5시 40분까지 예정되어 있습니다. 그래서 대략 2시간 남짓됩니다. 우선 6개의 주제를 약정토론을 하고, 자유토론을 하고 또 마무리 시간을 갖도록 그런 방식으로 하겠습니다. 주제가 6개이기 때문에 우선 약정토론에 한 주제당 질의 응답으로 15분 정도 배정을 하겠습니다. 그러면 90분 정도가 되고요. 그 다음에 자유토론을 40분하고 마무리하려고 합니다. 그런데 사실은 15분에 질문하시고 응답하시기에는 시간이 너무 짧으리라 생각됩니다. 그래서 제가 사회자로서 당부드리는 말씀은 토론문 전체를 다 언급하지 마시고 거기서 꼭 필요한 것 한, 두 가지만 그리고 그것도 지엽적인 문제는 이후 저녁때 식사하시면서 하시고요. 기본적으로 오늘 회의 주제와 목적에 따라서 어떻게 하면 주제별로 그 시대의 진단을 정확히 내릴 수 있을까 하는 차원에서, 또 시대가 고대라고 해서 또는 중세라고 해서 어떤 처방이 없는 것은 아니니까 그 시대마다 처방에 개념을 두시고, 방향을 정하시고 질의응답을 해주시면 그야말로 종합토론이 되면서 나름대로 어떤 결론이 그래도 조금 그림이 그려질 수 있지 않을까 이런 기대를 하면서 부탁을 드리겠습니다. 틀이 없이 종합토론을 하게 되면 질의응답이 중구난방이 되가지고 결국 시간 내에 그냥 끝내고 뭐라는지도 모르고 이러한 상황이 많잖아요. 그러니까 가급적이면 우리가 하루종일 발표도 하고 토론도 하고 하는 그런 차원에서 조그맣게라도 나름대로 어떤 처방안을 하나는 챙겨가실 수 있게끔 질의하시는 분, 또 응답하시는 분 모두 유념을 해서 진행을 했으면 좋겠습니다. 자 그러면 첫 번째 세션 1에 신공황후의 삼한정벌에 관해서 연민수 선생이 발표를 해주셨는데 현재 가천대학교 교수로 계신 세키네 선생께서 토론을 해주시겠습니다. 부탁드립니다.

제1 Session – 1. 神功皇后의 三韓征伐論

세키네 히데유키 반갑습니다. 가천대학교의 세키네 히데유키입니다. 사회자께서 짤막하게 하라고 요청하셨기 때문에 간단하게 토론하겠습니다. 우선 대한민국 최고의 일본 고대사 권위자이신 연민수 교수님의 논문을 토론할 수 있게 되어서 대단히 영광스럽게 생각합니다. 그리고 전체적으로 논문을 봤을 때 신공황후의 삼한정벌에 관한 형성과 여타적인 기능 또 역할에 대해서 대단히 잘 정리되어 있는 글이라 생각합니다. 이 분야를 모르시는 한국 사람들이 봤으면 좋겠고 더욱이 일본에서는 아직까지 민간 신앙 차원에서는 신공황후가 살아있기 때문에 일본사람이 이런 것을 봤으면 좋겠다는 그런 생각이 들었습니다. 교수님의 논제에 대해서는 전적으로 동의하는 입장이고요. 제 나름대로 신공황후의 삼한정벌에 대해서 의문점이 있었던 부분에 대해서 세 가지만 질문하고자 합니다. 첫 번째, 신공황후의 삼한정벌 설화가 탄생한 7세기 후반 천무 천황과 지통천황 시기였는데 그 때에 일본에 파견된 신라사절의 성격에 대해서 질문드리고자 합니다. 이 시기는 한편에서는 일본의 우호국이었던 백제와 고구려가 멸망했고 적대세력이었던 신라가 부상하고 있었던 시기였는데 다른 한편에서는 일본에서 율령국가 건설을 위해 대폭적인 개혁을 추진하고 있었습니다. 이 시기에 신라는 매년은 아니지만 거의 매년 일본에 사신을 보냈는데 668년부터 701년까지 24번 보냈는데 과연 이때 신라가 이전의 적국이었던 일본에 대해 어떤 입장으로 접근했는지 궁금합니다. 이를테면 개혁을 강압적으로 요구한다던가 우호적으로 개혁을 지도한다던가 아니면 대등한 입장에서 단순한 수교만 원했는지 알고 싶고요. 그리고 한일 간에 어떤 해석차이가 있는 것인지 알려주시면 감사하겠습니다. 두 번째는 신공황후 설화에 대한 츠다 소키치의 해석에 관한 질문 드리고 싶습니다. 츠다 소키치는 일본 신화 그리고 15대 응신천황 이전의 설화를 가공한 이야기로 규정한 것으로 잘 알려져 있고, 실증 사학자로도 유명합니다. 그러나 제가 주목하고 싶은 것은 츠다 소키치는 전후 2차대전 이후에 일본의 소화천황의 기틀을 마련한 점에서 그런 역할을 했다고 생각합니다. 토론에 썼지만 츠다 소키치는 1964년 이런 말을 했거든요. 천황의 통일방법은 평화적이었다. 천황은 예부터 스스로 다스리는 경우가 없었다. 황실은 항상 시세 변화에 순응하며 형태와 역할을 변화시켜 왔다. 천황은 정치적 실무를 맡지 않았다. 정신적인 권위를 저절로 갖추고 있었다. 그리고 민주주의는 사람하고 합치를 할 수 있다고 말을 했거든요. 어떻게 보면 이것은 아마 여러분들께서도 아시겠지만 천황에 대한 최근에 논객들이 하는 말을 들으면 거의 일치하고 있거든요. 이게 46년에 말했던 게 그만큼 츠다가 했던 말은 사회적 영향을 미칠 수 있는 그런 가능성이 있는데 제가 질문하고 싶은 것은 19페이지 밑에 부분에 나와 있는 부분인데 츠다는 한편에서는 신공황후의 이야기를 가공의 이야기라고 했으면서도 이런 말까지 말하고 있습니다. 장군의 이름까지 명기하고 있는 것으로 보면 사실에 의거한 이야기인 것 같다. 신공황후의 정벌 이야기의 이면에는 그 오랜 사실에 의거해 잠재해 있다. 등등 이런 신공황후 이야기는 사실성이 있다는 모순된 이야기를 하고 있는데 이러한 모순 때문에 츠다 소키치의 견해를 어떻게 받아들일 것인지 교수님의 견해를 듣고 싶습니다. 마지막으로는 교수님께서도 스미요시 신사, 무나카타 신사에 대해서 언급해주셨는데 제가 사실 며칠 전에 전라남도 영광에서 지금 유네스코 등재 준비하고 있거든요. 거기서 제가 초청받아가지고 일본에서 해신제를 어떻게 하는지 가서 강연했는데, 제가 해신제를 살펴보니까 스미요시 대신, 무나카타 대신이 전부 신공황후와 관련이 있었습니다. 지금도 그런 인식이 그대로 남아있습니다. 스미요시 신사는 오사카에 있는데 분사가 2천개나 되거든요. 그 다음에 신사는 아니더라도 민간신앙이나 전설이 큐슈를 중심으로 3000천개 정도 있다고 합니다. 그러니까 아마도 GHQ가 일본을 점령했을 때 교육계는 개혁했지만 그런 물제까지는 신경을 안쓴 것 같은데 문제는 지금도 학교에서 간소화하고 있지 않지만 몇 년 전에도 초대천황 신문천황이 교과서에 거의 나와 있는 상황인데 츠다 소키치는 완전히 부정하지 않는 상황에서 그대로 있다가는 나중에 교과서에 이런 설화가 있다. 신공황후가 나올 가능성도 배제할 수 없기 때문에 좀 걱정되는 부분도 있기는 하는데 이런 부분에 대해서 역사학자로서 연민수 교수님이 어떻게 생각하고 계시는지 고견을 듣고 싶습니다. 이상입니다.

연민수 예, 중요한 지적들을 해주셨습니다. 신공황후의 전설은 7세기말 천황제 율령국가가 출범하는 시기에 형성하게 되는데, 이 시기의 인식들이 후대에도 지대하게 미치게 됩니다. 일본이 신라를 바라보는 시각은 적대적이고 경쟁적이었다고 할 수 있지요. 그럼 이 시기에 신라가 일본을 어떻게 인식하고 있었는가 하는 것인데, 자국의 이해관계에 따라 변화하고 있었다고 생각됩니다. 이른바 전략적 인식이라고 해야 할까. 당시의 일본은 친백제 노선을 일관되게 유지하고 있었으니까 상대적으로 신라는 일본에 대해 경계하는 의식을 갖을 수 밖에 없었지요, 나당연합군이 백제를 멸망시키고, 일본은 백제를 도와 백제부흥운동에 참전했고, 결과는 패배로 끝났지요. 게다가 일본과 우호관계에 있었던 고구려까지 멸망당하자 일본의 위기의식을 매우 심각하였고 본토방위를 위한 방어망 구축을 시작합니다. 문제는 신라의 입장도 간단하지 않았어요. 당군이 백제를 지배하기 위해 웅진도독부를 두었고, 신라까지 위협하는 상황이었지요, 이에 대응해서 신라는 8년간 대당전쟁을 벌이게 됩니다. 당과의 전쟁을 유리하게 이끌기 위해서는 후방의 안전, 즉 대일관계 개선이 필요했지요, 그래서 대당전쟁이 벌어지는 그 시점에서 일본에 사신을 보내 일본에 대해 평화 메세지를 전달합니다. 일본 역시 나당연합군이 쳐들어 올 것으로 생각하여 방어망을 구축하고 있던 시기라 신라의 사절파견에 호응하지 않을 수 없었지요. 그러니까 신라의 대일인식, 대일 관계는 자국의 이해관계에 따라 변하고 있는 양상을 보이고 있다고 할 수 있겠지요. 신라의 대일관계는 7세기후반 이후에는 경계하면서 교류한다는 말로 압축할 수 있지요. 다시 말하면 자국의 안보와 교역을 통한 실리를 취했다고 봅니다. 반면 일본도 마찬가지였지요. 나당연합군의 공격을 예상하여 긴장하고 있었는데 전쟁 상대였던 적대국끼리 전쟁을 하니 일단 위기감에서는 벗어났고, 새로운 국가체제를 구축하기 위해 내정개혁에 박차를 가하게 됩니다. 일본은 고구려 멸망 이후 30여 년간은 오직 신라와 교류하게 됩니다. 이 시기에 신라에 대한 극복, 경쟁국 신라를 능가하는 새로운 정치체제를 만드는데, 이것이 천황제 국가의 탄생이지요. 중국 당나라를 모방한 정치체제를 만들어 나가지요. 신공황후 삼한정벌이야기는 신라에 대한 극복사관, 즉 우월사관이라는 이념 속에서 나왔다고 생각됩니다.

다음에 두 번째인 츠다 소키치의 해석인데요. 츠다는 일본근대의 대표적인 역사가이고 한국고대사 연구도 많이 했지요. 초기의 글들을 보면『고사기』,『일본서기』에 나오는 천황 계보에 대해서 강하게 비판하고 있어 당시 황국사관의 사회적 흐름 속에서는 이단적인 학설로 비판을 받았지요. 그는 신공황후의 전설 자체도 가공의 이야기로 보고 있는데, 이 생각이 변한 것은 일본이 패전하는 1945년 이후입니다. 패전 직후에는 일본사학회에서 황국사관을 비판했던 츠다사학이 주류를 이루었는데, 바로 이 시기에 공산주의자들이 세력을 떨치게 되니까 이에 대한 반발로 천황제를 옹호하는 글을 쓰게 되지요. 츠다는 황실의 존재는 민주정치와 모순하지 않는다고 하고, 민주정치의 정신은 황실을 사랑함으로서 실현할 수 있다고 하는 등 생각이 변하게 됩니다. 그래서 일부에서는 쓰다 사학에 대해서 변절했다는 얘기도 나오게 됩니다. 즉 전후와 전전의 시대적 상황에 따라 변화를 보이게 되었다고 할 수 있지요

마지막 세 번째로 일본 각지에 퍼져있는 스미요시신사 등 신공황후 관련 모시는 신사들이 일본 전국 각지에 대단히 많지요. 일본의 대부분의 신사들은 그 연기설화가 단지 창작이 아니라『일본서기』와『고사기』에 나오는 기

록들을 근거로 하고 있지요. 물론 이들 사료에 나오는 기록들이 만들어진 가공의 이야기가 많아 신뢰할 수 있는 것은 아니지만, 근거는 갖고 있지요. 일본에 신공황후 관련 신사가 전국적으로 퍼지게 된 것은 왕정복고가 되는 메이지유신 이후라고 봅니다. 황국사관 정책의 일환으로서 과거 천황과 관련된 사적들 신사, 능묘를 재정립하는 과정에서 신사가 전국적으로 나타나게 됩니다. 그 이전의 전승을 기초로 해서 게다가 신공황후와 관련이 없는 지역도 이 전승을 끌어 들여 퍼져나가게 됩니다. 신사 입구에 소개되어 있는 표지판, 안내서 등에는 신공황후의 사적으로 삼한정벌, 신라정벌 등이 소개되어 있습니다. 이것은 어떻게 보면 고대 한일관계의 대표적인 역사 왜곡이라고 할 수 있지요. 문제는 해당 신사가 창건되는 유래에 대해 일본고대의 정사의 기록에서 근거로 삼고 있기 때문에 사실과 내용이 달라도 현실적으로는 문제가 제기하기가 어려워요. 연기설화의 특성상 그 유래의 기록들이 사실과 동떨어져도 그것을 근거로 설명할 수 밖에 없는 것이지요. 일본교과서 왜곡같은 문제는 학술적으로 접근할 수 있지만, 신사의 경우는 간단하지 않습니다. 사실 일본의 신사는 일본인들의 일상생활 속에서 살아숨 쉬고 있는 곳이기 때문에 자연스럽게 일본인의 생각 속으로 스며들고 있어, 신사의 연기, 유래가 왜곡된 역사관을 심어줄 우려가 크지요. 이런 문제는 전반적으로 조사, 검토하여 정리할 필요가 있습니다.

손승철 말씀을 끊어서 죄송합니다만 이따가 시간을 드릴 테니깐 처방전을 하나 내주세요. 두 번째로 들어가겠습니다. 두 번째 주제는 중세. 신국사상에서 본 한국, 한국인입니다. 교원대학교의 이세연 교수님 발표인데 경기대 부총장을 하시고 사학과에서 퇴직하신 이재범 교수께서 간단하게 토론해주십시오.

제1 Session – 2. 神國思想에서 본 한국, 한국인

이재범 네 반갑습니다. 방금 전에 소개받은 이재범입니다. 오늘 사회자님 얼굴 표정을 보니깐 제가 빨리 해야 할 것 같습니다. 선생님께서 아주 깔끔하시게 정리를 잘해주셔서 제가 많은 도움을 받고 공부를 했습니다. 신이 가호하는 나라라고 하는 신국이 신공황후부터 고대에 있었고, 중세에는 한반도를 대상으로 해서 거기에 비춰서 한반도에 대해 상대적 우위에 있다. 이러한 인식은 중세에 생겼다. 이렇게 말씀을 하고 계시는데 제가 제대로 본질을 파악했는지 잘 모르겠습니다. 그래서 결국 이렇게 장편에 보면 우리가 사료를 꼼꼼히 분석하면서 결국 중세의 인식변화 한반도는 일본의 하위국으로 존재를 하고, 중국과 인도, 일본이라고 하는 전 세계의 삼국세계관에는 절대 포함이 되지 않는 그렇지만 일본이 조금이라도 국익이나 이런게 떨어지려고 하면 갑자기 한반도를 끄집어내서 얘보다는 우리가 낫다. 그것을 합리화 하는 하나의 거울이라는 표현을 쓰면서 그렇게 비추어졌다. 말씀을 하시는 것 같습니다. 그래서 여기에 제가 전문적인 지식이 있는 것은 아니고 한국사 중심으로 일본사도 이해한 한사람으로 막연히 신국이라는 것이 신공황후 어원에서 또 그동안에 여몽연합군이랄지 이런 걸로 해서 또 왜구와 그런 것에서 이루어졌다고 시상적으로 파악하고 있었는데 이것이 결국에는 신국의 안위라고 하는 점에서 한반도는 약잡혀 보이는 그런 이유로 돼서 항상 세계를 설명할 때 인도와 중국, 일본은 절대 거기에는 비등하게 끼어본 적이 없는 그 인식이 생겼다. 이렇게 말씀을 하신 것 같습니다. 근데 거기에서 있어서의 왜 이러면 한반도는 이렇게 했느냐 그것은 어떻게 보면 별 볼일 없는 무관심이라고 표현하셨는데 볼 일이 없으니깐 그렇게 꼭 와 닿지도 않는다는 뜻인데 여기에 대해서 제가 조금 궁금한 것은 실제 무관심이라고 한다면 문화적인 것 이런 것을 의미하는지 봐야 하는데 근데 여기 우위라고 하셔서 무역과 관련을 시키셨는데 고려를 보면 그 당시 불교가 융성했고 송나라에서도 전부 불서를 구해달라 이럴 정도로 높은 종교국가였습니다. 그런데 문종이라고 하는 고려왕이 병이 많아요. 그래서 푸닥거리를 많이 하는 그런 왕이었는데 중국에서 의사가 와서 못고쳐서 일본에다 의사를 보내달라고 했는데 일본에서 보내기로 결정을 하고 그 다음에 안 보냅니다. 이유가 뭐냐면 자기네가 보내서 병이 안 나으면 자기네 나라의 의술을 아주 얕잡아 볼 것이 아니냐 이런 것을 보면 조금은 어떤 고려에 대한 우위가 아닌 문화적이나 종교적에서 일본이 가질 수 있었던 그런 콤플렉스 이런 것들을 전혀 무시해도 괜찮은가 그런 생각이 들어서 한번 말씀을 드려보려고 합니다. 그래서 굉장히 중요하다고 생각되는 것은 일본은 신국으로 되어 있는데 여기 가장 중요한 키워드가 본지수적설인데 우리나라에 있어서의 신라불국토 사상과 여기 본지수적설이 굉장히 같은 것 같으면서도 다른가 봐요. 그래서 어떻게 해서 일본은 신국을 그렇게 했는지 아니면 신라는 이렇게 불교가 융성했다고 하는데도 신국이 되지 못했던 이유 간단하게 그 두 가지만 말씀을 드리도록 하겠습니다. 사실 뒤에 나오는 왜구 같은 경우 어떻게 보면 중세에 한반도나 중국까지 아시아에 대한 인식을 바꾸게 할 수 있는 그런 것들이 있는데 그거에 대해서는 오늘 여기서는 사양하도록 하고 두 가지만 간단하게 말씀해주시면 감사하겠습니다.

이세연 깊이 있는 토론 감사드립니다. 첫 번째 말씀하시는 것은 약간 구분을 해서 생각해볼 필요가 있다고 생각합니다. 그래서 오늘 말씀드린 것은 신국사상이라고 하는 사상체계 논리구조 속에서 한반도가 어떻게 위치하는가에 대한 문제이기 때문에 그 사상구조 체계 속에서는 확실히 우위란 측면이 있는 것이고 그렇게 두드러진 맥락 속에서는 그런 면이 부각되기 어려운 논리구조입니다. 사상체계라는 면에서는 한계가 있다는 게 분명하다는 것을 살펴볼 필요가 있고 이제 그것과는 다른 국면 신국사상에 벗어나서 시야를 넓혀서 살펴본다면 선생님이 말씀하셨던 그런 부분은 인정 되야 한다고 생각합니다. 예컨대 문화적인 우수성 이런 것으로 따진다면 불교 같으면 조선전기 대장경 같은 경우 유명한 얘기입니다만 그 이야기는 고려부터 이미 대장경을 처음 구하려는 움직임이 활발히 있었고 그 다음에 아까 말씀드렸던 고려 문종의 의사파견 요청 같은 경우도 사료 상에 명확히 나오지 않습니다만 조금 상상력을 발휘해서 얘기하자면 고려의술에 대한 존중 이런 면도 분명 있을 것이라는 생각이 듭니다. 그래서 지금 첫 번째 질문과 관련해서 저는 그래서 좀 뭐랄까요. 신국사상이라고 하는 사상체계와 기타의 국면으로 나눠서 말씀을 드렸는데 이것을 조금 확장시켜서 생각해보면 저도 그렇게는 하지는 못했습니다만 예컨대 중세 일본인의 한국, 한국인에 대한 인식으로 생각합니다만 조금 세분화해야할 필요는 있다고 봅니다. 인식이나 의식이라고 했을 때 그것이 누구의 인식이냐 지역적으로 어느 지역의 의식이냐 그 다음에 어느 계층의 의식이냐 이런 식으로 조금 더 세분화해보면 다른 가능성도 보이지 않을까 하는 생각을 해봤습니다. 그리고 두 번째 불국토 본지수적설 이 부분은 제가 공부가 짧아서 정확히 체계적으로 설명을 드릴만한 실력은 없습니다. 그래서 이것은 구체적인 답변은 못 드립니다만 피상적으로 본다면 몇 가지 특징적인 것은 있죠. 그러니깐 본지수적설 불국토사상이라고 해서 시기별로 다른 것이기 때문에 예를 들면 불국토의 이유 중 예컨대 신라 같은 경우는 석가족이 이렇게 전세계로 살아가는 국토 그 자체가 불국토라는 주장이 하나의 근거가 되지 않습니까? 그런 현상 같은 경우에 예를 들어서 일본에는 전혀 전개가 되지 않았던 양상이기도 하고 어쨌든 구체적인 답변을 제가 드리지는 못합니다만 제가 알기로는 한국사 쪽 불교사하시는 선생님들이 이런 비교하는 연구를 진행하셨던 것 같고 조금 더 넓게 본다면 동아시아 차원의 불교문화권이란 표현도 좋을 테고, 동아시아 문화권이라 해도 좋을 테고, 그런 보편성 속에서 각지의 그런 특수성을 가지는 이런 맥락에서 비교 검토하는 작업이 필요하지 않을까 그래서 본지수적설과 더불어서 중세 쪽 입장에서 말씀을 드리자면 예컨대 극락사상이라 하는 불교의 사상체계가 있습니다만 간단히 말하면 그것은 현실의 세계와 부처님의 나라 정토다 뭐 이런 주장이기 때문에 신라의 이런 불국사상 국가도 분명히 비교할만한 여지가 있지 않을까 이런 측면으로 접근하면 어떨까 말해봤습니다. 감사합니다.

손승철 제가 보기에는 삼국세계관하고 사국세계관하고 인도, 중국이 들어가면서 실제로 태평양 전쟁때 일본군이 중국침공하고, 인도까지는 못 갔지만 버마까지는 가고 그런 것을 보면 관계가 있는 거 아니에요?

이세연 중세때 이야기한 것과 선생님이 말씀하셨던 것은 직접적이라고 생각은 하지 않고요. 근대쪽의 사료를 안 봐서 제가 뭐라 하기는 말씀을 드리기는 어렵습니다만 중세에서 말하는 이 논리하고 근대 쪽 사람들이 중세의 이런 얘기를 가지고 자기들 나름대로 말할 수도 있겠지요. 그런데 중세의 논리로 따진다면 그런 논리가 전개될 수 없습니다. 전혀 내용이 다릅니다.

손승철 저는 그 나름대로 그게 풍신수길 때 되면 조선 침략하고 중국까지 가겠다고 정명가도론이 관계가 있고 막연하게 생각하는데 잘라서가 아니라 그것을 계승하여 그야말로 발전은 아니겠지만 확대되어가는 과정으로 보면 안 되나 이런 생각을 해보는 것이죠.

이세연 이후의 상황에서는 어떤 변화가 있을 것으로 생각은 합니다.

손승철 자 그러면 세 번째로 넘어가겠습니다. 세 번째는 풍신수길의 조선 조공론. 우리는 풍신수길을 생각하면서 조선 조공하면서 일본만 생각했는데 조선을 대마도의 속국으로 생각했다. 저는 이런 얘길 듣고 깜짝 놀랐는데 김문자 선생님이 임진왜란 전문가니깐 질문해주십시오.

제2 Session – 1. 히데요시정권의 조선인식과 입공교섭

김문자 전호수 선생님의 토론을 맡은 상명대학교 김문자입니다. 오늘 전호수 선생님께서 히데요시 정권기에 실제로 사용했던 지도 자료를 통해서 히데요시가 조선을 어떻게 인식했는지 이런 것을 도상역사학이라고 하여 다양한 역사 접근방법에서 살펴본 것은 굉장히 흥미롭기도 하고, 또 신선함이 있었습니다. 그래서 제가 오늘 좀 선생님에게 질문 드리고 싶은 것은 한 세 가지 정도만 말씀드리도록 하겠습니다. 첫 번째 질의 사항인데요. 선생님이 지도를 통해서 히데요시의 조선인식을 설명을 새롭게 해주셨는데 그렇게 지도를 사용하신 것에 대해서 실제로 그 인용한 지도에 대한 연도, 소장지 등 그러한 내용들이 조금 부족한 것 같애요. 구체적인 설명이 필요하다고 생각을 했습니다. 예를 들면 그림2에 삼국지도 선면 부채모양의 지도 같은 경우는 선생님께서는 주136번에 히데요시가 히젠, 나고야성에서 그 지역의 다이묘인 도자화인가요. 그 사람이 선물로 받은 것이라는 설로 적어 주셨는데 실질적으로 또 다른 설에 의하면 1593년에 명 사절이 강화사로 가서 회견할 때 만들어졌다는 설도 있습니다. 아마 1593년 전후로 만들어진 것 같은데 이처럼 지도에 대한 설이 여러 가지가 있어서 그런 것을 조금 설명을 보완 부탁드리고 싶고요. 또 하나는 그림4의 천정견구사절단 세계지도 병풍도 동아시아 부분이나 그림5에 있는 천정견구사절단 세계지도 병풍도 전체 이것도 제가 사실 많이 보지 못했던 질의였는데요. 이것이 일본에 전래된 시기가 1590년, 91년 이 사람들이 돌아왔을 때로 생각이 들거든요. 그래서 이런 지도를 사용해서 단순히 히데요시 정권 시기에 세계관의 변화를 알아볼 수 있는 그런 근거로 사용하는 것은 괜찮겠지만 선생님 논문 제목은 히데요시의 입공요구와 조선 인식인데 사실은 입공을 요구했던 것이 훨씬 전인데 이런 지도를 통해서 당시 히데요시의 조선 인식을 살펴보는 것은 약간 시기적으로 앞뒤가 바뀐 것이 아닌가 그런 생각이 들어서 첫 번째 질문을 드렸고요. 두 번째는 대마도주의 입공 문제, 그리고 히데요시의 천하통일 당시 이것을 흔히 총무사령을 통해서 언급을 하셨는데요. 사실 총무사령을 더 연장해서 히데요시가 조선을 침략했다는, 대륙정복을 했다는 대외정책의 기본과제로 삼았다고 이렇게 파악을 하고 계신데요. 사실 이 총무사령은 일본에서 공부할 때 70~80년대 핫한 주제였고, 거의 정설처럼 간주가 되었는데 최근에는 이것을 너무나 히데요시의 강대함 너무 강한 권력이었다는 것을 과도하게 평가한 것이 아니냐 그래서 수정해야하는 것이 아니냐 이런 얘기가 중론입니다. 그래서 히데요시 같은 경우는 강력한 정권 속에서 어떻게 보면 영주에게 지시를 하면서 영속적으로 자기한테 편입하는 방법으로 통일을 시켰다. 이런식으로 얘기를 하는데 그런 것에 대해서 약간 회의적으로 얘기하는 연구 동향이 많거든요. 그래서 이런 것을 본다면 사실은 히데요시 같은 경우는 국내를 통일을 할 때 이렇게 총무사령도 이용을 했지만 임지를 파견해가지고, 임지를 파견해서 본인이 상경하게 만들고, 그 과정 속에서 영토를 확장하고 이러한 과정을 통해서 통일 과정을 이루었는데 이런 방식을 그대로 임진왜란 직전에 대마도가 이런 방식을 그대로 했다고 보는 것은 조금 문제가 있지 않나 이런 생각이 들었습니다. 그리고 마지막 질문은 연관되는 것인데요. 선생님께서 히데요시의 통일 방식을 서술을 할 때 사츠마번과 류큐의 예를 들어서 복속, 입공이라는 용어를 동일한 방법으로 통일을 했다고 말씀을 하셨습니다. 물론 이런 부분도 있지만 히데요시 같은 경우는 전국을 통일하고 조선을 침략할 때 그때 그때마다 정복의 논리가 달라졌었거든요. 예를 드면 시마즈씨를 정복할 때는 섭관가의 고노에씨와 친분이 두터울 때는 천황이나 관백의 지위를 이용해서 사츠마 지역을 제압을 했고 또 천하통일 마무리 단계일 때 호조씨를 제압할 때는 천명이라고 하는 논리를 이용을 해서 다른 동아시아 제국에게도 복속을 요구하는 문서에 천명이라는 말을 많이 썼거든요. 그리고 마지막에 대륙 침공을 할 때는 일륜신화라고 하는 논리를 가지고 결국에는 천하통일을 하는 그런 과정을 보이면서 정당화하는 논리를 강조했었습니다. 그래서 선생님이 주장하시는 대로 천하통일방식을 조금 간단하게 서술한 것이 아닌가 생각이 들어서 최근에 호리신 선생님의 동아시아 국제관계로 본 임진왜란이라고 하는 글도 조금 다른 차원이기는 하지만 이 부분도 참고를 해주시면 좋지 않을까하는 생각이 들었습니다. 그래서 제가 질문 드린 것은 이 세 가지인데요. 기타 부분에 1번, 2번, 3번은 임진왜란은 1990년대 이후에 한일 양국의 교류협력을 통해서 활발한 연구가 이루어졌는데 그 결과와 영향에 대해서는 대체적으로 합의가 이루어졌다. 이런 표현을 쓰셔서 너무 무리가 있고 거친 표현이 아닐까 엄청나게 많은 논쟁이 되고 있음에도 불구하고 이런류의 표현을 쓰셔서 1번, 2번, 3번 그런 오해를 받을 수 있는 표현이 있는 것 같아서 그런 부분은 앞으로 수정, 보완하시는게 어떨까 하는 의견이 있었습니다. 이상입니다.

전호수 앞서 발표할 때 발표문에 근거했었던 바탕해서 말씀을 못드렸기 때문에 그 이번에는 질문하신 것에 충실히 답변을 하도록 하겠습니다. 우선 지도 문제인데요. 천정견구사절단 지도는 조금 확대하면 마테오리치가 보낸 고려만국전도하고 거의 같습니다. 근데 고려만국전도는 1602년에 만들어지거든요. 임진왜란이 끝난 다음입니다. 그래서 이 지도는 직접적인 인식의 직접적인 근거는 아니고 방증적이고 상황적인 근거가 될텐데요. 다만 제가 말씀드리고 싶은 것은 예수회 선교사들이 이미 오다 노부나가 시대부터 활동을 하면서 그런 자료들을 병풍도로 노부나가에게 선물합니다. 이 병풍도가 아주 최상급의 선물이었다고 합니다. 외교관일 하다보면 선물을 주고받지 않습니까? 선물을 주고받는 것을 통해서 자신들의 메시지를 전달하기도 하는 것이거든요. 단순히 선물을 주는 것이 아니라 철포도, 조총을 준다고 하면 당신들 이거 보고 우리가 얼마나 쎈지 봐라 이런 얘기 한 거다 이렇게 메시지를 준 것이라 할 수 있는데 그 지도 문제는 그렇게 봐주시면 그 오다 노부나가가 관계해서 서양의 르네상스 천문, 지리의 지식을 선교사들이 중국과 일본에 선교활동이 어떻게 활용했는가를 알 수 있습니다. 다른 것도 있지만 실제 그 부분은 정권의 정통성과 관련이 되는 문제거든요 천문학이 황제권의 상징적인 것이기 때문입니다. 이것이 나중에 한국에 오면 원형철야도라는 영조 때 만들어집니다. 영조 때 이미 그런 서양의 천문, 지리학적인 것을 우리도 다 받아들인 거죠. 근데 일본이 그런 것을 오다 노부나가나 풍신수길 때 받아들였다고 이해를 해주시면 좋지 않을까 생각이 됩니다. 근데 왜 그런 측면에서 오다 노부나가든 풍신수길이든 나중에 이에야스까지 갈 때 이 사람들이 어떤 새로운 체제를 생각한 것도 있거든요. 기존에 단순히 신라 이후부터 신라는 일본의 속국이고 당은 일본의 이웃이고 이러한 인식이 계속 풍신수길 시대까지 이어져 오는 것이죠. 근데 그것을 새롭게 그것을 한마디로 얘기하자면 인식이라 하잖습니까? 내가 본 것이니까 어떤 관점에서 봤느냐 그럴 때 저희는 군사적인 측면이니까 이렇게 볼 때 국가안보사항은 어떻게 되는가. 새롭게 국가 구성을 하면 그에 따라서 새롭게 세계가 보인다. 새롭게 다시 보일 때 기준점보다는 다르다는 것이죠. 그 조선은 잘아시겠지만 세계를 신라 이후로 소중화로 봤습니다. 자기 정체성을 소중화라고 생각한 겁니다. 소중화이기 때문에 외교의 모토가 뭐냐면 사대교린입니다. 근데 천하통일을 얘기하면 사대교린이란 말을 쓰지 않게 되는 것이죠. 천하통일이라 얘기하면 자기가 책봉과 조공이라는 말을 써야 합니다. 중국황제가 대외질서를 책봉, 조공에서 했다면 일본도 풍신수길이 좁은 체제를 뛰어넘는 그러한 국가구상을 했다면은 그것은 사대교린, 소중화 이런 것이 아니라 책봉, 조공의 논리로 그래서 실제로 총무사령을 통해서 조선에 대해서 기존의 인식과는 다르게 복속해라, 입공해라, 상락해라, 인내하라 이런 얘기가 나오는 것으로 저는 그렇게 봤다는 것입니다. 근데 그런 것이 왜 이렇게 이루어지는가 기본적으로 조금 말씀드리면 그것을 설명하는 것 중 하나는 아까도 말씀드렸지만 처음에는 풍신수길은 쇼군이 되려고 했습니다. 건설하려고 했던 성은 오사카성이다. 이렇게 얘기하고 싶습니다. 오사카성이 실제 마지막까지 히데요시의 근거지가 되었죠. 히데요시가 그것을 위해 자기가 쇼군으로 천하를 호령하려 하니까 아시카가 막부가 거부를 합니다. 그래서 결국은 천황과 타협을 해서 정치적인 타협을 해서 화해하고 이렇게 건설하게 됩니다. 그리고 총무사령 말씀하셨는데 그것과 관련해 조금 말씀드리면 이때 히데요시가 쇼군의 직을 계승하는데 실패했을 뿐 아니라 큐슈정벌을 위해서 시마즈가를 복속을 하라고 서안을 보내는데 시마즈가에서 그걸 거부하는 답장을 보내는데 거기서 재미있는 현상이 벌어집니다. 재미있는 현상이 벌어진다는 것이 뭐냐면 이 시마즈가가 그 답장을 당연히 풍신수길 앞으로 보내야 하는데 그렇지 않고 그 밑에 있는 호소카와씨 한테 보냅니다. 왜냐하면 풍신수길 너는 집안 내력이 의심스러운 놈이다. 그렇기 때문에 집안 내력이 올바른 이게 고대, 전근대 신분사회에서 국제관계 예적 질서 사회에서 신분에 대한 의식, 우리가 고려시대에는 왕건이 자신이 비참하다고 했었고, 그래서 자기 신분을 상승시킬 수 있는 가장 좋은 방법은 가장 신분이 높은 사람하고 결혼하는 것입니다. 결국 혼인을 통해서 그랬던 것 같고, 황제가 조선에서도 왕자를 보내라 이런것들이 오늘날에는 이해가 안되겠지만 당시 신분적 질서에서는 상당히 의미가 있다는 것이고, 실제 그런 말씀을 김문자 선생님께서 말씀하신대로 히데요시가 그런 문제점에 부딪힐 때마다 그 방법들을 새롭게 바꿔나가는 것이지요. 쇼군의 권위도 천황의 권위도 뛰어 넘는 인륜을 확대해 나가는 방식을 실제로 취했다는 말씀을 드리는 것이고, 그런데 그러한 생각을 했을 때 기본적으로 이 사람이 신분적인 한계에 있어서 일본의 신분적인 것을 뛰어넘는 그런 어떤 정치체제를 꿈꾼 측면도 있고요. 때마침 대항해 시대에 그러한 새로운 조류가 중세에 인도, 중국, 일본, 중국을 대명이라 불렀습니다. 조선은 거기에 들어가지 않습니다. 일본은 대등한 국가라 생각했겠지요. 제가 발견은 못했지만 그리고 거기에서 인도는 배제되고, 그래서 고려만국전도에서 보면 인도가 아주 작게 표현됩니다. 그리고 섭련도 있지 않습니까. 섭련국의 사신은 고려만국전도 천정견구사절단 지도에 중국, 일본, 한국 부분을 보면 거의 그대로입니다. 특히 당시에 선교사의 중심지가 일본이었으니까 일본이 상대적으로 크게 그려져 있습니다. 조선과 중국보다 더 크게 보입니다. 자기의 인식대로 보고 싶은 대로 보는 것이니까요. 그래서 그렇게 되서 조선이 일본의 신공황후설에 의해서 속국이다. 이렇게만 생각했지 대마도의 속국이다. 대마도의 속국이라 하는 것은 일본이 황제체제를 지향하게 되면 당연히 그렇게 됩니다. 중간에 매개자를 설정해야 합니다. 중국도 조선하고 외교할 때 바로 조선하고 외교채널을 가는 것이 아닙니다. 요동에다가 중간자를 설정해서 요동도사를 통해서 조선하고 하게되고 이런 것은 일본이 그전부터 중국에서 배운 것이지 않습니까? 그래서 실제로 이에야스 시대의 일본에 와서 화이체제를 만들었을 때는 실제로 그러한 것을 대마도가 그런 것을 자처했다고 되어 있습니다. 그래서 일본이 풍신수길 이후에 오다 노부나가가 쌀을 씻고 풍신수길이 밥을 하고 그 이후의 단계가 설명이 연계적으로 될 수 있지 않나 이렇게 생각해봤습니다.

손승철 그런데 풍신수길이 봤다고 하는 지도 그것을 가지고 풍신수길의 세계관이다. 이런 전제로 이야기 하기 시작하면 위험할 것 같아요. 왜냐하면 오다가 본 지도도 있고, 풍신수길이 본 지도도 있고, 이에야스가 본 지도도 있잖아요. 그러니까 같이 본 지도인데 그것을 가지고 누구의 세계관이다 특정지어서 논리를 시작하는 것은 상당히 위험한 소지가 있고, 또 하나가 임진왜란에 대한 정치적인 해결을 1609년 기유약조로 보시는데 기유약조는 무역과 관련된 조약입니다. 그리고 그 이전인 1607년에 제1차 회답겸 쇄환사가 파견되면서 일단은 정치적으로 해결되었다고 봐야합니다. 그게 한일관계사학계의 정론입니다. 그래서 그 점도 고려해주시고, 또 사대교린, 책봉조공 이런 용어를 일본에 적용하는 것은 얘기가 안 돼요. 왜냐하면 일본의 외교시스템이 아닙니다. 그래서 중국하고의 책봉도 도요토미 히데요시가 오사카성에서 찢어버린거 아니에요. 그래서 그건 좀더 일본사에 대한 생각과 접근이 필요하지 않나 이렇게 생각합니다. 나중에 답변 시간을 또 드리도록 하겠습니다. 자 네 번째 넘어가겠습니다. 지금까지는 부정적인 인식을 이야기 했는데 이제 조금 긍정적으로 조선과의 관계를 보려고 했던 유명한 아메노모리 호슈의 성신론에 관해서 서강대학의 허지은 선생님 토론해주십시오.

제2 Session – 2. 雨森芳洲의 誠信論

허지은 안녕하세요 허지은입니다. 다사카 선생님의 논문에서는 조선과 일본의 성신을 어떤 뜻으로 인식했는지를 역사기록을 바탕으로 다루고 계십니다. 아메노모리 호슈의 성신론에 대해서 그의 성신론이 조선관련 업무를 수행하는 과정에서 형성된 조선관에 바탕을 두고 있다는 전제 아래 재조명하고 있습니다. 제가 선생님께 드릴 질문은 세 가지 정도가 있는데요. 첫 번째는 조선과 교역으로 부를 축적한 쓰시마번이 유교 국가였던 조선과 원활한 관계를 유지하기 위해 우수한 유학자를 필요로 했고 1689년 아메노모리 호슈가 고용되었다고 하셨습니다. 그런데 1607년 회답겸 쇄환사의 일본파견과 1609년 기유약조 체결이후 조.일관계가 이미 정상궤도에 올랐는데, 1689년 쓰시마번에서는 왜 우수한 유학자가 필요했는지 당시 쓰시마번의 상황이나 조일관계와 관련하여 부연 설명 추가가 된다면 더 이해가 쉬울 것 같습니다. 두 번째는 제2장에서 조선의 성신과 일본의 성신에서 필자는 조선과 일본 특히 쓰시마번에서 기록한 성신의 예를 알아보겠다고 했습니다. 그러나 조선의 성신부분에서는 삼국사기, 고려사절요, 동문선 등 조선 이전 시대의 기록에 남아있는 성신에 대해 언급하면서 조선도 성신지

(之)교린의 전통을 계승했다고 했습니다. 각 시대의 기록에 남아 있다고 해서 계승했다고 볼 수 있는 것인지, 계승했다고 볼 수 있는 구체적인 사례가 조선시대 기록에 남아 있는지 설명 부탁드리고, 5페이지에 언급하신대로 성신지교린은 당시 중국을 중심으로 한 동아시아 국제관계의 핵심 요소였기 때문에 조선에서 성신을 교린의 원칙으로 삼았던 것은 아닌지라는 생각이 들었습니다. 그 다음에 그 아래와 연관지어서 아래 5페이지에서 일본의 성신부분에서 데이신코기와 육도에 기록된 성신의 사례를 소개하고 이와 같이 일본 - 쓰시마 번은 조선과의 수교가 아쉬울 때면 성신을 내세우며 조선의 양보 내지 호의를 요구하는 모습을 보여 왔다고 해서 밑줄친 부분처럼 일본 - 쓰시마번으로 표기하셨는데, 필자는 에도 막부와 쓰시마 번의 성신에 대한 인식을 동일하게 보시는 지요. 일본 최초의 외교사서 선린국실기에 성신의 표현이 없는데 에도 막부에서 남긴 기록에 성신에 대한 언급한 사례는 없는지 없다면 그 이유는 무엇이라고 생각하시는지 질문 드립니다. 마지막으로 호슈의 쓰시마번 출사가 결정되고 쓰시마 부임까지 에도 번저에서 지낸 4년 반은 그의 조선관 형성에 중요한 시기가 되었다라고 하셨는데 사실 아메노모리 호슈가 쓰시마번 출사가 결정된 이후에 1693년 9월 쓰시마에 부임하기 전인 1692년 12월부터 중국어를 배우기 위해 나가사키에서 유학을 했고 4년이라는 시기는 수정될 필요가 있을 것 같고, 아메노모리 호슈가 출사한 이후에 나가사키에 중국어를 배우러간 이유에 대해서 그리고 한번이 아니라 여러번 중국어를 배우러 나가사키에 갔거든요. 쓰시마에서 출사하고 중국어를 배우러 나가사키 유학을 선택했던 이유에 대해서 선생님께서 부연설명을 해주셨으면 합니다. 왜냐하면 아라하세키 같은 경우에도 같은 키노시타 준하라는 사람의 수하로 같이 공부했음에도 불구하고 아라하세키 같은 경우는 막부 쇼군의 브레인 역할을 하는 학자가 되고 같은 동문이었지만 아메노모리 호슈는 변방에 쓰시마에 취직을 하게 된 것이잖아요 당시 쓰시마 사람들이 아메노모리 호슈에 대해 언급한 내용을 보면

아메노모리 호슈가 쓰시마에 왔을 때 굉장히 쓰시마에 대해서 마음이 없는 일이라 열심히 하지도 않는다는 내용이 담겨 있어서요. 아메노모리 호슈가 어떻게 보면 아라하세키와 같은 동문이면서도 같은 막부에 취업하지 못한 어느 정도의 경쟁의식 내지는 불만이 이런 측면에서 있었다는데 선생님께 부연설명을 부탁드립니다. 이상입니다.

다사카 마사노리 답변 정말로 감사합니다. 제가 착각하고 있었던 것을 정확하게 지적을 해주셔서 감사합니다. 특히 두 번째 장의 3번이죠? 에도 번저에서 지낸 4년 반이라고 하셨는데 지금 지적하신대로 수정을 해야 합니다. 제가 착각하고 있었습니다. 나가사키에 유학하게 되는 동기가 뭔지를 질문해 주셨는데요. 동문인 아라하세키와의 라이벌 관계 그런 시기하는 마음을 많은 연구자들이 지적하고 계시고, 저도 그런 경쟁의식, 시기하는 마음 이쪽으로 생각하고 또 중국어를 배운다는 것은 그때 당시 세계질서, 최첨단 지식을 자기 것으로 하기 위해서 자기욕심, 학문의 세상 욕심 등 그런 것들을 위해 나가사키 유학을 자기 스스로의 동기로 하게 된 것으로 생각합니다. 그러면 첫 번째 질문내용을 대답하도록 하겠습니다. 조일관계가 정상궤도에 올랐다고 해서 그것으로 되는 것이 아니라 유지하기 위해서라고 했습니다. 새로 우호관계를 확립하기 위해서가 아니라 유지해야하는 단계에서 또 그때 당시만 보면 조선과의 교역으로 많은 부를 축적하게 되었기 때문에 돈도 있겠다해서 이런 영화를 누리기 위해서는 약한 부분으로 생각했을 때 역관들하고 자유로이 교섭할 수 있는 것이 필요하다. 그런 것이 있었을 것으로 생각합니다. 예를 들어서 미시야마 준타이라고 하는 사람이 기노시타 준 문화생으로, 1685년에 들어가게 되는데 3년 만에 31세 나이로 일찍 죽게 됩니다. 이 사람이 활약할 수 있었다면 호슈를 고용하는 그런 일도 없지 않았었나 이런 생각을 합니다만 이는 조선하고의 교섭을 담당하고 있었는데 기노시타 준하고 교류가 있어서 채용을 하지 않았나 생각을 합니다.

다행히 조선에 역관들의 실력이 무사들하고 상대가 되지 않는 지식을 갖고 있고, 한시, 한문 하는 것도 차이를 느끼고 있지 않았었나 그런 생각이 자연스럽게 됩니다. 두 번째 수정해야 될게 허지은 교수님이 밑줄친 부분 일본 특히 쓰시마번에서 기록한 성신의 예 이 부분을 수정하고요. 특히 쓰시마번을 지우고 일본에서 기록한 성신으로 하는게 맞다고 봅니다. 제가 여기서 말하고 싶었던 것은 성신이라는 뜻을 일본사람들이 정확히 이해하지 못하고 있었다. 그것을 호슈가 정확하게 지적했다라는 것을 주장하고 싶었기 때문에 여기 논문에서 등록한 자료만 가지고서 충분하겠다. 그래서 쓰시마의 종가문서는 여기서 얘기하지 않았습니다. 그래서 수정하는 가운데서 이것을 지웠어야 했었는데 수정을 제대로 못한 부분이 있습니다. 그리고 언급하신대로 성신지교류는 당시 중국을 중심으로 한 동아시아 국제관계의 핵심 요소였기 때문에 조선에서 성신을 교린의 원칙으로 삼았던 것이 아닐까요. 맞습니다. 저도 그렇게 생각하고 조선에서 기록이 남아 있다고 해서 계승했다고 할 수 있느냐 하는 질문을 하셨는데 효종의 이야기 그리고 회답겸쇄환사 기사로 강훈중의 기사를 통해서 시정되어 있었다라고 또 다른 여러 가지 기록을 봐도 조선은 교린의 첫 번째 철학으로 성신을 강조해 왔습니다. 그것은 맞다고 생각하고 같은 맥락으로 이해하고 있습니다. 다음 페이지 에도 막부가 조선하고 관계에 있어서는 성신이라는 개념은 에도 막부가 가지고 있지 않았었다고 생각합니다. 대조선 관계는 쓰시마번에 일임하고 있었고, 그렇게 깊이 생각하는 내용이 아니었지 않았나 생각합니다. 그리고 마지막인데요. 마지막 세줄 정도 호슈가 성신지교를 주장하고 뭐 이런 것은 지금까지 거의 무시되고 있었던 것을 호슈가 구체적으로 보다 명확하게 역사의 표면에 진전시킨 것이 성신론이라고 생각해서 그게 실천되었는지는 발표문에서도 말씀드렸습니다만 굉장히 어려웠을 것이다. “시간이 필요했다”라는 표현은 “고쳐서 쉽지 않았었다”라고 수정한다고 했습니다. 이것으로 저는 획기적이라고 생각하고 싶습니다. 이상입니다.

손승철 네 제가 바로 그 말씀에 대해서 지금 아메노모리 호슈가 교린제성을 쓴 것이 1728년이에요. 한국어판으로 번역한 것을 한일관계사학회에서 첨부했거든요? 저도 그 일에 참여했었는데 교린제성은 전부 54개 조항으로 되어 있습니다. 저는 지금으로부터 300년 전에 한일관계의 문제를 아메노모리 호슈는 54개로 진단했다. 그리고 거기에 대한 처방전을 내놓은 게, 몇 가지 낸거죠. 그 중의 하나가 선생님도 지적하셨지만 성사접대 폐지론 이게 가능했겠느냐 불가능할 것이라 얘기했잖아요. 그런데 어떤 평가 이것이 지금 우리가 여러 가지 처방전을 내놓지만 이게 과연 가능한 것이냐, 아니냐 이것을 현실주의 입장에서 검토해 봐야하지 않느냐 그래야 뭔가를 하지 않겠나 이런 생각을 하게 되네요. 그래서 나중에 보완했을 때 그렇게 하시고, 나중에 제가 발표하신 분들 1분 스피치 시간 다 드리겠습니다. 처방전을 하나씩 내보세요. 그래서 그거 가지고 한번 종합을 해볼께요. 자 다섯 번째 주제입니다. 반한론과 혐한론 아주 핫한 주제인데 한림대 김웅기 교수님이 발표하셨는데 홍익대학의 오가타 선생님께서 토론을 해주시겠습니다.

제3 Session – 1. 反韓論과 嫌韓論의 실상

오가타 요시히로 안녕하십니까. 홍익대학교의 오가타 요시히로라고 합니다. 오늘은 이렇게 뜻깊은 자리에 불러주셔서 진심으로 감사합니다. 저는 한국에 온지 18년 됐고요. 홍익대학교에서도 10년 동안 일하고 있습니다. 그리고 그 전에는 일본대사관에서 2년 정도 전략조사원이라는 일을 하면서 한일교류라든가 행사를 많이 했었고, 일한교류기금이라든가 같은 일을 했었는데 한국에도 한일교류기금이라는 단체가 있는 것을 알고 있었습니다. 그렇게 접점을 가지고 이렇게 오늘 토론자 입장으로 행사에 참여할 수 있어 굉장히 뜻 깊게 생각합니다. 김웅기 교수님께서 발표해주신 내용에 대해서 저는 기본적으로 동의하는 바가 있고요. 특히 선거 사례를 통해서 이념적인 측면에서 일본의 혐한 인식에 대해서 설명해주셨다고 생각을 합니다.

저는 뿌리깊은 일본의 한국에 대한, 아니면 한반도, 한국인에 대한 차별이라는 점에서는 동의합니다. 그것이 형태를 다르게 하면서 최근에도 표출되고 있는 상황에 대해서 굉장히 위기감이라든가 안타까운 마음을 가지고 있습니다. 제 견해를 조금 더 말씀드리자면 혐한 문제에 대해서는 단순히 이념적인 문제라고만 볼 수는 없고, 또 혐한과 동시에 모순이 될 것 같은 한류라는 붐이, 붐이라고 볼수도 없을 정도로 최근에는 일본의 일고 있는 하나의 문화적인 측면이라고 볼 수 있는데요. 그것에 대해서도 저는 토론문 111페이지에 적었는데요. 간단하게만 말씀드리면 역시 일본사회가 혐한이라는 것도 그렇고 한류라는 것에 대해서도 사회적인 필요성에 따라서 나타난 현상이라고 생각합니다. 그것은 일본이 역사적으로 민주주의 측면도 그렇고 더 거슬러 근대적인 측면에서도 충분히 완성시키지 못한 사회적인 구조가 있다고 생각을 합니다. 그런 것을 패전 이후에는 경제발전이라는 것으로 어느정도 충족시켜왔는데 그 경제적인 발전이라는 부분에서도 지금 아시아에서 힘을 잃어가고 있고, 잃어버린 20년, 30년 이런 이야기가 나올 정도로 일본이 자신감, 자존심을 잃어가고 있는 그런 상황에서 나타난 것이 혐한이라고 볼 수가 있는데 그런 경제적인 부족함으로 인해서 한류라는 하나의 콘텐츠가 필요로 하게 됐다라는 측면도 지적할 수 있을 것 같습니다.

한편으로는 그것을 소비하는 대상으로써 한류라는 것을 받아들이면서도 한편으로는 문화적인 우월감이라던가 그런 부분에서도 일본은 자존심이 상하는 부분들이 혐한시위에서 나타나고 있는 것이 아닐까 생각을 하고요. 그리고 최근에 와서는 도덕성이라던가 민주주의라는 그런 측면에서도 일본사회의 앞에서 지적되고 있는 그런 상황에서 일본이 계속 한국에 대해서 쉽지 않은 그런 태도를 보일 수 밖에 없는 것이 아닐까 이렇게 생각합니다.

그런 의미에서 한류라는 것에 대해서도 긍정적으로 볼 수도 있지만 한편으로 소비하는 대상으로만 보게 되면은 그것도 역시 한일관계에 도움이 되지 않는 것으로 그치고 말 것이라고 생각을 합니다. 지금 제가 긍정적인 측면을 이야기 하자면 한류라는 것도 최근에 와서는 일본 사회가 부족했던 아니면 한국사회에서 새로 주목을 받고 있는 특히 젠더에 관한 문제라던가 그리고 민주적인 측면에서도 그렇고 다양한 사회적인 일본과 한국사회가 공통적으로 가질 수 있고, 또 해결해 나가는 부분에 대해서 한류라는 콘텐츠가 조금씩 그런 부분에 대해서 문제제기를 하고 있는 것을 일본사회도 받아들이고 있는 측면을 볼 수가 있습니다. 그래서 일본사회나 한국의 콘텐츠가 단순히 문화컨텐츠지만 그것을 통해서 한국과 일본의 공통적으로 가지고 있는 사회적인 문제에 대해서 같이 고민을 하고 또 해결을 하는 그런 자세를 가지고, 서로 정보를 교환하는 그런 측면들이 조금 더 확대 되가는 그런 방향을 잡을 수 있다면 한류라는 것을 소비하는 대상으로만 보지 않고 생각할 수 있지 않을까 그렇게 생각을 합니다. 그리고 저는 토론문에는 3가지를 적었지만 2가지만 질문하려고 합니다.

175페이지에서 적었던 부분인데요. 제가 지금 말씀 드린 견해를 바탕으로 해서 두 번째로 적은 질문인데 김웅기 교수님께서는 사회적인 배외주의가 공공영역에 미치는 영향에 대해서 이야기를 해주고 계신데 거꾸로 공공영역의 배외주의, 사회적인 지도자라든가 언론을 통해서 나타나는 공공영역의 배외주의, 또는 배외주의의 묵인하는 그런 사회적인 분위기에 대해서 오히려 배외주의를 조장하고 있다. 그런 측면을 지적할 수 있다 생각을 합니다. 그것이 더 큰 문제라고 생각을 하는데, 물론 닭이 먼저냐 알이 먼저냐라고 하는 그런 문제가 될 수 있는데 일본사회의 경우 공공영역에서의 요인이 좀 더 큰 요인으로 봐야 하지 않나 생각을 하는데 그 부분에 대한 김웅기 선생님의 견해를 듣고 싶고요.

그리고 한가지만 말씀드리자면 발표 안에서도 혐한시위의 대상이 대는 재일코리안, 재일동포에 대한 언급이 있었는데 올드커머라고 불리는 식민지의 뿌리를 가지신 분들의 있어서 이런 차별에 문제는 다시 원래 형태를 달리해서 나타난 것이라고 받아들이고, 뉴커머라고 불리는 최근에 건너가신 1세, 2세 재일코리안들에서는 새로운 충격으로 다가간다 이런 지적을 해주셨는데 재일코리안의 문제라는 것은 사실 일본사회에서도 잘 인지가 안되어 있는 문제이지만 한국사회에서도 역시 재일코리안에 대한 인지가 부족하다고 생각합니다. 한국사회가 일본사회에 대해서 보다 본질적인 이해를 하는 것이 한일관계에 보다 큰 도움이 된다고 했을 때, 역시 재일코리안 문제도 한국사회가 좀 더 인지를 해야 할 문제가 아닐까 생각을 하는데 거기에 대해서 말씀하려다가 만 것 같은 느낌이 들어 조금 더 보완 해주시면 감사하겠습니다. 이상으로 마치겠습니다.

손승철 답변하시죠 간단하게 해주세요.

김웅기 네. 간단하게 하겠습니다. 오카다 선생님 감사합니다. 두가지 질문에 한해서만 말씀드릴께요. 공공영역에다가 우리가 조장하는 효과가 있지 않냐 그런 말씀을 하셨는데 사실 100% 맞고요. 다만 저는 이게 왜 그렇게 되냐고 설명하는 것이 맞다봅니다. 저는 일본 시민사회가 너무 약화가 되가지고 사회적으로 언론이라든지 소수에 의해 선택을 받은 정치가들에 대해 영향력이 상대적으로 커지는 영향이 크지 않나 하는 생각이 듭니다. 그러니까 미디어에 대해서 굉장히 언급을 하는 것이 많은데 특히 정치하시는 분들의 일본 미디어의 영향, 부정적인 영향이죠. 이것에 대해서 언급을 하시는 것이 많은데 저는 시민사회가 약하다는 것과 세트로 생각하지 않고, 너무 미디어가 과장되는, 그리고 정치가들이, 사실 자민당을 지지하는 사람들이 30 몇 프로밖에 되지 않거든요. 근데 문제는 투표율이 낮기 때문에 계속 선택을 받는다는 것이죠. 그러니까 일본 사회 전체가 우경화가 되고 있다. 이렇게 보는 것과 구별해서 봐야 한다고 생각을 하고 있습니다. 첫 번째는 이정도로 하고요.

그리고 두 번째 재일동포가 한국사회에서 잘 인지가 되고 있지 않다는 말씀인데 네. 그건 맞는 말씀이죠. 지당하신 말씀이고요. 그 부분에 있어서는 제가 본론에도 썼습니다만 역사적 차별을 받는 존재란 측면에 있어서 한국인도 마찬가지지만 지금 한국사회의 주류이거든요. 위상도 높아지고 자신감도 부풀어 있는 그런 상태에 있는 사람들이 마이너리티의 경험이 없는거죠. 말로는 역사적 차별을 받았다고 하지만 이들은 완전히 주류사회에 있는 것이죠. 그런 존재에 있어서 잘 보이겠느냐라는 생각이 듭니다. 이상으로 마치겠습니다.

손승철 네 감사합니다. 마지막 주제입니다. 마지막 주제는 일본인의 한국, 한국인식의 개선방안인데 사실은 굉장히 부담스런 주제고, 그래서 발표하신 신대사님께서 아마 고민을 많이 하셨으리라 생각이 듭니다만 오래 동안 외교관 생활을 하셨고, 또 주일대사를 하시면서 외교적인 경험을 바탕으로 한일관계의 여러가지 개선방향을 진단과 처방을 내리신 것 같아요. 거기에 대해서 국민대학의 김동명 선생님도 정치외교를 하고, 현대사를 하시는데 질의응답을 해주시길 바랍니다.

제3 Session – 2. 일본인의 한국, 한국인식의 개선 방안

김동명 국민대학교의 김동명입니다. 오늘 대사님께서는 1965년 한일국교정상화 이후 55주년에 이르는 최근까지의 한일관계를 개괄하시고 2010년도 이래 최악의 상태에 빠져있는 양국 관계의 원인과 배경을 밝힘으로써 일본인의 한국과 한국인에 대한 인식을 개선할 방안을 제사하고 있습니다. 아래

두 단락은 내용을 정리한 것이기 때문에 생략을 하고 다음페이지로 넘어가겠습니다.

대사님께서는 현자에서의 생생하고 풍부한 경륜과 높은 국제법적 식견을 바탕으로 장기간에 걸쳐 진행된 악화일로의 방대하고 난해한 한일관계의 원인과 현상을 정확히 진단하고 설득력 있는 구체적인 방안을 제시하고 계십니다. 이는 앞으로 일본의 한국에 대한 인식의 개선을 넘어 전반적인 한일관계의 정상화에도 매우 귀중한 시사점을 던져준다고 생각합니다. 저는 발표자의 분석과 의견에 별다른 이견이 없으며, 저는 현대사가 아닌 식민지 시대를 공부를 했기 때문에 그 동안 나름대로 고민했던 문제를 풀 수 있는 많은 실마리를 발견할 수 있어서 매우 기뻤고 고마운 생각을 했습니다.

두가지에 대해서 대사님의 생각을 여쭈면서 토론을 대신할까 합니다. 하나는 과거사 문제의 핵심이라고 할 수 있는 식민지 지배를 둘러싼 것입니다. 한국은 일관되게 불법, 부당의 입장이고, 일본정부는 합법, 정당에서 합법, 부당으로 변화했지만 불법성에 관해서는 여전히 양국이 간극을 좁히기가 쉽지 않을 것으로 전망하셨습니다. 이에 대해 저는 식민지 지배가 이미 행해진 역사적 사실에 입각해서 불법과 합법에 관한 논쟁은 국제법적 논의에 맡기고 식민지 지배라는 역사적 사실은 어떠한 경우에도 결코 정당한 것으로 평가 될 수 없다는 부당성에 대해 공동의 인식을 갖는 것으로 간극을 좁힐 수 있다고 생각합니다.

다른 하나는 과거사 문제 해결과 관련된 것입니다. 과거사가 더 이상 피해자인 한국에서 일본에 대한 도덕적 우위를 주지 않게 되었다. 가해자인 일본이 한국에 대해 과거사 관련 합의의 이행을 촉구하는 공수역전 현상을 볼 수 있다는 중요한 지적을 하셨습니다. 이와 관련해서 저는 악화된 한일관계를 개선하기 위해서 한국이 일본에 대해 도덕적 우위에 서는 것은 여전히 중요하다고 봅니다. 단지 그것을 식민지 지배의 피해자라는 과거사에서 찾을 것이 아니라 과거사를 극복하는 과정에서 이끌어내야 한다고 생각합니다. 대사님도 김대중 정부의 일본 대중문화 수입 금지 해제와 같은 사례를 통해 이러한 점을 암시하여 주시고 강제동원 현금화 문제와 일본군위안부 한일합의의 문제의 해결도 피해자의 관용=도덕적 우위에서 해결해야 한다는 점을 강조했다고 생각합니다. 이에 대한 대사님의 의견을 듣고 싶습니다. 이상입니다.

신각수 여러가지 중요한 포인트를 지적해주셔서 감사합니다. 두 가지 질문을 하신 것 같아서 이에 대해 답변을 드리겠습니다. 하나는 한일간의 과거사 인식을 둘러싸고, 그리고 식민지 지배의 합법, 정당성과 불법, 부당성의 간극을 법적인 부분은 국제법에 맡기고, 정당성 여부만을 가지고 간극을 좁혀나가면 어떠냐는 지적을 하셨는데 저도 그런 노력이 필요하다고 봅니다. 다만 문제는 뭐냐하면 65년 한일국교정상화가 이루어지면서 거기서 만들어지는 소위 1965년 체제라는 것이 식민지배의 불법성과 합법성의 타협, 중간점을 토대로 해서 정상화가 이루어졌고, 그것을 기반으로 해서 여러가지 한일간의 사안에 대한 합의가 이루어지고 발전이 되어 왔기 때문에 합법성과 불법성의 타협을 어느 한쪽이 무너뜨리면 그 체제 자체가 흔들리고, 안정성을 잃어버리게 되는데 저는 지금 한일관계에 가장 문제가 되고 있는 강제노동에 대한 대법원의 판결이 정치적으로 합의된 부분을 법적으로 불법이냐 합법이냐를 따지게 되면서 전체를 흔드는 그런 상황이 왔기 때문에 과연 우리사회, 일본에서 이런 국제법적인 합법성, 불법성인 문제를 다루지 않고 한일관계를 넘어갈 수 있을지 거기에 대해서 조금 의문이 듭니다. 그렇기 때문에 강제동원에 대한 해법도 65년 당시의 초심이라고 할까요? 그 어려웠던 환경 속에서 국교정상화를 이끌었던 한일 양국의 교섭자들의 초심에 기초해서 문제를 해결해야만 하고 그렇게 해법을 마련해서 해결한다면 저는 계속 말씀하신 대로 국제법 문제는 국제법대로 맡기고 우리가 중시하고 있는 정당성, 부당성 문제에 국한해서 과거사 인식문제를 풀어갈 수 있지 않을까 그렇게 생각을 합니다.

두 번째 문제는 과거사에 있어서 공수역전 문제인데 저는 기본적으로 우리가 한일관계를 다뤄가는데 있어서 과거사 문제를 떠나서 우리가 중견국가이기 때문에 국제사회에서의 늘 정당성, 도덕적 우위라는 것은 보이지 않는 외교자산입니다. 그것을 잃어버리면 중견국가는 강대국과의 외교행위에 연속적 과정 속에서 상당히 취약한 위치에 서게 됩니다. 그렇기 때문에 저는 과거사 인식이나 여러 가지 문제 속에서 늘 상대에 대한 정당성, 그것이 국제법에 기원에 근거한 것이든 국제사회의 스탠다드에 근거한 것이든 그것을 확보하려는 노력을 계속 기울여야 한다고 생각을 합니다. 그렇기 때문에 전체적인 것 속에서 대일 관계에 있어서도 우리의 정당성을 확보해야 되고, 그런 과정 속에서 우리가 과거사 문제를 크게 두 가지로 나눠야 할 것 같습니다. 외교 현황으로 부상한 그리고 과거사 인식이라는 큰 흐름. 그래서 전자의 경우에는 어떠한 정치적인 타협을 통해서 합의를 만들어가면 그것을 성실히 이행하는 것을 통해서 문제를 없애는 그러한 접근을 하고, 후자인 경우에는 굉장히 중장기적으로 노력을 해야하고 그렇기 위해서는 역사연구와 교육이 중요한 것이기 때문에 그것에 대해서는 꾸준히 우리가 추구를 해야하는 것이고. 그렇게 하게 되면 자연스럽게 우리가 원하는 정당성을 우리가 확보할 수 있지 않을까 그런 생각을 합니다. 이상입니다.

손승철 예. 감사합니다. 이렇게 해서 6개 주제 발표에 대한 약정토론이 끝났습니다. 시간을 거의 잘 지켜 주셔서 지금까지 100분을 썼고 나머지 40분은 자유토론으로 하도록 하겠습니다. 가능하면 오늘 발표, 토론 외에도 몇 분이 참석하셨는데 말씀을 청해서 제가 듣도록 하겠습니다. 예형준 과거에 주일 특파원, 중국특파원 하셨습니다. 그래서 한 말씀 나중에 부탁드릴께요. 우선 자유롭게 상호간의 토론을 필요하시면 먼저 발언하실 분 하십시오. 안 계시면 제가 1분 스피치를 진행합니다. 이제까지 고대부터 현대에 이르기까지 나름대로 각 시대의 진단을 했습니다 그런데 이 세미나 학술대회의 목적이 기본적으로 과거만 되돌아보는 것이 아니라 현재의 관점에서 미래의 문제를 어떻게 하면 해결해나갈 수 있을까? 그것이 될지 안될지 아무도 모릅니다만 나름대로 과거를 통해서 한번 미래를 보자 그러한 의도였거든요. 그래서 발표하신 분 먼저 연민수 선생님부터 1분씩만 처방전 하나씩 내주실래요? 가능하시면 아까 하지 못하신 말씀이 있으면 더 해주셔도 좋고요.

연민수 네. 역사는 기록을 통해서 연구를 하는 것인데, 관계사의 경우 기록의 편중되어 있으면 객관적인 시각을 도출하기가 쉽지 않지요. 특히 고대 한일관계사의 경우는 압도적으로 일본의 기록이 많습니다. 거의 95%라고 할 정도로 고대 사료가 일본에 남아있습니다. 한편의 왜곡된 사료를 반박하기 위해서는 반대편의 사료를 통해 비교, 검토해서 바로잡아야 하는데 그게 어렵다는 것이지요. 일본은 천황제 국가가 성립하는 8세기 초에 『고사기』, 『일본서기』를 비롯하여 6개의 정사를 편찬합니다. 게다가 일관되게 한반도를 보는 인식은 『일본서기』의 사관을 계승하고 있지요. 반면 우리 사료는 『삼국사기』가 가장 오래된 사료인데 고려조에 편찬되었고, 그 이전에 편찬된 정사가 남아있지 않다는 게 불만이지요. 물론 다양한 연구방법론을 통해 극복해 나가고 있습니다만, 우리 쪽에 일본관련 사료가 거의 남아있지 않다는 것은 관계사 연구에 한계가 있지요.

손승철 국사 있지 않습니까?

연민수 예. 신라에서 진흥왕 때 편찬되었다는 국사라는 역사서가 『삼국사기』에 기록되어 있지요. 그러나 중요한 것은 신라가 통일하고 나서 편찬된 정사가 없다는 것입니다. 신라가 삼국을 통일하고 삼국사를 편찬했다면 대일관이 어떠했는지 추정할 수 있을 텐데, 『삼국사기』만으로는 매우 불충분하다는 말씀이에요. 고대한일관계사는 기록의 문제에 있습니다. 이 시대를 연구할 때 전적으로 일본 사료에 의지할 수밖에 없으니까 한계가 있다는 것이지요. 신공황후의 삼한정벌론은 3-4세기대의 문제로 기록되어 있지만, 실제는 7세기 말에서 8세기의 인식에서 나온 문제이기 때문에 한국사의 입장에서 통일신라의 대일관을 엿볼 수 있는 사료가 중요하다는 것입니다. 그렇다고 연구를 할 수 없다는 의미는 아니고, 일본 사료에 대한 문제점을 파헤쳐 나가고 있습니다. 일본과 같이 지배층의 생각을 읽을 수 있는 이념이 투영되어 있는 기록이 남아있지 않다는 것이 객관적 연구를 하는 데에 아쉬움이 있다는 말로 정리하겠습니다.

손승철 그럼 이 문제에 대해서 세키네 선생님 일본인 입장에서 한번 이야기 해주시면 감사하겠습니다.

세키네 저도 민간신앙에 대해서 언급하는 것은 부담스러워서 일단 교수님에게 여쭤보는 겁니다. 다만 지금까지 시도 안 했다는 것은 앞으로도 어렵다는 것 아니겠습니까? 학회에서는 인정하지만 민간신앙에서 안 된다는 것인데 그런 민간신앙에서 신을 바꾸라 할 수 있을지는 모르겠지만 정치시스템을 바꿨을 때 그런 것이 될지는 모르겠지만 같은 세대가 이어졌을 경우는 어렵지 않을까 하는 생각이 듭니다. 그래도 계속 노력은 해야하지 않을까 하는 생각이 듭니다.

손승철 네. 두 분이 합작해서 작품 하나 만들어내시죠. 다음 동경대에서 공부하신 이세연선생님 혹시 처방전 낼 수 있습니까?

이세연 처방전은 제가 공부가 좀 쌓인 다음에 정확히 말씀드릴 수 있을 것 같고요. 그냥 아까 말씀드린 것과 겹쳐진 이야기가 될 수도 있는데 너무 상호간의 인식에 대해서 이야기를 하면 정형화되는 이야기로 재생산된다는 느낌이 들기도 해서 제가 보기엔 중세 쪽은 잘 아시겠지만 연구자 층도 굉장히 얇습니다. 근데 상호인식에서 문제가 생기는 것은 서로에 대해서 잘 모르기 때문에 오해와 곡해가 생기는 것 아니겠습니까? 그래서 다양한 이야기를 끌어낼 필요가 있다는 생각이고, 그래서 그러한 취지에서 아까 말씀드렸던 것도 상대방에 대한 인식이라고 해도 그것이 누구의 인식이냐 어느 지역의 인식이냐, 어떤 계층의 인식이냐 이렇게 제가 표현을 했던 것입니다. 세분화에서 다양한 이야기를 끌어낼 필요가 있다고 생각이 들었습니다.

그리고 또 하나는 보통 지역의 특수성 그런 이야기를 합니다만 특수성과 고유함은 다르다고 생각을 합니다. 그래서 각 지역의 고유함에 대해서는 분명히 존중이 필요하되, 특수성을 너무 강조하다 보면은 서로 충돌하는 이러한 사태가 발생한다. 그런 사태를 방지하기 위해서는 너무 흔한 이야기일지는 모르겠습니다만 거리를 두고 사태를 조망할 필요가 있고 그러기 위해서는 아까 말씀 드렸던 단순히 한일관계가 아닌 동아시아, 경우에 따라서 세계사적인 맥락에서 조망해보고 각자 지역의 고유함을 드러내는 그런 접근방식이 필요하다는 생각이 들었습니다.

손승철 네 감사합니다. 다음에 슬픈 궁예를 쓰신 이재범교수님은, 궁예라면 어떻게 하겠습니까?

이재범 제 또래의 남쪽에서 살았던 분들은 아마 저 같은 경험이 있었을 것입니다. 저는 어려서 아버지가 일제 때 고등학교를 마치셨으니까요. 저희 아버지는 태어났을 때 일본인이셨어요. 이름은 호시아나 히라나까로 태어나서 그 다음에 해방이 되고 나서 이모모씨로 해서 저희 삼촌들은 전부 호시아나 무슨 나까라고 해서 형제들이 많고 저는 어렸을 때 다다미 집에 살았습니다. 제가 살던 일제금융조합 사택에는 철통으로 된 목욕통이 있었는데 아버님이 퇴근하시면 어머님이 물을 데워놓으면 우리는 차례로 온천처럼 거기서 목욕한 경험이 있습니다. 그쪽 남도에 사셨던 분들은, 저는 전라남도가 고향이라서 목포, 영산포 이런 곳이 전부 일본인들에 의해서 굉장히 번영한 도시였거든요. 어렸을 때 기억이 제가 83년도에 일본에 갔을 때 무슨 고향에 온 느낌을 받았습니다. 그리고 저는 10살 때 서울에 유학을 왔는데 그 당시의 서울은 고향과 분위기가 완전 다른 곳이었습니다. 그렇기 때문에 저는 일본이라는 것이 낯설지 않았고, 아버지는 저녁이면 일본 프로야구 중계방송을 들으시고 부모님은 부부싸움을 할 때 일본말을 하셨어요. 이런 경험은 많은 분들이 갖고 계실겁니다. 그런데 일본인들이 나쁜 놈이라는 하는 교육을 받은 건 초등학교 들어가서 교육으로 받으면서예요. 말이 길어질지도 모르겠는데 그 당시에 식민지 체험을 한 사람들에게는 그다지 부정적인 평가를 많이 듣느냐 저는 아닌데, 오히려 요즘에 일본 식민지 생활을 하지 않은 사람들이 일본에 대해서 훨씬 더 적대적이고 강하게 들어가고 있어요. 저는 이러한 것을 어떻게 해결해야하나 어차피 세계라는 것은 글로벌이다 하는데 왜 우리 한일관계만 더욱 더 적대적이 되어 버렸는가. 요즘 토착왜구는 도대체 누구를 토착왜구라고 그래요? 젊은 사람들 토착왜구가 뭐예요? 옛날의 향화왜인, 수직왜인 그 사람들의 후손들이 토착왜구입니까? 아니면 누가 토착왜구죠? 거기에다가 정치권에서 더욱더 적대적으로 하니까 이런 것을 정쟁에 이용하기 보다는 민간차원에서라도 좋게 되어야 하지 않나 생각을 하고, 저 혼자 말을 너무 많이 하는 것 같지만 참고로 말씀드리면 저의 큰 딸은 일본에서 일본 정부 덕에 먹고 살고 있습니다. 그럼 선생님께 하나 여쭤보고 싶은 것은 신공황후 전설 있잖아요. 그것을 일본인이 제가 후쿠오카에 테로지마라는 곳이 있어요. 거기 갔더니 사슴뿔을 굉장히 많이 짤라놨어요. 그게 신공황후가 삼한정벌을 할 때 거기에서 사슴을 잡아서 뿔을 거기에 놔둔 것이라는데 정말로 일본인은 그것을 믿나요? 아님 후대에 조작된 것이라고 생각을 하시나요?

세키네 저도 조사한 것이 아니라서 잘 모르겠습니다만 그것이 교과서에 나왔다면 믿을 수 있겠지만, 전설이 교과서에 나오는 순간 인식이 전환될 수 있거든요. 아직 믿지는 않은 것 같은데 어느 시기라도 바뀔 수 있어서 조심해야 할 것 같습니다.

손승철 네. 알겠습니다. 그 다음은 우리 전호수 선생님 오늘 좋은 발표해 주셨고, 숙제도 많이 가져가신 것 같은데 혹시 하실 말씀 있으세요? 없으면 안 하셔도 좋고요.

전호수 우선 갈등문제니깐 아까 신대사님이 더 나빠졌다고 하셨으니까 더 고민해야 하지 않을까 이런 생각을 하면서 역사학자에게 대안을 내놓으라는 것은 역사학자들에게는 생소한 것인데 최근에 제가 어느 학술 발표회를 갔는데 남북관계도 더 나빠졌다고 어떤 원로 선생님이 말씀하시더라고요. 그래서 왜 이렇게 나빠졌냐 하면 6.25연구를 잘못했다. 6.25연구를 다시 해야 한다. 이런 말씀을 하시더라고요. 한일문제도 과거문제가 식민지-러일전쟁-청일전쟁-임진왜란, 그 이전에 신공황후 이야기는 앞 이야기니깐 그 이전의 연구들이 잘못된 것이냐 그런 말씀을 드리고 싶고, 원로 선생님께서 제가 이번에 공부를 처음하면서 역사학이 현실에 어떠한 의미를 줄 수 있을까 그걸 고민하다 보니까 그 말씀만 드리겠습니다. 제가 공부가 아직 부족한 것은 사실인데 신공황후 전설이 그것이 사실이냐 아니냐가 중요한 것이 아니라 어떠한 사고방식에 의해서 어떠한 역사적 경험에 의해서 그러한 논리가 나왔느냐라는 것입니다. 그래서 풍신수길 이 문제도 사료만을 통해 정적으로 접근한 것이 아닌가 사료를 동적으로 다각적으로 보는 시각으로 제가 고민을 해봤다는 것을 응원해주셨으면 좋겠습니다. 감사합니다.

손승철 알겠습니다. 김문자 선생님 넘어가요? 네 넘어가겠습니다. 감사합니다. 우리 다사카 선생님은 혹시 할 말씀 있으면 부탁드립니다.

다사카 마사노리 제가 발표한 아메노모리 호슈의 관련된 이야기가 아니고요. 제가 경험한 것인데요. 올해 초인지 작년인지 정확하지 않습니다만 여러분들도 뉴스를 통해 보셨을 겁니다. 저희 선문대학교에 유학생들이 많습니다. 그래야지고 위안부 할머니들께 200명 정도의 유학생들이 가서 사죄의 말씀을 드렸던 그런 행사가 있었습니다. 그 친구들에게 이야기를 들어보니깐 학생들이 자발적으로 이런 행사를 하고 싶다 그랬더니 도와줄 사람이 있어가지고 한 것으로 알고 있습니다. 그 학생들이 왜 그렇게 하였는지 이야기 해봤더니 학생들의 1/3가까이가 일본에서 왔죠. 근데 부모중의 한 사람이 한국사람인 그런 경우가 1/4정도가 있었습니다. 그 학생들은 일본에서 태어나서 일본에서 자라서 대학은 한국에 왔는데요. 지금 상황에서 자신의 부모님 중 한 분이 한국사람이다라는 것을 정정당당하게 친구들에게 공개하고 그럴 수 없는 학생이 많이 있습니다. 그니깐 마음의 부담이 있던 것이죠. 그것을 어떻게 극복했냐 한국의 생활을 통해서, 한국 유학생활을 통해서 한국 학생들하고 사귀면서 한국의 좋은 점을 발견하면서 부모에 대한 마음을 해소 한 학생이 많았습니다. 그런 것들이 하나의 시사하는 바가 있지 않나 이런 생각을 하게 됩니다.

손승철 지금 한국에 와서 장기체류하고 있는 일본인 숫자가 어느 정도 되요? 10만명 넘죠? 대사님 어느 정도 될까요? 그 사람들 재한국일본인회 이런 것이 있나요? 무슨 활동 같은 것 없습니까?

다사카 마사노리 없는 것으로 알고 있습니다.

손승철 저도 그런 보도를 본적은 없는 것 같네요. 알겠습니다. 감사합니다. 허지은 선생님 넘어가요? 알겠습니다. 김웅기 선생님 넘어갈까요?

김웅기 저 아까 놓친 것이 있어서 두 가지만 말씀 드리겠습니다. 짧습니다. 30초씩 하겠습니다. 아까 세분화해서 보자는 말씀이 있으셨는데 저도 전적으로 공감입니다. 왜 그러냐 하면 한일관계가 다 나빠진 것이 아니거든요. 젊은 세대, 특히 일본의 젊은 세대는 상당히 긍정적이다. 일본의 30대 이하하고 이상을 구분할 필요가 있다. 그래서 교류를 한다면 30대 이하로 타겟을 맞춰서 정부가 정면에 나서지 않고 그림자 역할을 할 경우에 아직 가능성이 있다. 그러니까 어디까지나 계속 받쳐주는 역할을 하는 것이 좋지 않을까 하는 생각을 하나 말씀 드리고요. 그리고 재일교포 사이에서 뉴커머, 올드커머가 그 동안 상호멸시관계에 있었는데 앞으로는 상호보완관계가 될 것이다라는 관점을 말씀 드립니다. 그 이유는 뉴커머 2세들이 많이 등장하고 있어서 뉴커머 1세가 올드커머가 되고 있는 것이고 뉴커머 실태조사를 제가 하다보니 뉴커머 당신들의 약점이 무엇이냐 물어보니 두 가지를 이야기를 합니다. 하나는 정착기간이 짧아가지고 언제 세무조사를 당할지 모르겠다. 헤이트 스피치에 대해서도 우리가 저항을 하게 되면 보복 당할 우려가 있다. 그렇기 때문에 우리는 정면에 못 나선다고 이렇게 이야기를 했고요. 반면에 영주권이 있는 재일동포 올드커머들은 거기에 있어서는 꺼리낌이 없는 것이죠. 그러면서 그들이 느끼는 것은 유일하게 한국말을 못하는 것에 대해서 죄책감을 가지고 있는 재일동포입니다. 그만큼 제국 일본의 유산이 굉장히 크다 이런 말씀이죠. 그러니까 앞으로 상호보완이 될 것이다. 그런 관점으로 바라봤으면 좋겠습니다. 이상입니다.

손승철 알겠습니다. 마지막으로 오가타 선생님 혹시 할 말씀 있으신가요?

오가타 방금 말씀하신 것과 관련되는데요. 일본사회에서 세대를 나눠서 생각해야 한다. 그러니깐 젊은 세대들은 한국에 대해서 그런 부정적인 생각이나 선입견 없이 한류를 즐기는 모습이 확인되는데 왜 세대가 올라가면 한국에 대해서 부정적인 생각이 늘어나게 되는지. 최근의 한류를 저는 문화 전공이 아니라 정치학이 전공이긴 하지만 한류가 3단계로 진행되면서 처음에는 일본의 없는 문화니깐 즐겼다가 그 다음에 한국이니깐 즐겁다 그런 희귀성으로 즐기다가 최근에는 좋은 컨텐츠, 재미있는 것이 있다. 알고 보니 한국이다. 그런 식으로 콘텐츠 위주로 한류가 일본에서 눈길의 대상이 된 것 같습니다. 근데 그것을 한국이라는 것을 각인시켜서 한국이 좋은 것이다. 또는 일본의 안 좋은 점을 지적할 때도 그러니깐 일본은 안 되는 것이다. 묶어서 이야기를 하면은 조금씩 대립관계를 세분화하는 단 계도 못하게 되면서 그런 대립관계 아니면 일본이 다 좋다는 이런 식의 대결들이 되는 것이 확인되니까 하나하나 본질을 추구하면서 공유할 수 있는 그런 것들이 당연히 언론에서도 그렇고 학교에서 가르치는 것에 있어서도 조심해야하는 부분이고 그러한 부분을 보완해나간다면 발전이 있지 않을까 그런 생각을 합니다.

손승철 네 감사합니다. 혹시 한성주 교수님 하실 말씀 있으세요?

한성주 저는 근세 대외관계를 하는 입장에서 오늘 발표하신 것들을 들으면서 느낀 점이 많이 있습니다. 다만 오늘 주제를 보면은 신공황후 신국사상, 풍신수길 물론 아메노모리 호슈도 다루셨지만 역사적으로 보면 일본이 고대부터 한국을 이렇게 부정적으로만 봤나? 한국을 긍정적으로 바라보는 것은 존재하지 않았나? 역사학에서 그런 것을 발굴해 내고, 문화적인 것 이외에 분명이 이렇게 많은 기록을 남긴 일본 사료들 중에서 조선이라든가 고려라든가 긍정적으로 바라 본 것들은 없을까 그런 것을 역사학에서 찾아

봐야지 않을까 그런 느낌을 받았습니다.

손승철 네 감사합니다. 그런데 실제로 한일문화교류기금에서 이렇게 부정적인 것만을 다루지 않았어요. 문화교류기금이기 때문에 공평하게 다루고 있습니다. 참고하겠습니다. 우리 예형준 중앙일보 논설위원이시고 아까도 말씀 드렸지만 주일특파원, 주중특파원 5년씩 10년 동안 하셨습니다 상당히 동아시아 전체를 보는 시각이 있을 것 같아요. 한 말씀 해주시지요.

예형준 소개받은 중앙일보 예형준입니다. 과거에 일본의 특파원을 하고 왔고, 문화교류기금에서 운영위원도 하고 있는데, 그래서 한일관계에 관심을 갖고 조금씩 논설을 쓰고 있습니다. 오늘 저는 그냥 참관하려고 왔는데 사회자 손승철교수님은 처방전을 강조하시는 것 같아서 제 나름대로의 처방전을 말씀 드리겠습니다.

아까 신각수 대사님 발표에서도 잠깐 언급이 되었지만 한국 교과서를 보면 일본에 대해 부정적인 기술이 압도적으로 많고 뭐 그런 것들인데 제가 언론인 입장에서 볼 때 일본에 대한 보도가 보도의 경향이라는 것을 보면 굉장히 부정적인 한일관계를 부각시키는 이런 쪽의 부류가 양적으로 많습니다. 그래서 그것이 과연 정확한 현상을 전달한다는 것에서도 타당한 것인지 저도 항상 고민과 갈등을 가지고 있는데 지금 역사학자들 오셨으니깐 조금 전 한성주 교수님과도 일맥상통하는 이야기인데 역사에 보면 일본과 긍정적인 관계를 전해주는 부분도 분명이 있는데 상대적으로 부각이 안되고 있고, 오늘 발표 주제 중 하나였지만 아메노모리 호슈의 경우는 예전에 노태우 대통령의 방일 리셉션에서 그것을 인용을 해서 아메노모리 호슈의 성신외교를 강조했기 때문에 일본인들도 그 당시까지 잘 모르던 내용들을 깜작 놀라서 재인식을 하게 되고 그 당시의 한일관계가 좋아지는 데에 기여를 했습니다. 그런 사례를 보면 역사학에서 그런 사실들을 하나 발견을 해서 양국의 인식을 변화시키는데 큰 역할을 해야 한다고 생각을 합니다. 아메노모리 호슈보다 대략 200년 정도 앞선 사람이겠지만 한국에서 신숙주라는 사람이 통신사로써 일본에 갔다가 굉장히 지금 봐도 개방적이고 국제적 감각을 가지고 기록을 남기고 조선에 돌아왔는데 그런 것을 일본 학계에서 신숙주에 관해 연구를 하고 예를 들면 가정이기는 하지만 일본의 총리가 한국에 방문을 해서 연설을 할 때 신숙주를 인용해서 이야기를 한다면 한일간의 관계를 긍정적으로 이해하는데 도움이 되지 않나 이런 예를 들어보고자 합니다. 그런 입장에서 계속 역사학에서도 그렇고 언론에서도 그렇고 이렇게 가야 하지 않나 생각을 해 봅니다.

손승철 네 감사합니다. 우리 전성기 선생님 아침부터 지금까지 종일 앉아계셨는데 그래도 한 말씀 청해 듣겠습니다.

전성기 사실 학문적으로 연구를 체계적으로 하지 못해 이런 학술토론에서 이야기를 한다는 것은 외람됩니다. 그냥 느낀점을 간단히 몇 말씀 드리겠습다. 아까 신각수 대사님하고도 쉬는 시간에 이야기를 했습니다만 우리가 서양사를 볼 때도 앵그로색슨족, 노르만족, 바이킹족 등 여러가지를 보면 영국, 프랑스, 독일이 온갖 갈등이 있었지만 서로가 손을 잡고 앞으로 나가지 않습니까. 마찬가지로 저도 소년시대 때 일본을 약간 격어봤지만 그건 제하고 만일 한국 대중들이 제가 한 말씀드리지만 혹시라도 일본 친일파라고 할 지도 모르겠지만 가령 청일전쟁 이후의 해방까지 약 50년이죠. 그 동안 일본이 자기 나라와 같이 모양을 만들었고, 그런데 1965년 국교정상화 이후에 지금까지 약 50여년 동안 일본사람들은 한국에 대해서 알게 모르게 한국의 경제발전이나 자유주의 수호에 굉장히 역할을 잘했다고 봅니다 그래서 전자의 50년, 후자의 50년 서로가 어느정도 잘 나아가고 있다고 보고 고노담화랑 2002년 월드컵 공동개최 박근혜정부 때 어렵게 협정한 위안부 협정 이런 것을 발판으로 해서 미래지향적으로 해서 가는 것이 옳다고 봅니다. 그리고 한국과 미국은 힘을 합해야 하지 않습니까? 그런 차원에서 정권적 차원에서 너무 이용하지 말고 아까 신각수 대사님도 말씀하셨지만 여러가지 방면으로 교류를 해가는 것이 맞지 않겠는가. 그런데 다행이 위안부 합의를 보세요. 박근혜 정부에서 욕을 먹어가면서 억지로 마무리 지었는데 제가 만약 문재인 정권이라면 박근혜 정부가 욕먹고 내가 욕을 안 먹어 다행이라고 여기고 마지못해 수용하면서 그것을 발판삼아 잘 가면 될 텐데 왜 정치적으로 이것을 이용을 해가지고 싸움을 거는가 좀 자성적인 생각이 듭니다. 그래서 우리 반성도 좀 하고 그럴 필요가 있지 않냐 그런 생각이 듭니다.

손승철 네 감사합니다. 사실 오늘 이 주제를 기획할 단계에서부터 이상우 회장님께서 여러 가지 조언을 해주셨습니다. 그래서 아침부터 계속 계셨는데 한 말씀 청해 듣겠습니다.

이상우 기회를 주셔서 고맙습니다. 오늘 8시간동안 저희가 한일관계를 어떻게 개선시킬까 하는 문제를 가지고 논의를 해왔습니다. 신각수 대사님께서 논문에서 지적해주셨지만 지금 한일관계는 아주 위험한 수준까지 올라가 있습니다. 걱정입니다. 그런데 생각해보면 그렇습니다. 나라와 나라간의 관계라는 것은 결국 국민과 국민간의 관계입니다. 사람관계입니다. 사람관계는 마음과 마음의 관계입니다. 아까 논문에서도 신각수 대사님께서 말씀하셨지만 4가지 지적한 것 중의 하나가 단층이 일어나는 것이 마음의 거리라고 했습니다. 마음을 어떻게 고쳐 먹는가가 제일 큰 문제입니다. 저희 한일문화교류기금은 창설된 지가 35년이 됩니다. 해마다 한 번씩 이런 학술대회를 열었습니다. 목적은 하나입니다. 일본국민과 한국국민 사이의 거리를 좁히는 것 그것이 제일 큰 목적이고 그것을 위해서 이런 세미나를 제가 직접 관여해서 34회를 해왔습니다. 저는 일본 전문이 아니면서도 여기 앉아서 귀동냥으로 그동안 많이 공부해왔습니다. 오늘의 주제는 그동안 해왔던 것들을 모두 모아가지고 말하자면 결론에 가까운 겁니다. 일본은, 일본사람들은 한국을 그리고 한국사람들을 어떻게 인식하고 있는가 그것을 알아야 해결책이 나옵니다. 내년에는 제가 계획을 하기를 한국사람들은 일본을 어떻게 생각하고 일본사람들을 어떻게 생각하고 있는지를 논할 것입니다. 이런 바탕 위에서 우리가 앞으로 나아갈 방향을 모색해야 될 것입니다. 오늘 아메노모리 호슈 이야기가 많이 나왔습니다만 여기 앉아계시는 신각수 대사님의 선조가 되시는 분 중에 한 분인 신숙주를 아까 예형준 선생님께서 말씀하셨고, 그 뒤에 신유한 선생님이 계십니다. 그 분이 일본에 가서 임진왜란 중에 엉클어진 한일관계를 수습하는 과정으로 아메노모리 호슈를 만났습니다. 1719년으로 제가 기억하고 있는데 아메노모리 호슈가 이런 말을 했습니다. 한일관계를 제대로 개선하기 위해서는 성신(誠信)이라는 것이 성(誠)을 바탕으로 두 나라가 서로를 관계를 정리해나가야 한다고 강조했습니다. 신유한 선생님은 거기서 대답을 했습니다. 성신만 가지고는 안 된다. 아까 말씀하신 것처럼 성신이라고 하는 것은 진실을 말하는 것인데 진실만 가지고 되는 것이 아니고 상대방을 나와 같이 존중해야 하는 마음, 경(敬)이 들어가야 한다. 성만 들어가서는 안 된다. 경이 들어가야 비로소 일본사람과 한국사람의 거리는 가까워지고 관계가 계선될 수 있다고 대답했습니다. 오늘 그런 조상님들의 뜻을 받아서 오늘 신각수 대사님께서 계속 한일관계의 개선에 대해서 노력하고 계신데 오늘 발표하신 것을 보니 내용은 결국 두 조상님들의 이야기와 맥락을 같이 한 것 같아서 저는 즐겁습니다. 오늘 8시간 동안 이 중요한 문제를 놓고 논의해 주신 한국과 일본의 이 분야의 전문 학자들이 다 모이셨는데 그 분들에게 감사드립니다. 그리고 이 회의 전체를 섭외를 하고 기획을 한 것은 손승철 선생님이십니다. 손승철 선생님께 감사드리고 회의가 원만히 진행될 수 있게 지원한 것은 김수웅 한일문화교류기금 상임이사입니다. 역시 제가 이 자리를 빌어 감사인사 드립니다. 고맙습니다.

손승철 네 감사합니다. 마지막으로 현재 한일문화교류기금 이사장이신 유명환장관님께서 코멘트 겸 정리 말씀을 해주시고 제가 마지막 마무리 하겠습니다.

유명환 제가 끝으로 한 말씀 드리고 싶습니다. 이상우 회장님께서 말씀을 하셨기 때문에 좀 더 부연할 것은 없지만 한일관계 물론 현재와 미래는 과거가 있기 때문에 존재를 하는 것이기 때문에 과거 역사를 알아야 미래를 볼 수 있지 않냐 측면에서 오늘 중요한 학술대회를 한 것 같아서 매우 기쁩니다. 사실 오후에 잠깐 자리를 비웠는데 지금 미국 대선 때문에 미국과 급히 통화를 해서 상황을 알아보고 생각을 해볼 것이 필요했기 때문에 사실 지금 바이든이 되는 것 같습니다만 미중관계가 앞으로 시련이 계속될 것으로 생각이 됩니다. 그런 측면에서 보면 앞으로 살아가는 젊은 세대들을 위해서 올바른 판단을 해야 합니다. 미중관계가 어려울수록 한일관계의 중요성, 미래를 살아가야 하는 한국으로서는 선택의 문제가 아니라 생존의 문제로 다가오는 느낌을 가지고 있습니다. 그래서 오늘 토론이 중요한 토론이었고, 이것을 정리해서 출판을 낼 생각입니다.

제가 오늘 한가지 신각수 대사님께 궁금한 것이 있는데 이렇게 한일관계를 엉망으로 가져오게 된 것이 누구의 책임이라고 할 수는 없지만 계기가 결국은 징용과 관련된 문제, 징용문제는 거슬러 올라가 보면 1965년도에 체제에 있어서 식민지 지배를 합법이냐 불법이냐 논쟁에서 그 당시에 모호성에 서로 각자 편하게 해석할 수 있다고 해서 넘어갔는데 징용문제에 대한 대법원 판단의 근거는 다른 것이 아니고 식민지배가 불법이라고 하기 때문에 65년 해석에 대해서 대법원이 바꾼 것이거든요. 이것은 한일간의 백날을 논의해도 해결이 안될 것입니다. 제가 한가지 궁금한 것이 신대사님이 식민지에서 벗어난 국가들하고 식민지 지배국가하고의 관계, 이스라엘하고 한국이 유일하게 계승을 안 했다. 그 수많은 피식민지 국가와 식민국가간에는 다 원만히 해결이 돼서 지금 2차대전 후에 식민지 지배에 관해 합법과 불법을 다루고 있는 나라가 있는지 이스라엘은 어떻습니까 영국과의 관계에 있어서 아! 우리나라만 그럼 왜 우리나라만 이런 문제를 가지고 미래세대에 부담을 주느냐는 것입니다.

신각수 식민지 지배 청산을 둘러싸고 최근에 논란이 되었던 것은 세르비아 국가들이 영국에 식민지배에 대해 보상을 요구하라는 그런 움직임이 하나 있었고요. 또 하나는 케냐에서 식민지 지배 당시 일어났던 특정 사건에 대한 피해자 보상문제가 제기 된 적이 있고요. 그 외에 또 있다면 카다피 지도자죠. 카다피 지도자가 살아있을 때 이탈리아하고 리비아 사이의 과거 식민지지배에 대한 사과와 금전적인 보상을 지불하는 협정이 체결되었는데 이행이 되었는지는 잘 모르겠습니다. 왜냐하면 그 뒤 리비아가 거의 실패국가가 돼서 그렇고 그래서 제가 아는 한 불법성을 다룬 것은 거의 없는 것으로 보고 있습니다.

유명환 결국 이 문제를 해결할 수 있는 것은 법적인 것보다 정치적인 지도자의 결단에 의해서 할 수 있다는 것이 제 생각입니다 오늘 하루 종일 고생하신 것에 대해서 다시 한 번 감사의 말씀을 드리면서 이만 끝내겠습니다.

손승철 네 감사합니다. 마무리하겠습니다. 오늘 아침 10부터 시작해서 장장 8시간 동안 일본인의 한국, 한국인의 인식에 관해서 한일 국제학술회의를 했습니다. 제 개인적인 생각인지도 모릅니다만 저는 8시간의 세미나를 통해서 나름대로 성과가 있지 않았나 우선 삼국시대의 신공황후의 삼한정벌 설화로부터 그 인식이 기본이 돼서 현대에 이르기까지 일본인에 대한인식에 대한 기본지식이 정리되었습니다. 그 동안 상호인식의 문제로 부분적으로 언급이 됐지만 이렇게 통시대적으로 2000년을 훑어 본 것은 처음이 아니지 않나 이렇게 생각이 들고요. 그래서 저는 처방전이라는 말을 썼지만 그것을 통해서 나름대로 어떤 방향성은 최소한도 키워드는 잡지 않았느냐 거기서 제가 아까 발표자 중에서 신대사님이 그러셨나요? 관민이 포괄적으로 함께하는 한일관계, 그리고 누가 하느냐가 문제이지만 정치적 결단이 필요하다. 정권은 바뀌지만 그래서 중장기적인 계획도 필요하다. 그런 플랜을 제시하면 좋겠다는 생각이 들고요. 저는 조선후기 한일관계사를 전공하고 있습니다만 결국 관계라고 하는 것은 혼자 하는 것이 아닙니다. 그럼 관계가 무슨 필요가 있습니까 전쟁을 하면 되는 것이지요. 관계를 하려면 결국 명분과 실리, 그것이 관계고 외교가 아니겠냐 이런 생각을 합니다. 근데 그 명분과 실리는 선택의 문제가 아니라고 생각합니다. 그건 아까도 말씀이 나왔습니다만 관리의 문제다. 외교의 차원에서 관리하는 것이다. 그래야 관계가 원만하게 유지되지 않을까 저는 그런 소득이 제 나름대로 8시간의 세미나를 통해서 얻은 것이 아닐까 제가 감히 말씀을 드려봅니다. 여러분들도 나름대로 한 번 정리를 해보시길 바라고 사실 올 초부터 코로나 19가 만연해지게 되면서 많이 고민을 했습니다. 오늘 세미나를 어떻게 할 것인가 날짜를 잡아놓고 섭외도 하고 그랬는데 9~10월 들어와서 전부 줌을 통해서 하는데 그렇게 할 것인가 면대면으로 할 것인가 고민을 해가지고 결국 이렇게 하게 되었는데 나름대로 최선을 다했다고 생각이 듭니다. 그리고 또 하나 감사드릴 것은 우리가 평소 같은 경우에는 일본에서 학자들이 오셔가지고 동시통역을 하느라 여러 가지 준비할 것들이 많이 있었거든요. 오늘은 한국말들을 너무 잘해주셔서 가지고 통역비가 절감이 됐어요. 그래서 저녁을 맛있는 것을 준비를 했다고 합니다. 그리고 내년에는 한국인의 일본, 일본인에 대한 인식을 다루겠습니다. 오늘 발표한 원고들은 연말까지 완성을 해주셔서 보내주시길 바랍니다. 그리고 단행본으로 저희가 내는데 내년 4월쯤 내겠습니다. 그래서 그 안에 등재지나 학술지에 실으실 분들은 실으시면 됩니다. 하루 종일 고생 많으셨고, 나머지 이야기는 식사하면서 하도록 하겠습니다. 감사합니다.

저자 소개

발표

延敏洙(전 동북아역사재단 연구위원)

이세연(한국교원대학교)

전호수(국방부 군사편찬연구소)

다사카 마사노리(선문대학교)

김웅기(한림대학교)

신각수(전 주일대사)

토론

세키네 히데유키關根英行(가천대학교)

이재범(경기대학교)

김문자(상명대학교)

허지은(서강대학교)

오가타 요시히로緒方義広(홍익대학교)

김동명(국민대학교)

종합토론 사회

손승철(강원대학교)

일본인의 한국, 한국인에 대한 인식

2021년 5월 06일 초판 인쇄
2021년 5월 17일 초판 발행

지 은 이	한일문화교류기금
발 행 인	한정희
발 행 처	경인문화사
편 집 부	한주연 김지선 박지현 유지혜 이다빈
마 케 팅	전병관 하재일 유인순
출판신고	제406-1973-000003호
주 소	(10881) 파주시 회동길 445-1 경인빌딩 B동 4층
대표전화	031-955-9300 팩 스 031-955-9310
홈페이지	http://www.kyunginp.co.kr
이 메 일	kyungin@kyunginp.co.kr

ISBN 978-89-499-4968-0 93910
값 18,000원

* 파본 및 훼손된 책은 교환해 드립니다.
ⓒ 2021, Kyung-in Publishing Co, Printed in Korea